AF865360

LE CONTENTIEUX INDEMNITAIRE DE LA NULLITÉ DU CONTRAT ADMINISTRATIF

Logiques Juridiques

Collection dirigée par Gérard Marcou

Le droit n'est pas seulement un savoir, il est d'abord un ensemble de rapports et pratiques que l'on rencontre dans presque toutes les formes de sociétés. C'est pourquoi il a toujours donné lieu à la fois à une littérature de juristes professionnels, produisant le savoir juridique, et à une littérature sur le droit, produite par des philosophes, des sociologues ou des économistes notamment.

Parce que le domaine du droit s'étend sans cesse et rend de plus en plus souvent nécessaire le recours au savoir juridique spécialisé, même dans des matières où il n'avait jadis qu'une importance secondaire, les ouvrages juridiques à caractère professionnel ou pédagogique dominent l'édition, et ils tendent à réduire la recherche en droit à sa seule dimension positive. A l'inverse de cette tendance, la collection *Logiques juridiques* des Éditions L'Harmattan est ouverte à toutes les approches du droit. Tout en publiant aussi des ouvrages à vocation professionnelle ou pédagogique, elle se fixe avant tout pour but de contribuer à la publication et à la diffusion des recherches en droit, ainsi qu'au dialogue scientifique sur le droit. Comme son nom l'indique, elle se veut plurielle.

Dernières parutions

Philippe BILLET, Michel DUROUSSEAU, Gilles MARTIN et Isabelle TRINQUELLE (sous la dir. de), *Droit de l'environnement et protection de la santé*, 2009.

Valérie RAJASINGAM PATHIRAJ, *Les atteintes au corps féminin. Loi et sanction des violences physiques*, 2009.

Michel LASCOMBE, *Le droit constitutionnel de la Ve République*, 2009.

Hélène POPU, *La dépouille mortelle, chose sacrée. A la redécouverte d'une catégorie juridique oubliée*, 2009.

Marcel POCHARD et William ZAMBRANO CETINA (dir.), *Le Conseil d'Etat en Colombie et en France*, 2009.

Catherine KRIEF-SEMITKO, *La Valeur en droit civil français. Essai sur les biens, la propriété et la possession*, 2009.

Sylvain CHEVRON, *La réforme des structures en charge de l'immigration*, 2009.

Emmanuel AUBER, *La Répartition des compétences. Une comparaison Etats-Unis – Union européenne*, 2009

Pierre BOURDON

LE CONTENTIEUX INDEMNITAIRE DE LA NULLITÉ DU CONTRAT ADMINISTRATIF

Préface de Laurent Richer

L'Harmattan

© L'Harmattan, 2009
5-7, rue de l'Ecole polytechnique ; 75005 Paris

http://www.librairieharmattan.com
diffusion.harmattan@wanadoo.fr
harmattan1@wanadoo.fr

ISBN : 978-2-296-10763-2
EAN : 9782296107632

Remerciements

L'auteur exprime son entière et sincère estime aux personnes sans le soutien desquelles ces travaux n'auraient jamais pu être menés à bien et, en particulier, à Monsieur le Professeur Laurent Richer pour lui avoir fait l'honneur d'accepter de les diriger, mais aussi pour sa disponibilité, son attention, ses encouragements et ses précieux conseils.

Pour ma Mère

« Pour légiférer, il n'est pas besoin de beaucoup d'intelligence :
tout est donné par les précédents du passé
et par les demandes d'un présent
où s'amorce le futur ».

Jean Carbonnier.

CARBONNIER Jean, « Le Code civil », page 296, *in* NORA Pierre (dir.), *Les lieux de mémoire*, tome 2 (« La Nation »), volume 2, Gallimard, Paris, 1986, 662 pages.

Liste des abréviations

CAA	Cour administrative d'appel
CC	Conseil constitutionnel
CE	Conseil d'Etat
Civile	Cour de cassation, chambre civile
Commerciale	Cour de cassation, chambre commerciale
Requêtes	Cour de cassation, chambre des requêtes
TA	Tribunal administratif
TC	Tribunal des conflits
Bull. civ.	*Bulletin des arrêts des chambres civiles de la Cour de cassation*
JORF	*Journal officiel de la République française*
Rec.	*Recueil des décisions du Conseil d'Etat*
Tab.	*Table analytique des matières du Recueil des décisions du Conseil d'Etat*
AJDA	*Actualité juridique – Droit administratif*
BJCP	*Bulletin juridique des contrats publics*
CJEG	*Cahiers juridiques de l'électricité et du gaz*
CMP	*Contrats et marchés publics*
CP-ACCP	*Contrats publics – L'actualité de la commande et des contrats publics*
D.	*Recueil Dalloz*
GAJA	*Les grands arrêts de la jurisprudence administrative*
GDCC	*Les grandes décisions du Conseil constitutionnel*
JCP	*La semaine juridique (éd. générale)*
JCP (A)	*La semaine juridique (éd. administrations et collectivités territoriales)*
LPA	*Les petites affiches*
RDC	*Revue des contrats*
RDI	*Revue de droit immobilier*
RDP	*Revue du droit public et de la science politique en France et à l'étranger*
RFDA	*Revue française de droit administratif*
RJEP	*Revue juridique de l'entreprise publique* (jusque juin 2007)
RJEP	*Revue juridique de l'économie publique* (depuis juillet 2007)
RTD Civil	*Revue trimestrielle de droit civil*
RTD Européen	*Revue trimestrielle de droit européen*
EDCE	Etudes et documents du Conseil d'Etat
LGDJ	Librairie générale de droit et de jurisprudence
chron.	chronique
coll.	collection
comm.	commentaire
concl.	conclusions du commissaire du gouvernement
dir.	sous la direction de
obs.	observations
req.	requête

Sommaire

Préface

Jadis, le contentieux des contrats administratifs était en majorité constitué par des litiges en matière d'exécution de marchés publics, principalement de travaux ; le contentieux de la passation et celui de la nullité restaient discrets.

On sait à quel point la situation a évolué ; le contentieux de la passation a pris une grande importance depuis une vingtaine d'années, principalement sous l'influence du droit communautaire, qui est focalisé sur les différentes phases de passation des marchés parce *« qu'il s'agit des phases qui influencent la libre circulation des marchandises, la liberté d'établissement, la libre prestation de services et les principes découlant de ces libertés »* (Dámaso Ruiz Jarabo Colomer, « Concl. sur CJCE, 21 février 2008, *Commission contre Italie*, affaire n° C-412/04 »).

Pour la protection des principes de publicité et de transparence, le droit communautaire a imposé la garantie du droit au juge et donc à des recours efficaces.

Ce développement du contentieux de la passation a produit des conséquences au-delà de ce contentieux. La pratique des référés précontractuels a habitué les entreprises et leurs conseils à sonder les procédures de passation. Le déféré préfectoral, puis les perfectionnements des voies de recours, dont le dernier avatar jurisprudentiel a été l'arrêt *Tropic Travaux*, ont entraîné la multiplication des cas d'irrégularité des marchés publics et délégations de service public. Ces irrégularités apparaissent très souvent au cours de l'exécution du contrat ou même après l'achèvement de son exécution. Alors, se pose un problème qui n'est pas seulement juridique : assurer le respect du droit sans pour autant trop compromettre la sécurité des contrats, qui est une condition fondamentale de bon fonctionnement du marché.

Pour assurer cette conciliation deux voies sont ouvertes.

Une première voie est celle de la modulation par le juge de la sanction des illégalités : le maintien du contrat irrégulier est accepté, son annulation n'est prononcée que pour l'avenir, la régularisation est admise.

La seconde voie est celle qui est explorée par Pierre Bourdon : elle consiste à faire application de règles juridiques de remplacement du contrat. Le recours à ces règles devrait conserver un caractère exceptionnel, faute de quoi leur existence inciterait à l'illégalité ; mais, avec la multiplication des cas d'illégalité, ce caractère d'exception tend à être remis en cause.

Les cas d'indemnisation de l'opérateur économique titulaire de ce qu'il croyait être un contrat sont de plus en plus fréquents dans la jurisprudence contemporaine. Les principes qui fondent cette indemnisation sont connus ; ils ont été fixés depuis longtemps par quelques arrêts de principe : le partenaire de l'administration a le droit d'être indemnisé sur la base de l'enrichissement sans cause et de la responsabilité extra-contractuelle pour faute. Ces règles juridiques ont fait l'objet en 1995 d'un travail remarquable du professeur Franck Moderne (*Les quasi-contrats administratifs*, Sirey) ; mais, sur ces bases initiales s'est développée depuis une vingtaine d'années une jurisprudence qui émane surtout des juges du fond et qui devait être explorée.

Elle devait être explorée d'abord pour mieux comprendre comment le juge fixe les indemnités, comment est appliquée la notion de « dépense utile » ou celle de « gain manqué » ; cela nécessitait un important travail de dépouillement et d'analyse des jugements de tribunaux administratifs et arrêts de cours administratives d'appel, qui a été mené avec courage et perspicacité par Pierre Bourdon.

Mais, au-delà de cet exposé de grande utilité pratique, l'auteur a su étudier avec finesse les paradoxes et difficultés de la jurisprudence.

Au fur et à mesure de l'intensification de leur mise en œuvre, les principes de base ont été précisés et adaptés. Ce n'est, par exemple, que très récemment que le Conseil d'État s'est prononcé expressément sur le sort de la faute de l'appauvri.

Pierre Bourdon présente avec subtilité les solutions jurisprudentielles, qui paraissent parfois paradoxales : la notion de « dépense utile » élaborée dans le cadre de la relation bilatérale collectivité publique-entreprise est appliquée aussi en matière de délégation de service public en dépit de la présence d'un tiers, qui est l'usager du service public ; l'indemnisation est plafonnée au montant des recettes que le contrat aurait procurées, alors que ce contrat est réputé n'avoir pas existé.

Ce qui apparaît en creux est, en fin de compte, la difficulté de se passer du contrat. L'étude de Pierre Bourdon est donc un apport important au droit des contrats administratifs, à la connaissance duquel il va continuer à contribuer par sa thèse de doctorat.

Laurent Richer

Professeur à l'Université Paris 1 Panthéon-Sorbonne

Avant-propos

Quelles conséquences tirer de la nullité d'un contrat de développement d'un logiciel d'études économiques ?

VENIERE Frédéric, « Quelles conséquences tirer de la nullité d'un contrat de développement d'un logiciel d'études économiques ? », *BJCP*, n° 10, mai 2000, page 176.

Introduction

Telles étaient les premières lignes de l'ouvrage de Paul Duez publié en 1938 sur la responsabilité administrative *« en dehors des contrats »* :

> *« Nulle matière du droit public français n'a été remuée par une évolution aussi rapide et aussi caractéristique que la responsabilité de la puissance publique. Il y a seulement quarante ans, l'irresponsabilité – quelques îlots étant réservés par la législation ou la jurisprudence – régissait en maîtresse les conséquences de l'action étatique. Laferrière, dans son classique* Traité de la juridiction administrative et des recours contentieux, *pouvait même encore écrire en 1896, que "le propre de la souveraineté est de s'imposer à tous sans compensation" »*[3].

En effet, sous l'Ancien Régime, et bien longtemps encore après la Révolution, l'inégalité qui caractérise les rapports entre l'Etat et le citoyen se traduisait, notamment, dans la quasi-irresponsabilité du supérieur, l'Etat, à l'égard du subordonné, le citoyen. Dans son ouvrage, le doyen de la faculté de droit de Lille repérait plusieurs indices, accumulés vers la fin du XIXème et le début du XXème siècle, tendant à prouver son assertion sur la responsabilisation de la puissance publique.

Au total, la responsabilité administrative fait aujourd'hui l'objet d'une classification couvrant la plupart des conséquences dommageables entraînées par les activités publiques. A l'historique responsabilité en vertu des obligations contractuelles, s'est adossé un régime de responsabilité couvrant les dommages subis par les administrés, bientôt rejoint par un régime prenant en charge les obligations de l'Administration en vertu de certains actes qui, sans être de véritables contrats, s'en approchent grandement.

---

[3] DUEZ Paul, *La responsabilité de la puissance publique (en dehors du contrat)*, 2nde édition, Dalloz, Paris, 1938, page 5.

Paragraphe 1 – **Des régimes de responsabilité administrative**

Ainsi, l'on distingue globalement trois fondements – contractuel, extra-contractuel, quasi-contractuel – qui permettent, dans des conditions bien précises, d'opposer la responsabilité de la puissance publique devant le juge administratif.

En premier lieu, la responsabilité contractuelle est la plus simple à appréhender. C'est, en somme, la responsabilité exercée sur le fondement d'un contrat. Elle met aux prises l'Administration et son cocontractant devant le juge administratif au sujet des conditions d'exécution de leurs obligations contractuelles réciproques. Celle-ci peut être qualifiée de « responsabilité administrative historique » puisqu'elle a toujours été opposable à l'Administration, laquelle est généralement comparable, en pareille situation, au citoyen, comme l'expliquait Edouard Laferrière :

> *« Les facultés que l'Administration exerce dans l'accomplissement de ces actes, n'excèdent pas, en général, celles que les citoyens possèdent en vertu du droit privé (...) ; l'intérêt public les motive, mais la puissance publique n'y intervient pas »*[4].

En deuxième lieu, vient la responsabilité extra-contractuelle. Considérablement étendue par le juge administratif à partir de la fin du XIXème siècle, elle englobe aujourd'hui deux voies qu'il convient de distinguer en fonction de l'existence d'une faute commise par l'Administration.

Les cas de responsabilité extra-contractuelle *sans faute* obligent la puissance publique à réparer les préjudices provenant de ses services sans qu'aucune faute ait été commise de leur part.

Ce fondement de responsabilité est généralement opposé en raison d'une rupture de l'égalité devant les charges publiques, d'un dommage causé par les personnes ou biens dont l'Administration a la garde, ou encore pour le risque résultant de l'activité administrative.

---

[4] LAFERRIERE Edouard, *Traité de la juridiction administrative et des recours contentieux*, tome 1, Berger-Levrault, Paris, 1887, pages 436-437.

A titre d'illustration, la responsabilité extra-contractuelle *sans faute* peut être mise en œuvre par les tiers victimes de dommages consécutifs, soit à l'exécution de travaux publics[5], soit à l'existence ou au fonctionnement d'un ouvrage public[6]. Citons également que ce fondement de responsabilité couvre, notamment, les cas de dommages imputables à un risque exceptionnel encouru par les agents permanents de l'Administration[7], les usagers[8] ou les tiers[9], les dommages subis par les collaborateurs occasionnels du service public[10], ainsi que les dommages résultant des seuls traités internationaux[11], lois[12] ou décisions administratives légales[13].

La responsabilité extra-contractuelle *sans faute* est d'ordre public[14]. Cette notion d'« ordre public » implique deux spécificités. Elle suppose, tout d'abord, que le juge administratif soulève d'office la responsabilité de l'Administration, c'est-à-dire qu'il l'oppose sans demande des parties en ce sens. Ensuite, la

---

[5] CE, 10 juin 1921, *Commune de Monségur*, req. n° 45681, *GAJA*, pages 240-242.

[6] CE Section, 23 décembre 1970, *Commune de Bessèges*, req. n° 76976, 76977, *Rec.*, page 790 : habitant d'une commune victime de l'incendie qui s'est déclaré dans un dépôt d'ordures.

[7] CE, 21 juin 1895, *Cames*, req. n° 82490, *GAJA*, pages 40-46 : ouvrier blessé à la main gauche par un éclat de métal projeté sous le choc d'un marteau-pilon.

[8] CE Assemblée, 6 juillet 1973, *Ministre de l'équipement et du logement contre Sieur Dalleau*, req. n° 82406, *Rec.*, page 482.

[9] CE, 28 mars 1919, *Regnault-Desroziers*, req. n° 62273, *GAJA*, pages 218-225 : explosion d'un dépôt où l'autorité militaire entreposait des munitions.

[10] CE Assemblée, 22 novembre 1946, *Commune de Saint-Priest-La-Plaine*, req. n° 74725, 74726, *GAJA*, pages 382-389 : *« Les sieurs Rance et Nicaud, qui avaient accepté bénévolement, à la demande du Maire de Saint-Priest-la-Plaine, de tirer un feu d'artifice à l'occasion de la fête locale du 26 juillet 1936, ont été blessés, au cours de cette fête, par suite de l'explosion prématurée d'un engin, sans qu'aucune imprudence puisse leur être reprochée ».*

[11] CE Assemblée, 30 mars 1966, *Compagnie générale d'énergie radio-électrique*, req. n° 50515, *Rec.*, page 257.

[12] CE Assemblée, 14 janvier 1938, *SA des produits laitiers La Fleurette*, req. n° 51704, *Rec.*, page 25.

[13] CE Section, 15 février 1961, *Sieur Werquin*, req. n° 38872, 38873, *Rec.*, page 118 – CAA Nancy, 6 janvier 2005, *Madame M.*, req. n° 00NC00262, *AJDA*, n° 16, 25 avril 2005, pages 891-893 (note Jean-Michel ADRIEN) : le retrait ou la suspension de l'agrément d'une assistante maternelle, qui ne sont pas illégaux s'ils sont fondés sur des présomptions sérieuses d'agissements contraires à l'intérêt des enfants, engagent la responsabilité de l'Administration si ces présomptions se révèlent ultérieurement infondées.

[14] CE Section, 29 novembre 1974, *Epoux Gevrey*, req. n° 89756, *Rec.*, page 600.

notion ouvre le droit, pour les mêmes parties, de présenter des conclusions sur ce terrain sans condition de délai tout au long de la procédure contentieuse[15].

Car, afin de protéger l'unité du procès, toute demande au juge est, en principe, présentée en première instance devant le tribunal administratif avant l'expiration du délai de recours contentieux[16]. Mais puisqu'elle est d'ordre public, le requérant est par exemple recevable à présenter des conclusions mettant en cause la responsabilité extra-contractuelle *sans faute* de l'Administration pour la première fois devant la cour administrative d'appel.

Alternativement, dans les cas de responsabilité extra-contractuelle *pour faute*, le juge administratif observe si la faute en question, commise par l'Administration, était volontaire ou non, ce qui amène alors à qualifier la responsabilité de « délictuelle » ou de « quasi-délictuelle ».

La faute, par exemple toute illégalité commise par l'Administration[17], entraîne la responsabilité de cette dernière si un administré peut démontrer qu'elle lui a directement et certainement porté préjudice. Dès lors, la victime peut requérir *« une réparation intégrale et universelle »*[18].

Toutefois, la responsabilité extra-contractuelle *pour faute* n'est pas d'ordre public, contrairement à la responsabilité extra-contractuelle *sans faute*. Ainsi, le juge administratif n'est jamais amené à relever d'office une faute dommageable commise par

---

[15] Néanmoins, le caractère d'ordre public suppose qu'un jugement définitif, qui exclut toute indemnisation sur le fondement de la responsabilité extra-contractuelle *pour faute*, empêche le requérant d'engager une nouvelle procédure contentieuse pour les mêmes faits sur le terrain de la responsabilité extra-contractuelle sans faute. En effet, celle-ci est implicitement considérée comme exclue par le juge qui ne l'a pas soulevé d'office.

[16] Article R. 421-1 du Code de justice administrative : *« Sauf en matière de travaux publics, la juridiction ne peut être saisie que par voie de recours formé contre une décision, et ce, dans les* ***deux mois*** *à partir de la notification ou de la publication de la décision attaquée ».*

[17] CE Section, 26 janvier 1973, *Ville de Paris contre Sieur Driancourt*, req. n° 84768, *Rec.*, page 78.

[18] POUYAUD Dominique, « Le fondement de la responsabilité du fait des lois en cas de méconnaissance des engagements internationaux », *RFDA*, n° 3, mai-juin 2007, page 526.

l'Administration, tandis que les conclusions fondées sur la responsabilité extra-contractuelle *pour faute* sont irrecevables en première instance après l'expiration du délai de recours contentieux[19].

En dernier lieu, suit le fondement indemnitaire quasi-contractuel, lequel est apparu timidement dans la jurisprudence administrative vers la fin du XIXème siècle. Comme la responsabilité contractuelle est fondée sur l'existence d'un contrat, la réparation quasi-contractuelle repose sur l'existence d'un quasi-contrat. Mais, contrairement au contrat, le quasi-contrat consiste en une relation strictement *informelle* entre l'Administration et un tiers. Brièvement, le quasi-contrat est un *« engagement[] sans convention »*[20]. Pourtant, il n'en résulte pas moins des obligations pour les parties « quasi-contractantes ». Ainsi, comme l'énonce la définition du quasi-contrat contenue dans l'article 1371 du Code civil :

> *« Les quasi-contrats sont les faits purement volontaires de l'homme, dont il résulte un engagement quelconque envers un tiers, et quelquefois un engagement réciproque des deux parties ».*

Les quasi-contrats peuvent être le fruit d'un paiement indu, d'une gestion d'affaires ou d'un enrichissement sans cause.

Tout d'abord, l'action en répétition de l'indu[21], comme son nom l'indique, permet à une personne appauvrie, le *solvens*, de récupérer auprès d'une autre, l'*accipiens*, un paiement qu'elle ne lui devait pas, si ce versement n'a été qu'une erreur de sa part[22].

---

[19] Article R. 421-1 du Code de justice administrative : *« Sauf en matière de travaux publics, la juridiction ne peut être saisie que par voie de recours formé contre une décision, et ce, dans les* ***deux mois*** *à partir de la notification ou de la publication de la décision attaquée ».*

[20] MODERNE Franck, cité par GAUDEMET Yves, *Traité de droit administratif*, tome 1, 16ème édition, LGDJ, Paris, 2001, page 717.

[21] La répétition de l'indu est une importation des articles 1376 et 1377 du Code civil.

[22] DE LAUBADERE André, MODERNE Franck, DELVOLVE Pierre, *Traité des contrats administratifs*, tome 1, LGDJ, Paris, 1984, page 31.

Le *solvens* ne devait donc pas avoir connaissance de l'irrégularité entachant son paiement[23].

Ensuite, la gestion d'affaires se présente comme la situation où un tiers bénévole, sans aucun mandat, est intervenu spontanément dans les affaires d'autrui – que l'on dénomme le « maître de l'affaire » – lorsque ce dernier était *« hors d'état »* de les gérer lui-même[24].

Enfin, on en arrive à l'enrichissement sans cause : celui des trois quasi-contrats faisant l'objet de la jurisprudence administrative *« la plus abondante »*[25]. La notion remonte à la maxime du jurisconsulte Pomponius, qui fut inscrite dans le *Digeste* romain, selon laquelle : *« Il est juste d'après le droit naturel que personne ne s'enrichisse au détriment d'autrui »*[26]. En France, où l'enrichissement sans cause n'est pas inscrit au Code civil, le droit privé ne s'en empare qu'en 1892 à l'occasion d'un arrêt *Boudier* rendu par la Cour de cassation[27]. En ce qui concerne le droit public, même si la jurisprudence administrative[28] a pu s'inspirer ponctuellement du principe vers la fin du XIXème et le

[23] CE, 25 novembre 1921, *Société Les Savonneries Henri Olive*, req. n° 65445, *RDP*, n° 1, janvier-mars 1922, pages 107-116 (concl. Charles RIVET) : l'entreprise a versé indument une redevance au Trésor public. Mais puisqu'elle connaissait l'irrégularité entachant son paiement, elle en perd tout droit à répétition de l'indu.

[24] DE LAUBADERE André, MODERNE Franck, DELVOLVE Pierre, *op. cit.*, page 31.

[25] CHAPUS René, *Droit administratif général*, tome 1, 15ème édition, Montchrestien, Paris, 2001, page 1223.

[26] *« Jure naturae aequum est neminem cum alterius detrimento et injuria fieri locupletiorem »* (BAYLE Gabriel, *L'enrichissement sans cause en droit administratif*, Thèse Aix-Marseille, LGDJ, Paris, 1973, page 1).

[27] Requêtes, 15 juin 1892, *Julien Patureau-Miran contre Boudier*, *D.*, 1892, 1ère partie, page 596.

[28] *Cf.* par exemple CE, 15 février 1889, *Lemaire contre Fabrique de l'église de Rincq*, req. n° 65426, *Rec.*, page 226 : dans les visas de la décision, affirmation du *« principe de droit commun que nul ne peut s'enrichir aux dépens d'autrui »* – CE Section, 2 décembre 1938, *Sieur Laily*, req. n° 56404, *Rec.*, page 905.

début du XXème siècle[29], l'intégration expresse se fait plus tardivement. En effet, le Conseil d'Etat n'érige l'enrichissement sans cause en principe général du droit qu'en 1961 dans une décision *Société Sud-Aviation*[30] confirmée en 1966 par une décision de Section *Ville de Bordeaux*[31].

Cette hésitation s'explique par les caractères de l'enrichissement sans cause. En effet, le principe de l'enrichissement sans cause veut que *tout* enrichissement injustifié d'une personne, acquis au détriment d'une autre, soit restitué. Cette solution, comme l'a reconnu la jurisprudence, s'inspire de l' *« équité »*[32]. La doctrine présente également l'enrichissement sans cause comme un *« principe d'équité »*[33] gouverné par le *« bon sens »*[34], voire comme une sorte de *« principe[] »*[35] ou

---

[29] *Cf.* BONET Georges, *L'enrichissement sans cause : droit privé et droit public*, Litec, Paris, 1989, page 20 – DELCUSY Pierre, *Le quasi-contrat en droit administratif*, Thèse Paris, Les Presses Modernes, Paris, 1931, pages 95, 97-98 – BOUDET François, « La théorie de l'enrichissement sans cause en droit administratif », *AJDA*, n° 4, 20 avril 1959, pages 77-80 – PLESSIX Benoît, *L'utilisation du droit civil dans l'élaboration du droit administratif*, Thèse Paris, LGDJ, Paris, 2003, page 131.

[30] CE, 14 avril 1961, *Ministre de la reconstruction et du logement contre Société Sud-Aviation*, req. n° 32468, *RDP*, n° 3, mai-juin 1961, pages 655-667 (concl. Charles HEUMANN).

[31] CE Section, 14 octobre 1966, *Ministre de la construction contre Ville de Bordeaux*, req. n° 64076, *Rec.*, page 537.

[32] CE, 12 juin 1963, *Société Ger-France*, *RDP*, n° 1, janvier-février 1964, page 218 (note Jean DE SOTO).

[33] VIDAL Laurent, *L'équilibre financier du contrat dans la jurisprudence administrative*, Thèse Paris, Bruylant, Paris, 2005, page 750.

[34] 1/ RADE Christophe, *La responsabilité civile contractuelle – Les quasi-contrats*, Presses universitaires de Grenoble, Grenoble, 2001, page 111.

2/ Dans sa thèse publiée en 1997, Mélina Douchy fait du quasi-contrat *« une source des obligations qui possède en son principe un* ***grand sens social*** *»* (DOUCHY Mélina, *La notion de quasi-contrat en droit positif français*, Thèse Aix-Marseille, Economica, Paris, 1997, page 280).

3/ Dans sa thèse publiée en 2003, Benoît Plessix assimile l'enrichissement sans cause à une règle d' *« équité subjective* ***stoïco-chrétienne*** *»* (PLESSIX Benoît, *op. cit.*, pages 562-563).

[35] *« Principe[] de morale juridique »* (DEBBASCH Charles, COLIN Frédéric, *Droit administratif*, 7ème édition, Economica, Paris, 2004, page 101).

« règle[] morale[] »[36]. Et ce sont précisément ces caractères d'équité et de moralité qui ont longtemps semblé contraire à l'office du juge et, en droit public, aux principes gouvernant la marche de l'Etat. Le juge, en principe, se prononce sur ce qu'il considère comme conforme au Droit et non au regard de l'équité ou de la morale. L'Etat, quant à lui, est gouverné par certaines règles, dont celle de la prévision formelle des dépenses, ce qui empêche que des actes informels et volontaires lui soient opposés.

Le juge administratif a pourtant fini par intégrer la répétition de l'enrichissement sans cause dans la jurisprudence. Toutefois, il s'est employé à transformer cette directive morale en un principe général, certes, mais réservé à des situations juridiques très précises. Ainsi, le principe de l'enrichissement sans cause est appliqué par le juge administratif, en particulier dès lors que l'Administration tire, par le bais d'un contrat irrégulier, un avantage issu de certaines prestations satisfaisant l'intérêt général[37].

Nous en arrivons au terme de notre état des lieux général sur les régimes de responsabilité administrative. Celui-ci était nécessaire afin d'avoir à l'esprit leur étendue, leurs développements et leurs implications. On constate ainsi que chacun des trois grands régimes de responsabilité repose sur une cause juridique distincte.

La réparation quasi-contractuelle repose sur l'existence d'obligations issues d'un quasi-contrat. Par ce biais, le juge peut restituer au justiciable intéressé des faits ayant profité à l'Administration.

La responsabilité extra-contractuelle, pour sa part, repose sur un dommage produit par l'Administration. Elle permet au juge de réparer des faits dommageables de l'Administration produits hors de tout contrat.

---

[36] MORAND-DEVILLER Jacqueline, *Cours de droit administratif*, 10ème édition, Montchrestien, Paris, 2007, page 792 : *« Des obligations qui s'apparentent à des "règles morales" »*.

[37] BAYLE Gabriel, *op. cit.*, pages 4-6.

La responsabilité contractuelle, quant à elle, est invocable au titre des obligations contenues dans un contrat. Cette voie de droit sert à réparer des faits dommageables des parties contractantes produits dans le cadre d'un contrat, pourvu qu'il soit valide.

Paragraphe 2 - **De la validité du contrat administratif**

Pour être valide, on dit généralement du contrat qu'il doit respecter les conditions essentielles de validité des conventions, c'est-à-dire les règles de capacité, de consentement, d'objet et de cause, définies à l'article 1108 du Code civil. Les contrats administratifs ne semblent pas *a priori* y déroger. Dominique Pouyaud, qui en a fait état dans sa thèse consacrée à *La nullité des contrats administratifs*, opère une distinction entre les conditions de régularité externe et les conditions de régularité interne[38].

En premier lieu, au titre des *conditions externes*, doivent être régulières la qualité des contractants (la compétence de l'autorité administrative signataire et la qualité de la personne privée), l'expression de leur consentement (le respect des procédures de passation par l'Administration) et la réalité de ce consentement (ce qui exclut l'erreur, le dol ou la violence).

Ainsi, et la pratique nous montrera au cours de cette étude qu'il ne s'agit pas d'une simple hypothèse d'école, l'autorité administrative qui signe le contrat doit avoir la compétence pour le faire. En outre, dans le cas par exemple où le contrat lie une personne publique à un entrepreneur privé, le processus de formation de la convention est, de plus en plus souvent, synonyme de publicité et de mise en concurrence.

En second lieu, en ce qui concerne les *conditions internes* au contrat, celles-ci tiennent, en particulier, à la détermination d'un objet et d'une cause licites.

---

[38] POUYAUD Dominique, *La nullité des contrats administratifs*, Thèse Paris, LGDJ, Paris, 1991, pages 23-284.

Ainsi, pour ce qui est de l'adéquation aux règles d'ordre public, l'Administration ne peut pas déléguer contractuellement certaines de ses compétences dont, notamment, celles de police[39].

Dans l'hypothèse où un contrat ne respecterait pas l'une de ces conditions de validité, le juge administratif est susceptible de constater sa nullité. Cette dernière est d'ordre public, ce qui signifie[40], d'une part, que la nullité du contrat puisse être opposée par les parties sans condition de délai tout au long de la procédure contentieuse et, d'autre part, que le juge doive soulever cette question de lui-même au cas où les parties ne l'auraient pas invoquée[41].

[39] CE Assemblée, 17 juin 1932, *Ville de Castelnaudary*, req. n° 12045, *Rec.*, page 595 – CE, 1er avril 1994, *Commune de Menton*, req. n° 144152, 144241, *RFDA*, n° 3, mai-juin 1994, pages 620-621 ; *AJDA*, n° 4, 20 avril 1995, page 308 ; *DA*, n° 6, juin 1994, comm. n° 356, page 18 ; *DA*, n° 10, novembre 1994, pages 1-2 (concl. Serge LASVIGNES) – CE, 29 décembre 1997, *Commune d'Ostricourt*, req. n° 170606, *Rec.*, page 969.
[40] A l'instar de la responsabilité extra-contractuelle *sans faute*.
[41] CE Section, 27 novembre 1942, *Société Bongrand et Dupin*, req. n° 60877, *Rec.*, page 335 – CE Section, 29 janvier 1982, *Martin*, req. n° 19926, *Rec.*, page 44.

Paragraphe 3 - **De la nullité du contrat administratif**

Les déclarations de nullité des contrats administratifs sont devenues de moins en moins exceptionnelles à partir de 1982. Ce phénomène peut s'expliquer en raison, tout d'abord, de la création du déféré préfectoral[42] conjuguée, par la suite, à l'accroissement des règles communautaires et nationales entourant les procédures de passation propres aux contrats administratifs[43].

La nullité d'un contrat se définit comme l'inefficacité juridique de cet acte en raison de l'absence d'au moins une des *conditions externes* ou *internes* requises pour le rendre valide, c'est-à-dire non nul.

Pire encore, la nullité est réputée frapper l'acte *ab initio*, c'est-à-dire dès son commencement. Et, on le comprend, la condition litigieuse ayant toujours fait défaut, le contrat en question n'a jamais pu être valide et produire quelque effet que ce soit.

Il faut, au passage, distinguer la nullité de la résiliation. Les effets de la résiliation ne disposent que pour l'avenir, ils sont abrogatifs, tandis que ceux de la nullité valent aussi pour le passé, ils sont rétroactifs. Si le contrat résilié *n'existe plus*, la convention déclarée nulle n'a, quant à elle, *jamais existé*. Autrement dit, l'acte résilié supprime les droits et obligations des parties pour le futur, tandis que le contrat déclaré nul n'a jamais conféré quelque droit ou obligation que ce soit à aucune des parties.

« Quod nullum est nullum producit effectum » dit l'adage latin : *« Ce qui est nul est de nul effet »*. Le seigneur de La Palisse n'aurait pas utilisé d'autres mots. Toutefois, cette répétition a elle-même un sens. Elle traduit l'importance attachée à *« la disparition*

---

42 1/ Le déféré préfectoral est une voie de recours dans les mains du Préfet pour demander au juge administratif l'annulation des actes illégaux des collectivités territoriales, ce qui justifie qu'en pareille situation le juge ne constate pas la nullité mais annule purement et simplement l'acte litigieux, y compris le contrat.
2/ Toutefois, que le juge se borne à *constater la nullité* ou qu'il *prononce l'annulation* du contrat, l'une ou l'autre de ces techniques formelles est sans incidence sur la disparition rétroactive des effets de l'acte.

43 RICHER Laurent, « Vie et survie du contrat administratif illégal », *Confluences : Mélanges en l'honneur de Jacqueline Morand-Deviller*, Montchrestien, Paris, 2007, pages 509-511.

rétroactive de tout lien contractuel »[44] puisque la nullité affecte le contrat *« dès sa signature »*[45].

Puisque tout *« vice (...) entache* ab initio *la formation du contrat »*, la nullité du contrat administratif est, classiquement, *« un* ***état*** *qui se constate »*[46]. Cette considération justifie que le juge administratif ne fasse, en général, qu'une simple déclaration puisque la nullité préexiste à son office[47]. Comment le juge pourrait anéantir le néant ? Dominique Pouyaud l'explique en ces termes :

> *« Tous les jugements sont (...) déclaratifs car ils sont fondés sur le fait préexistant qu'au moment de la conclusion du contrat une règle légale a été violée. Si la nullité résultait d'une décision du juge, si les jugements étaient constitutifs, la nullité ne pourrait avoir d'effet rétroactif »*[48].

Prise sous un autre angle, la nullité peut être appréhendée, non pas comme un état, mais comme une *«* ***sanction*** *de l'acte irrégulier »* se traduisant par *« l'anéantissement rétroactif des effets juridiques (...) entraînant, autant que faire se peut, la remise en état de la situation matérielle antérieure »*[49].

En tout cas, qu'on la considère comme un état ou comme une sanction, puisque la nullité emporte avec elle le contrat, les parties contractantes ne sont, dès lors, plus fondées à s'opposer leur responsabilité contractuelle, laquelle, on l'a examiné, ne peut reposer que sur un contrat valide.

---

[44] GENEVOIS Bruno, « Concl. sur CE, 6 mai 1985, *Association Eurolat et Crédit Foncier de France*, req. n° 41589 », *RFDA*, n° 1, janvier-février 1986, page 25.

[45] CE, 14 mai 1986, *Société Siduic et autres*, req. n° 52830, *RDP*, n° 6, novembre-décembre 1986, page 1760.

[46] DELACOUR Eric, ANTOINE Julien, DAVIGNON Jean-François, RIBOT Catherine, *La loi Sapin et les délégations de service public : 10 ans d'application jurisprudentielle*, Litec, Paris, 2003, page 344.

[47] RICHER Laurent, « Vie et survie du contrat administratif illégal », *op. cit.*, pages 515-517.

[48] POUYAUD Dominique, *La nullité des contrats administratifs*, *op. cit.*, pages 420-421.

[49] LAFAIX Jean-François, *Essai sur le traitement des irrégularités dans les contrats de l'Administration*, Thèse Paris 1, 2007, pages 54-57.

Paragraphe 4 - Les régimes de responsabilité et le contrat valide

Par principe, l'existence d'un contrat valide impose aux parties de s'opposer leur responsabilité sur le terrain contractuel, ce qui exclut l'invocation des fondements extra-contractuel ou quasi-contractuel, que ce soit séparément[50] ou simultanément[51].

Les stipulations du contrat, « *la loi des parties* » selon l'article 1134 du Code civil, sont prééminentes. Ainsi, elles excluent l'existence d'un dommage extra-contractuel puisque tout dommage, dans les rapports entre contractants, sera réparé à la lumière des clauses contractuelles. Par ailleurs, le contrat exclut naturellement l'existence d'un quasi-contrat puisqu'il existe un acte contractuel complètement valide. Or, les clauses de ce contrat peuvent être, ponctuellement, défavorables à l'une ou l'autre des parties contractantes.

C'est pour cette raison qu'il n'est pas rare que les contractants fassent preuve d'un juridisme excessif pour se défaire de leurs liens contractuels.

Il en est ainsi du cocontractant de l'Administration recherchant par tous les moyens juridiques imaginables la nullité d'un contrat

---

[50] 1/ CE, 1er décembre 1976, *Berezowski*, req. n° 98946, *Rec.*, page 521 : responsabilité extra-contractuelle *pour faute*.
2/ CE, 5 janvier 1972, *Société Unitchadienne*, req. n° 78436, *Rec.*, page 4 : responsabilité extra-contractuelle *sans faute*.
3/ CE, 22 juin 1983, *SA La technique électrique de l'Oise*, req. n° 41124 : lorsque des prestations d'une société peuvent être indemnisées sur le fondement des stipulations d'un avenant à un contrat de marché public, le juge administratif ne statue pas sur les conclusions fondées sur l'enrichissement sans cause de l'Administration.

[51] TA Nancy, 20 juin 2006, *Société Compass Group France Enseignement Santé et Service Hôtelier contre Commune de Jarville-la-Malgrange*, req. n° 0401917, 0500743 – TA Lille, 12 juillet 2007, *SARL Ambulances Naels contre Centre hospitalier régional universitaire de Lille*, req. n° 0407221 : « *La requérante est bien liée au Centre hospitalier régional universitaire de Lille par un contrat et ne peut exercer à l'encontre du Centre hospitalier régional universitaire de Lille, en raison du préjudice dont elle demande réparation, d'autre action que celle procédant de ce contrat ; que dès lors, elle n'est recevable à demander l'indemnisation de son préjudice ni en se fondant sur sa collaboration au service public, ni en se fondant sur l'enrichissement sans cause* ».

regretté[52]. En pareille situation, tout porte à croire qu'il ne souhaite que se défaire de ses obligations contractuelles afin d'obtenir une indemnité plus avantageuse par rapport à celle à laquelle il peut prétendre au titre du contrat[53].

A contrario, il peut s'agir de l'Administration elle-même, par exemple d'une commune, condamnée en première instance à indemniser le préjudice résultant de la résiliation d'une convention. Pour la première fois en appel, elle oppose la nullité et peut remettre en cause l'indemnité de résiliation octroyée au titre de la responsabilité contractuelle puisque le contrat est réputé n'avoir jamais existé. Ainsi, dans une telle affaire, la commune a vu l'indemnité due à son prestataire presque divisée par deux[54].

Mais comment fonctionne ce mécanisme indemnitaire consécutif à la nullité du contrat administratif ? Il ne semble pas qu'une réelle curiosité existe autour de cette question. Ce phénomène se comprend à la lecture de certains commentaires :

> *« Les conséquences ultimes de ce contentieux passent souvent au second plan, probablement parce qu'elles sont en majorité réglées en définitive par les juridictions du premier degré »*[55].

---

[52] CAA Douai, 6 juillet 2006, *Société Auto-camion France contre Commune de Vernon*, req. n° 05DA00103, *cf.* annexe 9 : nullité invoquée par le cocontractant de l'Administration en raison de l'irrégularité de six stipulations du contrat de délégation de service public par rapport à trois dispositions d'un décret.

[53] CE, 26 mars 2008, *Société Spie Batignolles*, req. n° 270772 : à la suite d'un litige sur le décompte final du marché, le cocontractant a saisi une première fois le tribunal administratif qui a rejeté sa demande. Par la suite, le cocontractant a saisi une seconde fois le tribunal administratif en invoquant la nullité du marché, ce qui lui a permis d'obtenir une indemnité.

[54] CAA Versailles, 3 mars 2005, *Commune de Port-Marly*, req. n° 03VE04557, 04VE00088 : l'indemnité due par la commune à son cocontractant, d'un montant fixé à 609 795 euros par le tribunal administratif (indemnisation pour résiliation unilatérale d'un contrat valide), est ramenée à 371 544,63 euros (alors que le préjudice était encore estimé par le prestataire à une somme de 609 791 euros) par la cour administrative d'appel (indemnisation des conséquences financières de la nullité du contrat).

[55] GUGLIELMI Gilles J., « Note sous TA Bordeaux, 10 juin 1999, *Société MB2*, req. n° 943129 », *D.*, n° 13, 29 mars 2001, page 1050.

Claude Grange déplore également *« la rareté de la jurisprudence sur les modalités pratiques de l'indemnisation »* liée à la nullité du contrat administratif[56].

Paragraphe 5 - **Les régimes de responsabilité et le contrat nul**

Revenons-en à la déclaration de nullité. Dans tous les cas, comme le synthétise Jean-François Lafaix : *« La nullité correspond au néant juridique, à l'absence d'effet de droit »*[57]. Ces mots doivent être prolongés par ceux de Benoît Plessix soulignant que :

> *« Du néant il ne peut rien sortir. Aussi bien, le contrat administratif nul ne peut certes plus produire d'effets, mais il faut* **surtout** *dire qu'il n'a jamais pu en produire aucun »*[58].

A cet égard, le contrat nul n'a pu faire naître, à aucun moment entre les parties, *« ni droit ni obligation subjectifs de nature ou d'origine contractuelles »*[59]. La nullité est donc *« une sorte de coup de tonnerre dans un ciel contractuel apparemment serein »*[60].

En effet, l'Administration ne peut plus exercer aucune des actions d'ordre contractuel que sont les responsabilités contractuelle[61], de bon achèvement des travaux[62], ou décennale[63].

---

[56] GRANGE Claude, « Dépenses utiles et dommages-intérêts », *CP-ACCP*, n° 16, novembre 2002, page 35.
[57] LAFAIX Jean-François, *op. cit.*, page 50.
[58] PLESSIX Benoît, *op. cit.*, page 127.
[59] HAÏM Victor, « Note sous CE, 8 décembre 1995, *Commune de Saint-Tropez*, req. n° 144029 », *AJDA*, n° 6, 20 juin 1996, page 449.
[60] SAVOIE Henri, « Concl. sur CE Section, 20 octobre 2000, *Société Citécable Est*, req. n° 196553 », *RFDA*, n° 2, mars-avril 2001, page 367.
[61] CE Section, 27 novembre 1942, *Société Bongrand et Dupin*, *op. cit.* : *« Considérant (...) que ce marché n'a pas fait l'objet d'une adjudication publique ; qu'il est, dès lors, nul et n'a pu faire naître aucune obligation valable à la charge de ladite société ; que, dans ces conditions, c'est à tort qu'à la suite de la résiliation dudit marché, prononcée par l'office, le conseil de préfecture a condamné la Société Bongrand et Dupin à lui payer une indemnité en réparation des conséquences dommageables qu'aurait entraînées l'inexécution de ses obligations ».*

Le corollaire pour le cocontractant de la personne publique, c'est qu'il ne peut plus prétendre à la rémunération prévue par le contrat ou basée sur les clauses du contrat[64].

D'ailleurs, la déclaration de nullité oblige les parties à effacer toute existence de la convention.

Partant de ce constat, il ne se pose pas de difficulté si aucun paiement n'avait été réalisé entre les ex-contractants et que les prestations prévues au contrat n'avaient pas commencé à être exécutées. Les parties peuvent se séparer sans que la nullité leur ait créé un quelconque désagrément. En somme, la déclaration de nullité est platonique.

Mais, dans le cas contraire, les ex-contractants sont dans l'obligation d'opérer une remise en état afin de faire disparaître tout commencement d'exécution ou, pire encore, toute exécution complète de la convention annulée. Cela se traduit, logiquement, par une restitution des paiements et prestations effectués. En effet, les ex-contractants doivent, en principe, se rembourser mutuellement l'intégralité des paiements versés dans le cadre

---

[62] CE Section, 26 mars 1965, *Dame veuve Moulinet et Demoiselle Moulinet*, req. n° 59049, *Rec.*, page 209.

[63] CE Section, 29 janvier 1982, *Martin*, *op. cit.* : *« Malfaçons apparues dans une installation de chauffage (...) réalisée au profit de la commune »*.

[64] CE, 8 novembre 1989, *Ville de Saint-Germain-en-Laye contre Taillebert*, req. n° 78488.

contractuel. Ainsi, l'Administration peut récupérer les paiements contractuels en émettant un titre exécutoire[65] ou par le biais d'une action en répétition des paiements indus[66].

Au passage, on peut préciser que le contribuable d'une collectivité est fondé à contester toute décision relative aux restitutions consécutives à la nullité d'un contrat[67].

A priori, si la nullité paraît avantageuse pour l'Administration, le corollaire est semble-t-il néfaste pour son ex-cocontractant qui peut se retrouver complètement dépossédé[68]. En effet, ce dernier peut avoir effectué des prestations matérielles qui, *in fine*, n'auront pas été rémunérées. On pense, par exemple, à l'exploitation d'une station d'épuration. Bien que le contrat d'affermage soit nul, et que le cocontractant ne soit pas fondé à être rémunéré au titre du contrat, il reste que la collectivité a profité du service

---

[65] 1/ CE, 19 décembre 1930, *Sieur Favoron*, req. n° 95284, *Rec.*, page 1094 – TA Paris, 14 décembre 1999, *Société Dataid*, req. n° 9529126, *BJCP*, n° 10, mai 2000, pages 175-180 (concl. Thibaut CELERIER) : la collectivité est fondée à émettre un titre de recette lui permettant de recouvrer les paiements contractuels qui, d'ailleurs, ne correspondent à aucune prestation utile (*« Le logiciel fourni par la société (...) étant inutilisable et inexploitable »*).

2/ D'ailleurs, en matière non contractuelle, le juge administratif refuse *« de prononcer une condamnation pécuniaire (...) lorsque la collectivité publique* ***demanderesse*** *dispose du pouvoir d'émettre un titre exécutoire »* (CAA Marseille, 4 février 2008, *Commune de Manosque contre SEM Durance Verdon*, req. n° 05MA00429).

[66] 1/ L'action en répétition de l'indu est une importation des articles 1376 et 1377 du Code civil.

2/ CE Assemblée, 1er décembre 1961, *Société Jean Roques*, req. n° 50019, *Rec.*, page 675 – CE, 29 septembre 2007, *Office public départemental des HLM du Gard*, req. n° 259809, 263586.

3/ Parfois, la doctrine envisage que ces restitutions couvrent, dans le cas d'un contrat de délégation de service public par exemple, non seulement la rémunération versée par l'Administration au délégataire, mais encore *« la rémunération [dudit délégataire] indûment perçue des usagers »* puisque *« le délégataire de la collectivité n'a plus droit ni à l'éventuelle rémunération perçue, ni à la perception des tarifs découlant du service délégué »* (BERBARI Mireille, BRIAND Serge, CALLON Jean-Eric, MIROUSE Véronique, PEYRICAL Jean-Marc, RIBAULT Gwenaëlle, *Délégations de service public*, Litec, Paris, 2000, page 101).

[67] CE, 29 novembre 1996, *Madame Courtet*, req. n° 133160.

[68] L'enrichi est, généralement, l'Administration, bien que cela puisse être une personne privée, exceptionnellement, par exemple en cas de nullité d'une convention d'occupation du domaine public (*cf.* annexe 1).

d'assainissement de l'eau. Les conséquences de la nullité, qui priveraient le cocontractant de toute rétribution, remettraient aussi sévèrement en cause le principe selon lequel *« La fonction fondamentale du droit (…) est d'assurer la sécurité »*[69].

Toutefois, si le cocontractant ne dispose plus de l'action en responsabilité contractuelle, il peut encore se tourner vers les mécanismes de la réparation quasi-contractuelle, voire de la responsabilité extra-contractuelle.

Ainsi, si l'on reprend notre illustration de l'affermage de la station d'épuration, l'Administration s'est enrichie puisque l'eau a bien été rendue propre à la consommation. Mais il s'agit d'un enrichissement sans cause, c'est-à-dire qu'aucun titre juridique, pas même un simple chèque, ne justifie ce profit. Et, cet enrichissement, comme on l'a constaté, est le corollaire de l'appauvrissement de l'ex-fermier. A ce titre, ce dernier peut engager une « *actio de in rem verso* »[70].

On pourrait se contenter d'en rester là. Après tout, puisqu'aucun contrat n'a jamais existé, on ne voit pas ce que l'ex-cocontractant pourrait « vouloir de plus » ? Or, une telle situation ne tiendrait pas compte des raisons économiques, dont la recherche de profits, qui poussent tout agent économique rationnel à s'engager auprès de l'Administration.

En effet, on l'a dit, l'action *de in rem verso* ne permet de contraindre l'enrichi qu'à restituer la plus-value réalisée sur le compte de l'appauvri. L'action en question n'a aucune vocation à aller au-delà, par exemple en indemnisant l'intégralité des charges de l'appauvri ainsi que les profits qu'il escomptait au titre du contrat. Ainsi, l'enrichi ne devrait pas restituer plus que son enrichissement, à moins de changer de statut et de s'appauvrir sans cause ! Par conséquent, d'une part, les prestations réalisées par l'appauvri qui n'ont pas enrichi l'Administration ne sont pas indemnisées et, d'autre part, le même appauvri n'est pas non plus fondé à réclamer un bénéfice sur l'ensemble de ses prestations.

---

[69] LONG Marceau, WEIL Prosper, BRAIBANT Guy, DELVOLVE Pierre, GENEVOIS Bruno, « Note sous CE Assemblée, 25 juin 1948, *Société du journal L'Aurore*, req. n° 94511 », *GAJA*, page 403.

[70] Expression juridique latine désignant l'action en enrichissement sans cause et qui était utilisée par le droit romain.

Mais, alors, si l'ex-cocontractant de l'Administration devait, en toute hypothèse, s'en tenir à la restitution du seul enrichissement de l'Administration, le risque serait grand de voir une brèche se maintenir dans l'édifice de la sécurité juridique. La menace étant, à l'avenir, non seulement d'inspirer une certaine défiance chez les partenaires de l'Administration et, pire encore pour les deniers publics, de pousser les entrepreneurs à anticiper la nullité en augmentant le coût de leurs prestations.

En même temps, attribuer une indemnisation, notamment, des bénéfices manqués revient à faire planer l'ombre du contrat, seul susceptible de les justifier, au moins dans leur principe, alors que ledit contrat est réputé n'avoir jamais existé. Le juge administratif s'est pourtant engagé dans cette aventure.

Par le biais de la responsabilité extra-contractuelle *pour faute*, le juge administratif est susceptible d'accorder une indemnité complémentaire à l'ex-cocontractant. L'indemnité en question peut couvrir, à la fois, certaines dépenses n'ayant pas enrichi l'Administration et les bénéfices que le cocontractant aurait dû réaliser par application des stipulations contractuelles.

Pour légitime que puisse sembler une telle indemnité extra-contractuelle venant compléter les restitutions quasi-contractuelles, celle-ci, surtout quand on l'ajoute à celles-là, n'en pose pas moins quelques questions juridiques supplémentaires touchant autant à la résurrection du contrat nul qu'au mélange des régimes de responsabilité.

Ces questions formeront le cadre de la présente étude relative au contentieux indemnitaire en cas de nullité du contrat administratif.

Paragraphe 6 - **Cadre de l'étude**

Repartons encore de la déclaration de nullité du contrat à la lumière des propos de Marcel Planiol :

> *« Un acte juridique est "nul" lorsqu'il se trouve privé d'effets par la loi, bien qu'il ait été réellement accompli et qu'aucun obstacle naturel ne le rende inutile. La nullité suppose donc essentiellement que l'acte pourrait produire tous ses effets, si la loi le permettait »*[71].

Ces estimations traduisent bien toute la difficulté qu'implique la nullité : les parties, comme le juge, sont en présence d'un contrat *« mort-né »*[72] qui aurait, dans la plupart des cas, pu être appliqué. N'est-il pas dommage de se priver d'une telle référence plus ou moins issue de la volonté des parties ? D'ailleurs, on sait déjà que le juge administratif accepte d'opérer quelques écarts au regard de la nullité en indemnisant, notamment, les bénéfices escomptés par le cocontractant. N'existerait-il pas d'autres ambiguïtés relatives au statut du contrat nul ? Certains juristes, parmi les plus éminents, préviennent d'emblée :

> *« La question des effets de la déclaration de nullité est l'une des plus déroutantes du contentieux contractuel »*[73].

Lorsque l'on procède à une analyse comparative et critique des différentes formulations du principe applicable au contentieux indemnitaire en cas de nullité du contrat administratif, on s'aperçoit que la jurisprudence n'est pas constante en ce qui concerne la qualification du *partenaire* de l'Administration.

Le tribunal administratif de Bordeaux, dans une décision *Société MB2*, concernant le contrat nul relatif au projet de métro dans l'agglomération bordelaise, ne considère pas le requérant comme le *cocontractant* de l'Administration. Quoi de plus

---

[71] PLANIOL Marcel, *Traité élémentaire de droit civil*, tome 1, LGDJ, Paris, 1942, page 146.

[72] WERY Patrick (dir.), *La nullité des contrats*, Editions Larcier, Bruxelles, 2006, page 14.

[73] DE BECHILLON Denys, TERNEYRE Philippe, « Contentieux des contrats administratifs », *Répertoire de contentieux administratif*, Dalloz, Paris, 2000, page 34.

normal ? Puisque le contrat est nul, il n'y a donc jamais eu de contrat et, partant, il n'y a jamais eu de cocontractant :

> « *La* ***personne*** *avec laquelle un contrat déclaré nul avait été conclu a droit à une indemnité (…)* »[74].

Le Conseil d'Etat, dans sa décision *Citécable Est* de 2000, demeure presque dans le même esprit :

> « *Le* ***cocontractant*** *de l'Administration dont le contrat est entaché de nullité est fondé à réclamer, en tout état de cause, le remboursement de celles de ses dépenses qui ont été utiles à la collectivité envers laquelle il s'était engagé ; que dans le cas où la nullité du contrat résulte, comme en l'espèce, d'une faute de l'Administration,* ***il*** *peut en outre prétendre à la réparation du dommage imputable à cette faute et le cas échéant, demander à ce titre, le paiement du bénéfice dont il a été privé par la nullité du contrat si toutefois le remboursement à l'****entreprise*** *de ses dépenses utiles ne lui assure pas une rémunération supérieure à celle que l'exécution du contrat lui aurait procurée* »[75].

Si le requérant est un « *cocontractant* » au stade du constat de nullité, il est qualifié par le pronom « *il* » puis par le nom commun « *entreprise* » au stade de l'indemnisation. En tout cas, une fois la nullité affirmée, le requérant a perdu sa qualité de *cocontractant*, ce qui se justifie par l'inexistence d'un contrat liant les parties en litige.

Certains jugements, dont la décision *Société Entreprise Louis Segrette* de 1974 et deux décisions de 2008 rendues par le Conseil d'Etat, ont une approche terminologique plus conforme encore à la notion de nullité puisqu'ils ne contiennent jamais le terme « contractant » :

---

[74] TA Bordeaux, 10 juin 1999, *Société MB2*, req. n° 943129, *D.*, n° 13, 29 mars 2001, pages 1048-1051 (note Gilles J. GUGLIELMI).

[75] CE Section, 20 octobre 2000, *Société Citécable Est*, req. n° 196553, *BJCP*, n° 14, janvier 2001, pages 54-65 (obs. Philippe TERNEYRE) ; *CJEG*, n° 572, janvier 2001, pages 21-32 (concl. Henri SAVOIE) ; *CMP*, n° 1, janvier 2001, comm. n° 20, pages 25-26 (note Jean-Paul PIETRI) ; *RDP*, n° 2, mars-avril 2001, pages 376-382 (note Christophe GUETTIER) ; *RFDA*, n° 2, mars-avril 2001, pages 359-370 (concl. Henri SAVOIE) ; *DA*, n° 3, mars 2001, comm. n° 56, pages 12-13 (note François SABIANI).

> « *L'**entrepreneur** dont le contrat est entaché de nullité peut prétendre (...)* »[76].

Mais, *a contrario*, bien qu'ayant constaté la nullité, il arrive que le juge continue d'employer le vocable « *cocontractant* »[77], ce qui n'est pas sans révéler une certaine ambiguïté par rapport au lien qui unirait, peut-être encore, l' « *entreprise contractante* » et la « *collectivité publique contractante* »[78].

Tout aussi ponctuellement, cette ambiguïté est partagée par la doctrine lorsque, par exemple, il est évoqué que c'est « *le juge administratif du contrat* », dans le cadre du « *contentieux contractuel* » qui peut, après avoir « *constat[é]* » la nullité du contrat, indemniser le « *cocontractant* » au cas où « *il a effectué des prestations prévues par la convention disparue et subi un préjudice* »[79]. Or, si l'on considère que le contrat est nul et n'a jamais existé, on peut douter que le « juge du *contrat* » soit la meilleure catégorie juridique susceptible de retranscrire la consistance de l'office du juge compétent pour examiner les conséquences financières de la nullité du contrat administratif.

---

[76] CE, 19 avril 1974, *Ministre de l'équipement et du logement contre Société Entreprise Louis Segrette*, req. n° 82515, 82553, *AJDA*, n° 8, 20 septembre 1974, pages 453-454 – CAA Nancy, 12 mai 2005, *Commune d'Amnéville*, req. n° 02NC00555 – CE, 22 février 2008, *Monsieur Tête*, req. n° 266755, *AJDA*, n° 18, 26 mai 2008, pages 992-995 (note Jean-David DREYFUS) ; *BJCP*, n° 58, juin 2008 (concl. Didier CASAS) – CE Section, 10 avril 2008, *Société Jean-Claude Decaux et Département des Alpes-Maritimes*, req. n° 244950, 284439, 284607, *AJDA*, n° 14, 14 avril 2008, page 725 (note Jean-Marc PASTOR) ; *JCP (A)*, n° 19-20, 5 mai 2008, comm. n° 2116, pages 24-32 (concl. Bertrand DACOSTA) ; *RJEP*, n° 654, juin 2008, pages 17-25 (concl. Bertrand DACOSTA) ; *CP-ACCP*, n° 78, juin 2008, pages 84-89 (note Nicolas DOURLENS et Roland DE MOUSTIER) ; *DA*, n° 6, juin 2008, pages 26-27 (note Fabrice MELLERAY) ; *AJDA*, n° 20, 9 juin 2008, pages 1092-1099 (note Julien BOUCHER) ; *BJCP*, n° 59, juillet 2008, pages 280-293 (note Rémy SCHWARTZ) ; *LPA*, n° 136, 8 juillet 2008, pages 7-8 (note Rémi SERMIER et David EPAUD).

[77] CAA Marseille, 30 mars 2004, *SA Carlson Wagonlit Travel contre Collectivité territoriale de Corse*, req. n° 02MA00706, *CMP*, n° 7, juillet 2004, comm. n° 137, pages 20-22 (note Frédérique OLIVIER) ; *AJDA*, n° 30, 13 septembre 2004, pages 1648-1649 (note Sylvain HUL).

[78] CAA Lyon, 26 avril 1999, *SIVOM du Tricastin contre Préfet de la Drôme*, req. n° 95LY02419.

[79] FRIER Pierre-Laurent, PETIT Jacques, *Précis de droit administratif*, 4ème édition, Montchrestien, Paris, 2006, page 357.

Tout ceci tend déjà à mettre en lumière l'existence de *« solutions pratiques inextricables »*[80] avec lesquelles le juge administratif essaie de composer. Car, en effet, on peut accepter que le contrat n'ait jamais existé, mais des prestations ont pourtant, bien souvent, été exécutées et l'un ou l'autre des cocontractants en attendait certains avantages. La théorie de la nullité doit alors plier, ponctuellement, face aux réalités pratiques, au premier rang desquelles se trouvent les exigences financières des cocontractants. Dominique Pouyaud l'expliquait en ces termes dans sa thèse relative à *La nullité des contrats administratifs* :

> *« La destruction rétroactive du contrat – conséquence théoriquement essentielle car inhérente à la notion même de nullité – semble secondaire par rapport à l'indemnisation qu'attend le contractant lésé par la nullité. La jurisprudence reflète fidèlement cette attente. Le juge n'épuise pas tous les effets de la fiction de la rétroactivité de la nullité. Son pragmatisme le conduit à privilégier les aspects purement patrimoniaux au détriment de la théorie juridique »*[81].

Or, si le juge *« n'épuise pas tous les effets (...) de la nullité »*, peut-être fait-il revenir certaines clauses du contrat nul et, ainsi, leur redonne-t-il vigueur ?

Dans son ouvrage de *Théorie générale du Droit*, Eric Millard évoque les conceptions du Droit défendues par le courant réaliste. D'après l'auteur, et selon ce courant, le critère d'existence d'une norme n'est rien d'autre que son *« effectivité »*. Ainsi, *« dire (...) que telle norme est du droit valide signifie que telle signification prescriptive est effectivement utilisée comme norme »* dans des *« actes de concrétisation »* tels que des décisions de justice ou d'autorité administrative[82]. Si l'on transpose ce raisonnement au domaine qui nous intéresse, cela signifie que, dans sa décision de justice, si le juge s'appuie sur une clause contractuelle pour justifier le principe ou établir le montant de telle ou telle indemnité,

---

[80] TERNEYRE Philippe, « Contrôle de la légalité », *Droit des services publics locaux*, tome 2, partie VII, sous-partie 100, Editions Le Moniteur, Paris, 2001, page 27.

[81] POUYAUD Dominique, *La nullité des contrats administratifs*, *op. cit.*, page 482.

[82] MILLARD Eric, *Théorie générale du droit*, Dalloz, coll. Connaissance du droit, Paris, 2006, page 29.

il utilise donc cette signification prescriptive contractuelle en tant que norme. Et, au total, la clause contractuelle en question devient du droit valide.

Par ailleurs, à l'instar des contrats nuls, lesquels sont en principe dépourvus de toute valeur juridique, les jugements des tribunaux nationaux sont réputés sans valeur juridique au sein, d'une part, des ordres juridiques internes étrangers et, d'autre part, de l'ordre juridique international. Ainsi, à titre d'illustration, le juge de la Cour internationale de justice n'est jamais requis de respecter les décisions de justice rendues par la Cour de cassation ou le Conseil d'Etat français. Les jugements nationaux ne constituent que des faits qu'aucun organe interne étranger ou international n'est tenu d'appliquer lorsqu'il statue sur une question ayant trait au droit international. Toutefois, ces *faits* peuvent être validés par ces organes internes étrangers ou ces organes internationaux. Selon Emmanuel Paillard, ils deviennent alors du *Droit* par le biais de cette validation dont le mécanisme est le suivant :

> *« Un organe interne ou international ayant pour mission de formuler les règles de droit international général a recours à la jurisprudence des tribunaux internes à cet effet »*[83].

Ces comparaisons peuvent sembler triviales, mais ce sont les mêmes conclusions que l'on doit tirer lorsque le juge redonne effet à certaines stipulations contractuelles.

Si le contrat nul ne devrait relever que du pur *fait*, le juge peut quand même le faire à nouveau glisser, en tout ou partie, vers le *Droit*.

Au surplus, cette validation se réalise par le biais des fondements de réparation quasi-contractuel et extra-contractuel.

Or, la réparation fondée sur les clauses contractuelles valides est, classiquement, la responsabilité contractuelle (*cf. supra*, paragraphes 1 et 4). Ainsi, au cas où le juge viendrait à valider certaines stipulations contractuelles, mais sur des fondements

---

[83] PAILLARD Emmanuel, *La contribution des tribunaux internes à la formation et à la détermination du droit international général : l'exemple du droit de la compétence internationale de l'Etat*, Thèse Paris 2, 2000, page 30.

quasi-contractuel et extra-contractuel, cela signifierait que tous nos régimes de responsabilité se trouveraient là, réunis, mêlés ensemble, afin de procéder à l'indemnisation de l'ex-cocontractant de l'Administration.

François Sabiani soulignait en 2000 que les *« règles de fond »* de l'indemnisation des parties à un contrat déclaré nul étaient *« incertaines »*[84]. Peut-être est-ce en raison de la *« complexité »*[85] du régime jurisprudentiel que la doctrine s'y intéresse peu ? Ailleurs en Europe, comme en Belgique[86] ou au Royaume-Uni[87], la problématique du contentieux indemnitaire consécutif à la déclaration de nullité ne semble pas non plus faire partie du domaine de prédilection de la doctrine.

C'est tout l'objet de ces travaux que de définir, avec la plus grande précision possible, quelles sont ces règles indemnitaires. La résolution d'une question centrale, filée tout au long de l'exploration, permettra de mettre en exergue dans quelle mesure la pratique du contentieux indemnitaire en cas de nullité du contrat administratif tend, d'une part, à donner effet à certaines clauses dudit contrat et, d'autre part, à définir un régime de responsabilité administrative transversal dans son contenu.

Paragraphe 7 - **Structure de l'étude**

Avant d'entrer dans le vif du sujet, il nous a semblé nécessaire de préciser les règles relatives au juge compétent pour examiner les conséquences financières de la nullité du contrat administratif (chapitre préliminaire).

---

[84] SABIANI François, « Conséquences indemnitaires de la constatation de la nullité d'un contrat », *DA*, n° 3, mars 2001, comm. n° 56, page 12.

[85] BOUCHER Julien, « Note sur CE Section, 10 avril 2008, *Société Jean-Claude Decaux et Département des Alpes-Maritimes*, req. n° 244950 », *AJDA*, n° 20, 9 juin 2008, page 1093.

[86] WERY Patrick (dir.), *op. cit.*, page 233.

[87] ARROWSMITH Sue, Professeur à l'Université de Nottingham, Directrice de *The University of Nottingham's Public Procurement Research Group*, *Entretien personnel*, Nottingham (Université), 29 mai 2008.

Cette mise au point effectuée, on pourra tout d'abord en venir à l'examen des deux fondements indemnitaires quasi-contractuel et extra-contractuel. Ils seront présentés tant en ce qui concerne leurs conditions de mise en œuvre que le champ indemnitaire qu'ils sont susceptibles de couvrir (première partie).

Il nous faudra ensuite faire un détour par les différents mécanismes permettant de moduler le montant de l'indemnisation (deuxième partie).

Enfin, on en viendra à la méthode de calcul de l'indemnisation proprement dite. Après avoir énoncé les règles relatives à la preuve de l'appauvrissement et des gains manqués invoqués, on observera comment le juge calcule-t-il le montant final de l'indemnité attribuée (troisième partie).

Chapitre Préliminaire

Le juge compétent

Avant d'étudier les règles du contentieux indemnitaire de la nullité du contrat administratif, ce chapitre va permettre de préciser quel juge est compétent pour connaître d'un tel litige.

En France, le pouvoir judiciaire est principalement structuré autour de deux ordres de juridiction indépendants : l'un judiciaire et l'autre administratif. La règle, d'allure simple, résulte de la conception française de la séparation des autorités judiciaire et administrative. Cette conception est, elle-même, issue du principe de la séparation des pouvoirs voulant que le juge judiciaire ne connaisse pas de certains litiges impliquant l'Administration[88]. La compétence de l'un ou l'autre des ordres juridictionnels est déterminée par la nature du litige. Ainsi, le contentieux des contrats de droit privé, tels les contrats de prêt bancaire, relève du juge judiciaire, tandis que le contentieux des contrats administratifs, tels les contrats de marché public, relève du juge administratif.

Du point de vue des deux ordres juridictionnels, dans le cas où un contrat administratif est annulé, le juge administratif demeure compétent pour connaître des questions d'indemnisation fondées sur l'enrichissement sans cause et, le cas échéant, la faute quasi-délictuelle (section 1). A l'intérieur de la juridiction administrative, la demande d'indemnisation peut, éventuellement, être présentée pour la première fois devant le juge d'appel (section 2). Cependant, l'indemnisation n'est pas une question d'ordre public. En principe, le juge ne devrait donc pas évoquer cette question sans demande expresse des parties au contentieux (section 3).

[88] *Cf.* CC, 23 janvier 1987, *Conseil de la concurrence*, décision n° 224 DC, *GDCC*, pages 624-639.

Section 1

Les fondements alternatifs de la compétence du juge administratif

La compétence du juge administratif n'est pas une évidence. En effet, le contrat administratif annulé, réputé n'avoir jamais existé, ne devrait plus à lui seul justifier la compétence du juge. Certes, une personne publique est impliquée dans le litige. Mais si ce critère organique est nécessaire, il ne saurait suffire.

Toutefois, pour demeurer compétent, le juge administratif peut compter sur la nature administrative de la créance (paragraphe 1). A défaut, le juge se réfère au contrat lui-même, malgré sa nullité (paragraphe 2).

Paragraphe 1 - **La nature administrative de la créance**

En principe, le contrat annulé n'existe plus pour l'avenir et, surtout, est réputé n'avoir jamais existé par le passé. Toutefois, le juge administratif peut encore fonder sa compétence sur des éléments de fait dont la nature administrative ne dépend pas de l'existence d'un contrat. Ainsi, lorsque la créance est consécutive à la réalisation de travaux publics, l'exécution du service public, l'occupation du domaine public, ou a trait à la faute de l'Administration, tous ces objets sont du ressort de la juridiction administrative en raison, notamment, des règles de droit public qui leurs sont applicables.

Le prestataire de l'Administration peut avoir effectué des travaux publics. Or, le juge administratif est compétent pour connaître des litiges concernant les travaux publics[89] en vertu d'un

[89] CE, 18 juin 1920, *Epoux Rigault*, req. n° 52332, *Rec.*, page 596 : le Conseil d'Etat est compétent pour toutes les contestations se rattachant *« à l'exécution ou l'inexécution de travaux publics »*.

principe général du droit[90], lequel fut ensuite confirmé par l'article 4, alinéa 3, de la loi du 28 pluviôse an VIII[91] abrogé en 2006[92].

Le juge administratif a pu se prévaloir explicitement de ladite loi, par exemple à l'occasion de l'octroi d'une indemnité liée à la nullité d'un contrat de marché de travaux publics[93], ou du contrat de concession des travaux du métro de Bordeaux[94], voire d'un contrat de cautionnement d'obligations souscrites dans le cadre d'un marché de travaux publics[95]. On a également trouvé ladite loi dans les seuls visas[96], dont on oublie trop souvent que la loi des 16-24 août 1790 imposait aux décisions de justice de n'être motivées que par leur seul biais[97]. Dès lors que la loi du 28 pluviôse an VIII

---

[90] GAUDEMET Yves, *Traité de droit administratif*, tome 2, 13ème édition, LGDJ, Paris, 2008, page 566.

[91] Loi du 28 pluviôse an VIII (17 février 1800) concernant la division du territoire de la République et l'Administration, *Bulletin des lois de la République française*, n° 17, brumaire an IX, page 1 : la juridiction administrative est compétente pour statuer *« sur les difficultés qui pourraient s'élever entre les entrepreneurs de travaux publics et l'Administration, concernant le sens ou l'exécution des clauses de leurs marchés »*.

[92] Article 7, alinéa IV, 11°, de l'ordonnance n° 2006-460 du 21 avril 2006 relative à la partie législative du Code général de la propriété des personnes publiques, *JORF*, n° 95, 22 avril 2006, page 6024.

[93] CAA Marseille, 6 avril 2007, *OPAC Habitat Marseille Provence contre Société Theg*, req. n° 04MA00147, *CMP*, n° 7, juillet 2007, comm. n° 220, pages 20-21 (obs. François LLORENS) ; *JCP (A)*, n° 42, 15 octobre 2007, comm. n° 2265, page 32 (obs. Florian LINDITCH) : *« Un tel chantier présente ainsi le caractère d'une opération de travaux publics ; (...) dans ces conditions, le juge administratif est compétent pour connaître des litiges nés de l'exécution de ce chantier (...) sur le terrain quasi-contractuel de l'enrichissement sans cause »*.

[94] TA Bordeaux, 10 juin 1999, *Société MB2*, *op. cit.*

[95] CE Section, 13 octobre 1972, *Crédit du Nord contre OPHLM du Calvados*, req. n° 79499, 79500, *Rec.*, page 630.

[96] Les décisions de justice se divisent formellement en trois parties : les visas, les motifs et le dispositif.

Les *visas* correspondent à la partie des décisions où sont mentionnés, en particulier, les textes que le juge applique (et qui ont donc été visés).

Les *motifs* (ou « considérants ») correspondent à la partie des décisions où sont mentionnés les éléments de fait et de droit qui vont justifier la solution donnée par le juge.

Le *dispositif* correspond à la dernière partie des décisions dans laquelle le juge exprime la solution qu'il donne au litige.

[97] LOVISI Claire, *Introduction historique au droit*, 3ème édition, Dalloz, Paris, 2007, page 305.

était mentionnée dans ces visas, la compétence administrative était implicitement justifiée[98].

A défaut du juge, il arrive que le commissaire du gouvernement[99] souligne dans ses conclusions l'existence de travaux publics, ce qui justifie encore la compétence du juge administratif, par exemple dans un contentieux lié à la nullité de l'acte de cession d'une créance de l'Administration[100].

Aujourd'hui encore, malgré l'abrogation de l'article 4, alinéa 3, de la loi du 28 pluviôse an VIII, la compétence du juge administratif en matière de travaux publics demeure puisqu'elle résulte d'un principe général du droit[101].

A défaut de travaux publics, le Conseil d'Etat a également admis sa compétence pour connaître des actions qui découlent de *« l'exécution d'un service public »*[102]. Dans plusieurs espèces, aucun contrat n'avait jamais lié l'Administration et son prestataire. Mais comme pour les travaux publics, la nature même de la prestation donne à la créance une coloration administrative, laquelle fonde la compétence du juge administratif. Ainsi, à titre d'illustration, la cour administrative d'appel de Nancy s'est implicitement donné compétence afin de statuer sur les conséquences financières de la nullité d'un contrat de prospection publicitaire pour un journal d'information municipale[103] puisqu'il

---

[98] CE, 15 juillet 1959, *Sieur Vauzelle*, req. n° 37488, 39018, *Rec.*, page 466 – CE, 19 avril 1974, *Ministre de l'équipement et du logement contre Société Entreprise Louis Segrette*, *op. cit.*

[99] Depuis le 2 février 2009, la dénomination de « commissaire du gouvernement » a été remplacée par celle plus neutre de « rapporteur public » (article 1 du décret n° 2009-14 du 7 janvier 2009 relatif au rapporteur public des juridictions administratives et au déroulement de l'audience devant ces juridictions, *JORF*, n° 6, 8 janvier 2009, page 479).

[100] LE CHATELLIER Gilles, « Concl. sur CE, 25 juin 2003, *Caisse centrale de crédit mutuel du Nord de la France*, req. n° 240679 », inédites, page 2 : *« Ladite cession est intervenue à l'occasion de la réalisation de travaux publics »*.

[101] GAUDEMET Yves, *Traité de droit administratif*, tome 2, *op. cit.*, page 566.

[102] CE, 18 juin 1920, *Epoux Rigault*, *op. cit.* : le Conseil d'Etat est compétent pour connaître d'une action *« qui découle d'un quasi-contrat relatif à l'exécution d'un service public »*.

[103] CAA Nancy, 4 décembre 2003, *SA GMEP*, req. n° 02NC00012, *Tab.*, page 866.

semble que cet objet soit une activité faisant *« partie de l'exécution du service public »*[104].

Dans le même ordre d'idées, la gestion du domaine public justifie la compétence administrative. En effet, une créance dans cette matière à une *« nature évidemment administrative »* selon l'expression de Stéphanie Hennette-Vauchez[105]. D'ailleurs, l'article L. 2331-1, 1° et 2°, du Code général de la propriété des personnes publiques attribue une compétence large à la juridiction administrative en ce qui concerne les contentieux ayant trait au domaine public[106]. Ainsi, le juge peut statuer sur les conséquences financières des conventions d'occupation du domaine public annulées[107].

Enfin, dans le cas où la nullité du contrat résulte d'une irrégularité commise par l'Administration telle que, par exemple, la méconnaissance des procédures de passation, l'incompétence du signataire, voire encore l'interdiction de contracter, le prestataire peut opposer la faute de service dont l'examen au contentieux relève, par nature, du juge administratif (*cf. infra*, première partie, chapitre 2, section 1).

---

[104] TA Châlons-en-Champagne, 22 mai 2001, *Monsieur Dumont contre Ville de Charleville-Mézières*, req. n° 99970, *AJDA*, n° 12, 20 décembre 2001, pages 1095-1098.

[105] HENNETTE-VAUCHEZ Stéphanie, « Note sous CAA Paris, 25 juin 2002, *Société Fly international service*, req. n° 00PA03143 », *AJDA*, n° 18, 11 novembre 2002, page 1197.

[106] *« Sont portés devant la juridiction administrative les litiges relatifs :*
1° Aux autorisations ou contrats comportant occupation du domaine public, quelle que soit leur forme ou leur dénomination, accordées ou conclus par les personnes publiques ou leurs concessionnaires ;
2° Au principe ou au montant des redevances d'occupation ou d'utilisation du domaine public, quelles que soient les modalités de leur fixation ».

[107] CE, 14 novembre 2001, *Société Au Lys de France*, req. n° 223572, *CMP*, n° 1, janvier 2002, comm. n° 20, pages 31-32 (note Jean-Paul PIETRI) ; *cf.* annexe 4 (concl. Gilles BACHELIER) – CAA Paris, 25 juin 2002, *Société Fly international service*, req. n° 00PA03143, *AJDA*, n° 18, 11 novembre 2002, pages 1195-1199 (note Stéphanie HENNETTE-VAUCHEZ).

La détermination de la compétence administrative est donc loin d'être un exercice purement académique. Et, si elle n'est pas justifiée par les travaux publics, l'exécution d'une mission de service public, l'occupation du domaine public ou la faute de service, le juge recourt alors au contrat afin de justifier sa compétence.

Paragraphe 2 - **Les clauses ou la forme du contrat**

Outre les trois critères précédemment énoncés de travail public, d'exécution du service public ou de domanialité publique, la seule présence dans le contrat d'une clause exorbitante du droit commun[108] permet de reconnaître un contrat administratif. A défaut, mais en tenant toujours compte des stipulations du contrat, une mission de service public peut être reconnue par le juge. Au surplus, un contrat de marché public de fourniture ou de prestation de services, parce que la loi le désigne comme administratif, relève du juge administratif, même après qu'il a été annulé. Dans ces trois hypothèses, on est forcé de constater qu'un effet est donné à certaines clauses ou à la forme du contrat, malgré sa nullité.

Il arrive qu'une prestation exécutée ne corresponde pas aux trois premiers critères de travail public, d'exécution du service public ou de domanialité publique. Cependant, la compétence du juge administratif est déterminée avant que la nullité ne soit constatée. Cela permet au juge de se fonder directement sur les clauses du contrat encore valide pour asseoir sa compétence.

Ainsi, dans ses conclusions sur un arrêt *Boulogne-Billancourt* rendu en 2005 par la cour administrative d'appel de Paris, le commissaire du gouvernement Pascal Trouilly s'intéresse à la compétence avant de traiter de la nullité du contrat. S'il constate

---

[108] Deux exemples de clauses exorbitantes du droit commun : la clause de résiliation unilatérale en dehors de tout manquement du cocontractant privé ; la clause conférant le pouvoir à l'Administration cocontractante de procéder au recouvrement d'une créance par le mécanisme de l'état exécutoire.

l'absence de toute clause exorbitante du droit commun, l'existence d'une mission de service public, à savoir la surveillance d'une piscine et d'une patinoire municipales, lui permet de conclure que *« les critères du contrat administratif sont donc réunis »*[109].

L'affaire *Eurolat* jugée par le Conseil d'Etat en 1985 concernait deux conventions : une concession de service public et un bail emphytéotique[110]. La Haute Assemblée a fondé sa compétence sur les clauses du premier contrat, puis lié ce dernier au second contrat, avant de déclarer la nullité des deux conventions[111].

En premier lieu, comme le relève le commissaire du gouvernement Bruno Genevois dans ses conclusions, la *« nature »* de la première convention *« porte la marque du service public »* en raison de l'intérêt général de son objet et du contrôle que peut opérer l'Administration sur la réalisation de cet objet[112]. En effet, d'une part, un syndicat intercommunal confiait à l'association Eurolat la création et la gestion d'une maison de retraite et, d'autre part, des clauses contractuelles prévoyaient que ledit syndicat disposait de prérogatives de contrôle sur l'attribution des logements ou la bonne marche du service.

En deuxième lieu, il apparaissait que le bail emphytéotique, assimilable à un contrat de location, mettant à la disposition de l'association un terrain sur lequel édifier la maison de retraite, avait le caractère d'un acte de droit privé puisqu'il ne contenait même pas une clause exorbitante du droit commun.

---

[109] TROUILLY Pascal, « Concl. sur CAA Paris, 20 avril 2005, *Commune de Boulogne-Billancourt contre Société Mayday sécurité*, req. n° 02PA02193 », *AJDA*, n° 31, 19 septembre 2005, page 1730.

[110] CE, 6 mai 1985, *Association Eurolat et Crédit Foncier de France*, req. n° 41589, *AJDA*, n° 11, 20 novembre 1985, pages 620-623 (note Etienne FATÔME et Jacques MOREAU) ; *LPA*, n° 127, 23 octobre 1985, pages 4-12 (note François LLORENS) ; *RFDA*, n° 1, janvier-février 1986, pages 21-26 (concl. Bruno GENEVOIS).

[111] La nullité résulte de deux clauses du bail par lesquelles l'Administration, d'une part, se désistait de son pouvoir de résiliation unilatérale et, d'autre part, s'engageait par avance à agréer toute cession du droit au bail de l'association Eurolat.

[112] GENEVOIS Bruno, *op. cit.*, page 23.

Toutefois, en raison de son *« imbrication »*[113] avec le premier contrat, le Conseil d'Etat juge que les deux conventions *« forment un ensemble indivisible »* ayant pour objet de confier *« l'exécution d'une mission de service public »*[114]. La nature administrative transcende les deux contrats qui ne forment finalement qu'une *« convention unique »*[115].

En dernier lieu, après avoir établi sa compétence, le juge annule les conventions. Si lesdits contrats disparaissent, la compétence du juge administratif, qui reposait sur ces derniers, échappe à l'anéantissement.

Selon le même schéma, l'examen des conséquences financières liées à la nullité d'un contrat de marché public de travaux, de services ou de fournitures, demeure du ressort de la juridiction administrative. Il faut ici rappeler que, depuis l'entrée en vigueur de l'article 2 de la loi du 11 décembre 2001 dite « loi MURCEF », les litiges relatifs aux contrats passés en application du Code des marchés publics relèvent du juge administratif[116]. Toutefois, le contrat nul suppose qu'aucun contrat n'ait jamais été signé, privant ainsi le juge du fondement de sa compétence. D'ailleurs, les contrats de marchés publics sont régulièrement annulés parce qu'ils n'ont pas été conclus conformément aux prescriptions dudit Code.

On a pu observer que cela ne pose aucune difficulté s'agissant des travaux publics. Mais *quid* des contrats de services ou de fournitures, qui n'associent pas le cocontractant à l'exécution d'une mission de service public et ne contiennent aucune clause exorbitante du droit commun ? Dominique Pouyaud met également en exergue le *« problème théorique relatif à la juridiction compétente pour régler pareils rapports »*[117].

---

[113] Prise d'effet du premier contrat à la date de signature du bail emphytéotique ; bail emphytéotique intervenant en application du premier contrat ; multiples références au premier contrat dans plusieurs clauses du bail emphytéotique (*ibid.*, page 24).

[114] CE, 6 mai 1985, *Association Eurolat et Crédit Foncier de France*, *op. cit.*

[115] GENEVOIS Bruno, *op. cit.*, page 24.

[116] Loi n° 2001-1168 du 11 décembre 2001 portant mesures d'urgence à caractère économique et financier, *JORF*, n° 288, 12 décembre 2001, page 19703.

[117] POUYAUD Dominique, *La nullité des contrats administratifs*, *op. cit.*, page 489.

Antérieurement à l'entrée en vigueur de la loi MURCEF, le Tribunal des conflits avait dit pour droit que *« les contrats ou les quasi-contrats de fournitures communaux constituent, à moins de disposition législative contraire, des actes de droit privé relevant, en cas de contestation, de l'**autorité judiciaire** »*[118]. Il ne devait en être autrement que lorsque lesdits contrats ou quasi-contrats contenaient une clause dérogatoire au droit commun ou contribuaient à l'exécution d'une mission de service public.

Dans une décision *Salat* de 1982, le Conseil d'Etat avait considéré comme un acte de droit privé le contrat d'entretien liant un particulier à une commune. En effet, la convention ne contenait pas l'un des critères permettant de la qualifier d' « administrative » et relevant, à ce titre, de la juridiction administrative. Plus particulièrement, le contrat n'avait pas le caractère d'un marché de travaux publics, ne comportait aucune clause exorbitante du droit commun et n'associait pas le cocontractant de l'Administration à l'exécution d'un service public. Dès lors, la Haute Assemblée considérait que la validité ou la nullité du contrat et, dans ce dernier cas, l'octroi d'une indemnité à raison de l'enrichissement sans cause, relevaient de la compétence du juge judiciaire[119].

Une telle question de compétence n'a pourtant pas été soulevée, par exemple, en 2007 dans une instance où le tribunal administratif de Poitiers examinait un marché irrégulier de conception, de développement, de mise à jour et de maintenance d'un site internet présentant les communes du département de la Charente[120].

C'est *« une question de compétence rarement évoquée »* confirma Florian Linditch à l'occasion d'un commentaire de jurisprudence. *« Comment fonder la compétence du juge administratif en pareil cas ? »* s'interroge-t-il. Exposant, tout d'abord, le risque que *« l'action en enrichissement sans cause ne pourrait plus fonctionner devant le juge administratif »*, le juriste suppose, ensuite, que la faute de service de l'Administration

---

[118] TC, 10 mai 1928, *Sieur Templier contre Commune de Sempigny*, req. n° 761, *Rec.*, page 544 : fournitures de farines.
[119] CE, 1er décembre 1982, *Salat*, req. n° 16410.
[120] TA Poitiers, 11 janvier 2007, *SAS Atlantel contre Département de la Charente*, req. n° 0501668.

permettrait au juge de fonder *« facilement »* sa compétence[121]. Toutefois, il faut encore que le requérant invoque cette faute, ce qui n'était d'ailleurs pas le cas dans la jurisprudence commentée[122].

Au demeurant, une telle hypothèse, où la faute de service justifierait la compétence administrative, tendrait à fusionner les fondements de réparation quasi-contractuel et extra-contractuel. En effet, la réparation quasi-contractuelle pour enrichissement sans cause ne requiert aucune faute de l'Administration afin d'être mise en œuvre. Ce fondement indemnitaire de l'enrichissement sans cause se trouverait, finalement, dans un état de dépendance si la faute de service de l'Administration, nécessaire pour actionner sa responsabilité extra-contractuelle, permettait de justifier globalement la compétence du juge administratif.

En pratique, le raisonnement du juge va à l'essentiel. Tout d'abord, la fiction de la nullité est écartée. Ensuite, par un jeu de ricochet, le juge se réfère à l'objet et la nature du contrat, à savoir la réalisation de travaux publics, la prestation de services ou la livraison de fournitures, en contrepartie d'un prix, ce qui place la convention dans le champ d'application du Code des marchés publics. La compétence administrative est ainsi fondée[123]. Certains jugements n'évoquent d'ailleurs jamais que le contrat est « nul », mais le qualifie simplement d'*« irrégulier »* au regard du Code[124].

L'hypothèse s'est réalisée concrètement à l'occasion d'un marché de gré à gré confiant à un particulier *« une mission d'étude dans le domaine informatique »*. Déclaré nul par le tribunal administratif de Versailles en raison de l'incompétence du signataire, la cour administrative d'appel de Paris a mentionné dans

---

[121] LINDITCH Florian, « Obs. sous CAA Marseille, 6 avril 2007, *OPAC Habitat Marseille Provence contre Société Theg*, req. n° 04MA00147 », *JCP (A)*, n° 42, 15 octobre 2007, comm. n° 2265, page 32.

[122] CAA Marseille, 6 avril 2007, *OPAC Habitat Marseille Provence contre Société Theg*, *op. cit*.

[123] TA Nice, 13 juin 2003, *Société SEMUP contre Ville de Draguignan*, req. n° 9904432 : *« Location maintenance (...) des équipements sanitaires publics à entretien automatique »*.

[124] CE, 11 juillet 1991, *Commune de La Queue-en-Brie contre Société Santerne*, req. n° 89184, *RDP*, n° 5, septembre-octobre 1992, pages 1526-1527.

ses visas le Code des marchés publics pour afficher implicitement sa compétence[125].

* * *

La compétence du juge administratif se maintient donc en dépit de la nullité du contrat administratif. C'est peut-être dans un *« souci de la juridiction administrative de ne pas diviser les contentieux contractuel et quasi-contractuel (...) que le même juge connaît du contrat et du quasi-contrat »* comme a pu l'évoquer Bernard Stirn[126]. Déjà, en 1966, le commissaire du gouvernement Jacques Fournier établissait une *« assimilation »* entre, d'une part, les *« contrats »* et les *« quasi-contrats »* et, d'autre part, la *« responsabilité quasi-contractuelle »* et la *« responsabilité contractuelle »*[127].

En tout cas, plusieurs critères permettent de fonder la compétence administrative, qu'ils soient externes et indépendants de tout contrat, voire internes et liés à un contrat *nul*.

Il semble ainsi que se confirme *« la constitution d'un "bloc de compétence" »* au profit de la juridiction administrative comme l'envisageait Laurent Richer en ce qui concerne la responsabilité d'un entrepreneur cocontractant pour les manœuvres dolosives

---

[125] CAA Paris, 13 février 2003, *Challier contre Commune de Savigny-sur-Orge*, req. n° 99PA00350, *CMP*, n° 8, août-septembre 2003, comm. n° 149, pages 20-21 (note Philippe DELELIS).

[126] STIRN Bernard, Président de la Section du contentieux du Conseil d'Etat, Professeur associé à l'Institut d'Etudes Politiques de Paris, *Entretien personnel*, Paris (Palais Royal), 15 mai 2008.

[127] Ce qui justifiait, d'une part, la compétence de la juridiction administrative et, d'autre part, la primauté de l'enrichissement sans cause sur la responsabilité quasi-délictuelle (FOURNIER Jacques, « Concl. sur CE Section, 2 décembre 1966, *Société France-Reconstruction-Plan*, req. n° 65240 », *AJDA*, n° 3, 20 mars 1967, pages 186, 188).

exercées au préjudice d'une personne publique cocontractante[128]. Comme l'on vient de l'étudier, pour notre part, la solution du « bloc de compétence » semble s'étendre également jusqu'au contentieux indemnitaire en cas de nullité du contrat administratif. D'ailleurs, dans une décision ultérieure à l'arrêt commenté par Laurent Richer, mais concernant encore la responsabilité d'un entrepreneur cocontractant pour les manœuvres dolosives exercées au préjudice d'une personne publique cocontractante, le Conseil d'Etat semble avoir reconnu sa compétence, comme le remarque Franck Moderne, *« dès lors que les litiges se situe[]nt dans la mouvance d'un contrat administratif »*, ce qui *« annonce de futures extensions de la compétence administrative »*[129]. La Haute Juridiction a, en effet, énoncé :

> *« Les litiges nés à l'occasion du déroulement de la procédure de passation d'un marché public relèvent, comme ceux relatifs à l'exécution d'un tel marché, de la compétence des juridictions administratives, que ces litiges présentent ou non un caractère contractuel »*[130].

Or, le contrat nul, justement, ne présente pas un caractère contractuel. Une telle jurisprudence serait parfaitement transposable au contentieux indemnitaire lié à un contrat administratif entaché de nullité.

---

[128] RICHER Laurent, « Note sous CAA Paris, 27 février 2007, *SNCF*, req. n° 05PA03920 », *AJDA*, n° 36, 22 octobre 2007, pages 1980-1981 : *« Le manquement reproché aux entreprises est une violation des règles de la concurrence »* au détriment de la SNCF ; *« la faute en question a été commise par des personnes privées, les entreprises de travaux ; or, en matière de responsabilité quasi-délictuelle, le critère organique est prédominant, le principe reste que seul le juge judiciaire est compétent sur la responsabilité d'une personne privée et cela même si elle gère un service public »* ; si le juge administratif a admis sa compétence, *« il n'est pas du tout certain que le juge judiciaire aurait retenu la même solution »*.

[129] MODERNE Franck, « Une illustration exemplaire de la théorie du dol dans le contentieux des contrats administratifs », *RFDA*, n° 1, janvier-février 2008, page 113.

[130] CE, 19 décembre 2007, *Société Campenon-Bernard et autres*, req. n° 268918, 269280, 269293, *RFDA*, n° 1, janvier-février 2008, pages 109-123 (note Franck MODERNE).

Par ailleurs, même à l'intérieur de la juridiction administrative, les demandes indemnitaires à la suite du constat de nullité font l'objet d'un traitement particulier.

Section 2

Une demande indemnitaire invocable pour la première fois en appel

A l'intérieur de la juridiction administrative, le juge compétent pour examiner les conséquences financières de la nullité d'un contrat administratif est celui qui, depuis Edouard Laferrière, est qualifié de *« juge de plein contentieux »*[131] en raison des pouvoirs étendus dont il dispose pour apprécier les faits et le droit[132]. Celui-ci est opposé au « juge de l'excès de pouvoir » dont on dit traditionnellement qu'il ne peut qu'annuler les actes qui lui sont déférés sans pouvoir apprécier, notamment, le droit à d'éventuelles indemnités consécutives à l'annulation[133]. D'ailleurs, ce juge de l'excès de pouvoir a pu implicitement préciser, au détour d'un *obiter dictum*, son incompétence en matière de contentieux indemnitaire au cas de nullité du contrat administratif, y compris pour déclarer un droit pour l'une des parties cocontractantes de conserver les sommes reçues au titre d'un marché annulé sur le fondement de l'enrichissement sans cause de l'autre cocontractant[134]. Ainsi, l'enrichissement sans cause et la responsabilité quasi-délictuelle sont des litiges indemnitaires appréciés par le juge de plein contentieux.

---

[131] LAFERRIERE Edouard, *op. cit.*, page 15.
[132] PASTOREL Jean-Paul, *Droit administratif*, 4ème édition, Gualino Editeur, Paris, 1999, page 87.
[133] POUYAUD Dominique, « Les modes d'annulation du contrat administratif », *RDC*, n° 3, juillet 2006, page 984.
[134] CAA Lyon, 20 novembre 1997, *Préfet de la Savoie contre Commune d'Ugine*, req. n° 95LY02278, *Tab.*, page 931 : de telles conclusions, irrecevables puisque le marché n'était pas annulé, avaient été déposées par la collectivité en faveur de son cocontractant.

Afin de préserver l'immutabilité de l'instance, une demande indemnitaire fondée sur une responsabilité particulière doit, en principe, être présentée en première instance devant le tribunal administratif. Mais s'agissant d'un contrat annulé, le Conseil d'Etat a admis qu'une telle demande soit invoquée pour la première fois en appel. Cette solution doit permettre le traitement des affaires contentieuses dans des délais plus raisonnables (paragraphe 1). Toutefois, son régime est rigoureusement encadré afin de rester une exception (paragraphe 2).

Paragraphe 1 - **Une solution permettant de raccourcir la durée du procès**

En vertu d'une *« règle fondamentale du droit du contentieux administratif »*[135], le juge d'appel est enfermé dans les termes du procès posés en première instance avant l'expiration du délai de recours contentieux. Ainsi, un moyen qui repose sur un fondement juridique nouveau est irrecevable en appel, autant qu'il l'est en première instance après l'expiration du délai de recours contentieux. Il en résulte que le requérant ne peut pas glisser librement d'un fondement de responsabilité à un autre entre la première instance et l'appel[136].

La principale exception à cette règle concerne les moyens d'ordre public, tels que la nullité du contrat administratif ou la responsabilité extra-contractuelle *sans faute*, dont la présentation n'est enfermée dans aucun délai. Le juge administratif peut même les relever sans que les parties le lui aient demandé.

La jurisprudence a également réservé *« un sort à part »*[137], qualifié de *« remarquable »* par René Chapus[138], aux fondements indemnitaires invocables après constatation de la nullité d'un contrat administratif.

---

[135] TERNEYRE Philippe, « Obs. sous CE Section, 20 octobre 2000, *Société Citécable Est*, req. n° 196553 », *op. cit.*, page 65.

[136] CE Section, 10 février 1950, *Ville de Commercy*, req. n° 82824, *Rec.*, page 96.

[137] SAVOIE Henri, *op. cit.*, page 366.

[138] CHAPUS René, *Droit du contentieux administratif*, 12ème édition, Montchrestien, Paris, 2006, page 1211.

Classiquement, est considérée comme nouvelle en appel la demande fondée sur des obligations quasi-contractuelle et extra-contractuelle de l'Administration dans le cas où la seule responsabilité contractuelle a été invoquée devant le tribunal administratif[139].

L'annulation d'un contrat peut résulter de l'action du Préfet qui a déféré au juge administratif un acte contractuel d'une collectivité territoriale qu'il suspectait, à raison, d'illégalité[140]. Mais il est plus habituel que la nullité d'un contrat soit constatée par le juge à l'occasion d'un litige sur le terrain de la responsabilité contractuelle. Au cours de ce litige, un cocontractant conteste, par exemple, le non-paiement de factures[141], voire une décision prise par l'Administration dans le cadre du contrat, telle une résiliation *« abusive »*[142] ou une résiliation en raison de l'annulation d'un acte détachable du contrat[143]. Or, la nullité du contrat peut être constatée par le juge à tout moment puisqu'elle est d'ordre public : aussi bien en première instance qu'en appel, sur demande des parties ou à l'initiative du juge administratif.

La conséquence immédiate est l'inexistence du contrat déclaré nul. L'ex-cocontractant ne peut plus se fonder sur les stipulations dudit contrat puisque, en somme, celles-ci sont considérées comme n'ayant jamais été écrites. Mieux – ou pire – encore, il n'y a jamais eu de résiliation. Au total, la responsabilité contractuelle n'est plus

---

[139] CE, 22 février 1980, *SA des Sablières modernes d'Aressy*, req. n° 11939, *Rec.*, page 109 – CE, 14 mai 1986, *Société Siduic et autres*, *op. cit.*

[140] CAA Lyon, 26 avril 1999, *SIVOM du Tricastin contre Préfet de la Drôme*, *op. cit.*

[141] CAA Paris, 20 avril 2005, *Commune de Boulogne-Billancourt contre Société Mayday sécurité*, req. n° 02PA02193, *AJDA*, n° 31, 19 septembre 2005, pages 1729-1731 (concl. Pascal TROUILLY).

[142] CAA Paris, 3 mars 1992, *Fédération Léo-Lagrange contre Ville de Suresnes*, req. n° 90PA00242, *Tab.*, page 1306.

[143] 1/ CAA Marseille, 30 juillet 2007, *Commune de Menton*, req. n° 05MA02555, *CMP*, n° 11, novembre 2007, comm. n° 311, pages 29-30 (note François LLORENS) : en l'espèce, la résiliation faisait suite à l'annulation d'une délibération du conseil municipal de Menton approuvant la conclusion d'une concession d'ouvrage, laquelle résultait d'une procédure de passation irrégulière.
2/ CE, avis, 3 décembre 1997, *Conséquences de l'arrêt du Conseil d'Etat Avrillier*, *AJDA*, n° 2, 20 février 1998, page 169 (note Laurent RICHER) : l'annulation de l'acte détachable d'un contrat administratif comme motif d'intérêt général justifiant la résiliation du contrat litigieux est admise.

invocable. Dès lors, c'est sur les fondements quasi-contractuel et extra-contractuel que le requérant peut prétendre à une indemnité du fait de la nullité du contrat. Mais, dans l'hypothèse où il ne s'est fondé que sur la cause contractuelle pour réclamer une compensation financière, la requête devient caduque.

Une telle rigueur procédurale entraînait un allongement des délais de jugement.

La plus délicate des situations était celle où la nullité du contrat n'était découverte qu'en appel. Ainsi, le cocontractant avait pu obtenir satisfaction en première instance sur le fondement contractuel. Arrivé devant le juge d'appel, après que celui-ci avait relève la nullité du contrat, l'intéressé était débouté puisque ses prétentions contractuelles devenaient irrecevables. Pris *« à contre-pied »*[144], même si la partie concernée requalifiait sa demande sur un fondement quasi-contractuel ou extra-contractuel, le juge d'appel rejetait ces conclusions reconventionnelles fondées sur une cause juridique nouvelle par rapport à la cause contractuelle présentée en première instance. Le requérant débouté devait formuler une demande d'indemnisation auprès de l'Administration[145] puis, le cas échéant, introduire une nouvelle requête devant le tribunal administratif. De tels litiges tendaient à s'éterniser.

A titre d'illustration, à la suite d'un jugement rendu en avril 1994 par le tribunal administratif de Dijon, dont on peut estimer qu'il avait été lui-même saisi en juin 1993[146], la cour administrative

---

[144] CHABANOL Daniel, JOUGUELET Jean-Pierre, BOURRACHOT François, *Le régime juridique des marchés publics – Droits et obligations des signataires des marchés de travaux*, 5ème édition, Le Moniteur, Paris, 2007, page 307.

[145] Article R. 421-1 du Code de justice administrative : *« Sauf en matière de travaux publics, la juridiction ne peut être saisie que par voie de recours formé contre une décision, et ce, dans les* ***deux mois*** *à partir de la notification ou de la publication de la décision attaquée ».*

[146] Le délai moyen de jugement devant les tribunaux administratifs en 1994 était de 10 mois et 20 jours (EDCE, *Rapport public 1994*, n° 46, La Documentation française, Paris, 1995, page 240).

d'appel de Lyon rendait un arrêt de nullité en avril 1998[147]. Dès lors, si l'ex-cocontractant souhaitait être indemnisé, il devait redémarrer une procédure devant l'Administration puis, éventuellement, devant le tribunal administratif, ce qui pouvait amener le justiciable à ne trouver une solution au litige que vers avril 2000[148], juin 2002 en cas d'appel[149], voire juin 2003 dans l'hypothèse d'un pourvoi en cassation[150]. Au total, outre l'accumulation de formalités procédurales, on aboutissait à des procès dont la durée pouvait culminer jusqu'à sept, neuf, voire dix années[151]. Une telle situation n'était pas isolée[152]. Le Conseil d'Etat a considéré qu'elle n'était plus acceptable.

Comme le relève Christophe Guettier, le juge administratif a peut-être été *« effrayé par l'idée d'une possible condamnation à Strasbourg [par la Cour européenne des droits de l'Homme] pour dépassement du "délai raisonnable" de jugement »*[153] requis en vertu de l'article 6, paragraphe 1, de la Convention européenne des droits de l'Homme[154].

---

147 CAA Lyon, 23 avril 1998, *SA ERPA contre Commune de Bitry*, req. n° 94LY20642.

148 Le délai moyen de jugement devant les tribunaux administratifs en 1998 était de 1 an, 11 mois et 25 jours, soit un délai presque doublé par rapport à 1994 (EDCE, *Rapport public 1999 – Jurisprudence et avis de 1998*, n° 50, La Documentation française, Paris, 1999, page 177).

149 Le délai moyen de jugement devant les cours administratives d'appel en 2000 était de 2 ans, 1 mois et 23 jours (EDCE, *Rapport public 2001 – Jurisprudence et avis de 2000*, n° 52, La Documentation française, Paris, 2001, page 177).

150 Le délai moyen de jugement devant le Conseil d'Etat en 2002 était de 1 an et 15 jours (EDCE, *Rapport public 2003 – Jurisprudence et avis de 2002*, n° 54, La Documentation française, Paris, 2003, page 22).

151 En sachant que ces estimations théoriques ne tiennent pas compte d'un délai de recours maximum de deux mois entre chaque instance.

152 *Cf.* également CAA Lyon, 26 avril 1999, *SIVOM du Tricastin contre Préfet de la Drôme*, *op. cit.*

153 GUETTIER Christophe, « L'anéantissement du contrat administratif », *RDC*, n° 1, janvier 2008, page 98.

154 Article 6, paragraphe 1, de la Convention européenne de sauvegarde des droits de l'Homme et des libertés fondamentales du 4 novembre 1950, *JORF*, n° 1, 3 janvier 1974, page 67 : *« Toute personne a droit à ce que sa cause soit entendue équitablement, publiquement et dans un **délai raisonnable**, par un tribunal indépendant et impartial, établi par la loi »*.

Cette demi-révolution intervient en 2000 lorsque le Conseil d'Etat, constatant la nullité d'un contrat, énonce que les parties peuvent requalifier leur demande indemnitaire en la faisant glisser du terrain contractuel vers les terrains quasi-contractuel et extra-contractuel *« y compris pour la première fois en appel »*[155].

« Ce changement est marqué d'empirisme » remarque François Sabiani[156], quand Christophe Guettier évoque le *« réalisme »* dont fit preuve le Conseil d'Etat[157].

En effet, dans cette affaire *Citécable Est*, la cour administrative d'appel de Nancy, statuant sur deux jugements du tribunal administratif rendus en février 1994 et avril 1995, n'avait pas répondu, dans son arrêt de mars 1998, au moyen de nullité du contrat avancé par le cocontractant de l'Administration. Constatant la nullité dans sa décision d'octobre 2000, le Conseil d'Etat aurait dû, en se référant à sa jurisprudence traditionnelle, repousser la demande indemnitaire reformulée sur les fondements quasi-contractuel et extra-contractuel. Ce rejet aurait obligé le requérant à démarrer une nouvelle procédure devant l'Administration suivie, le cas échéant, du dépôt d'une requête auprès du tribunal administratif. Finalement, il était à craindre que le litige trouve une solution vers avril 2002[158], mars 2005 en cas d'appel[159], voire février 2006 dans l'hypothèse d'un pourvoi en cassation[160]. Démarré en 1993, le procès aurait duré de neuf à douze, voire treize années[161].

---

[155] CE Section, 20 octobre 2000, *Société Citécable Est*, *op. cit.*

[156] SABIANI François, *op. cit.*, page 12.

[157] GUETTIER Christophe, *Droit des contrats administratifs*, PUF, Paris, 2004, page 479.

[158] Le délai moyen de jugement devant les tribunaux administratifs en 2000 était de 1 an, 6 mois et 10 jours (EDCE, *Rapport public 2001 – Jurisprudence et avis de 2000*, n° 52, La Documentation française, Paris, 2001, page 174).

[159] Le délai moyen de jugement devant les cours administratives d'appel en 2002 était de 2 ans, 10 mois et 17 jours (EDCE, *Rapport public 2003 – Jurisprudence et avis de 2002*, n° 54, La Documentation française, Paris, 2003, page 153).

[160] Le délai moyen de jugement devant le Conseil d'Etat en 2005 était de 11 mois et 15 jours (EDCE, *Rapport public 2006 – Jurisprudence et avis de 2005*, n° 57, La Documentation française, Paris, 2006, page 20).

[161] En sachant que ces estimations théoriques ne tiennent pas compte d'un délai de recours maximum de deux mois entre chaque instance.

Désormais, on le comprend, la présentation de la demande ouverte pour la première fois en appel permet autant aux parties qu'au juge de réaliser une économie de temps : les uns ont des délais raccourcis de procédure contentieuse, l'autre voit son rôle moins encombré[162]. Dans son rapport public pour l'année 2000, le Conseil d'Etat reconnaissait que les résultats de la juridiction administrative étaient peu satisfaisants à ce niveau :

> *« En tendance longue, sur les dix dernières années, les entrées s'accroissent continûment et les stocks s'alourdissent, en première instance et surtout en appel »*[163].

On opposera alors que l'invocation pour la première fois en appel prive les parties, *« et particulièrement le requérant »*, du double degré de juridiction[164]. En effet, la demande indemnitaire présentée pour la première fois en appel n'est appréciée que par ce seul juge puisque son arrêt n'est, en principe, pas susceptible d'être réformé[165]. Il faut préciser, toutefois, que cet écueil peut être évité puisque la partie intimée, au lieu de présenter sa demande pour la première fois en appel, peut décider d'introduire un nouveau recours devant le tribunal administratif après avoir formuler une demande d'indemnisation auprès de l'Administration.

Par ailleurs, des conditions exigeantes ont été ultérieurement posées afin d'encadrer l'application de la jurisprudence *Citécable Est* et maintenir une certaine unité dans le procès.

---

[162] SAVOIE Henri, *op. cit.*, page 367.

[163] EDCE, *Rapport public 2000 – Jurisprudence et avis de 1999*, n° 51, La Documentation française, Paris, 2001, page 183.

[164] DELELIS Philippe, « Note sous CAA Paris, 13 février 2003, *Challier contre Commune de Savigny-sur-Orge*, req. n° 99PA00350 », *CMP*, n° 8, août-septembre 2003, comm. n° 149, page 21.

[165] La réformation ne peut venir que du Conseil d'Etat statuant au titre de juge de cassation s'il constate une irrégularité dans le jugement de l'affaire. Dès lors, annulant l'arrêt de la cour administrative d'appel, le Conseil d'Etat peut lui renvoyer l'affaire pour qu'elle soit rejugée ou juger l'affaire lui-même si, comme dans sa décision *Citécable Est*, une bonne administration de la justice le justifie ou si l'affaire fait l'objet d'un second pourvoi en cassation (article L. 821-2 du Code de justice administrative).

Paragraphe 2 - **Des conditions d'action strictes**

Dans un litige d'ordre contractuel, les requérants disposent donc d'une nouvelle voie de droit invocable au cours d'une même procédure contentieuse. Ainsi, la responsabilité contractuelle invoquée en première instance peut ne pas permettre à l'un des cocontractants d'obtenir satisfaction alors qu'il souhaitait, par exemple, la résiliation du contrat. Désormais, l'intéressé peut continuer le procès en appel, non plus en demandant la résiliation, mais en opposant la nullité du contrat et les fondements indemnitaires opérants[166].

En toute logique, la présentation d'une telle demande indemnitaire pour la première fois en appel est admise aussi bien de la part des personnes privées, comme l'avait fait la société Citécable Est, que de l'Administration[167]. Cette demande nouvelle en appel est, par ailleurs, compatible avec les procédures de référé lors desquelles le juge statue en urgence[168].

Comme le recommandait le commissaire du gouvernement Henri Savoie dans ses conclusions, la solution *Citécable Est* reste *« circonscrite »* aux seuls cas de nullité du contrat[169]. Ainsi, dans le cas d'un contrat valide, la présentation d'un nouveau fondement indemnitaire en appel n'a jamais été admise[170]. La décision *Citécable Est* n'a pas modifié l'état de la jurisprudence sur ce point[171]. Il en est de même en l'absence de tout contrat signé par

---

[166] CAA Paris, 6 décembre 2005, *SAPIM*, req. n° 02PA03983.

[167] CAA Paris, 25 juin 2002, *Société Fly international service*, *op. cit.*

[168] CAA Marseille, 14 novembre 2002, *Société SAUR France contre Commune de Palavas-les-Flots*, req. n° 02MA00133, *CMP*, n° 4, avril 2003, comm. n° 77, pages 36-37 (note Jean-Paul PIETRI) : le commentateur de l'arrêt considère que le juge a requalifié les conclusions qui n'étaient pas à l'origine explicitement fondée sur l'enrichissement sans cause. On opposera, toutefois, qu'en matière de référé, le juge fait parfois primer les conclusions orales des parties par rapport à leurs conclusions écrites. Ainsi, le requérant a pu être amené à préciser lui-même ses conclusions écrites au cours de l'audience, sans que le juge ait eu besoin de requalifier le moyen.

[169] SAVOIE Henri, *op. cit.*, page 367.

[170] CAA Lyon, 15 mars 1999, *Monsieur Gallet*, req. n° 96LY00945.

[171] CAA Paris, 23 novembre 2004, *Société Laine Delau*, req. n° 00PA01809.

les parties au litige[172] puisqu'une telle situation n'est pas *« assimilable à celle qui naît du constat par le juge administratif de la nullité d'un contrat administratif servant de fondement à l'action contentieuse »*[173].

Dans un arrêt de 2001, le Conseil d'Etat a précisé que le moyen tiré de l'enrichissement sans cause n'était subordonné à *« aucune condition de délai »* s'agissant d'un litige devant le tribunal administratif[174].

Ainsi, après avoir informé les parties que le contrat serait déclaré nul, et conformément à l'article R. 611-7 du Code de justice administrative[175], le tribunal administratif de Nice a admis, en lieu et place de la demande indemnitaire fondée sur la faute contractuelle née de la résiliation, la présentation des demandes indemnitaires quasi-contractuelle et extra-contractuelle en raison de la nullité[176]. Il faut préciser que cette demande nouvelle avait été invoquée *« la veille de la clôture de l'instruction »*[177] au-delà du délai de recours contentieux.

D'ailleurs, même si l'instruction est close au moment où le juge soulève d'office la nullité, le Président de la formation de

---

[172] CAA Lyon, 15 décembre 2005, *Département de l'Isère*, req. n° 01LY01485 – CAA Marseille, 19 novembre 2007, *Société CEJIP Sécurité*, req. n° 05MA00481.
[173] CAA Douai, 12 avril 2007, *SCP Gobled et Thibaux*, req. n° 05DA01460.
[174] CE, 14 novembre 2001, *Société Au Lys de France*, *op. cit.*
[175] 1/ Article R. 611-7 du Code de justice administrative : *« Lorsque la décision lui paraît susceptible d'être fondée sur un moyen relevé d'office, le Président de la formation de jugement ou, au Conseil d'Etat, la sous-section chargée de l'instruction, en informe les parties avant la séance de jugement et fixe le délai dans lequel elles peuvent, **sans qu'y fasse obstacle la clôture éventuelle de l'instruction**, présenter leurs observations sur le moyen communiqué ».*
2/ CE, 22 février 2008, *Messieurs Schmeltz et Orselli*, req. n° 286174, *BJCP*, n° 58, juin 2008, pages 183-188 (concl. Didier CASAS) ; *AJDA*, n° 20, 9 juin 2008, pages 1102-1106 (note Laurent MARCOVICI) : un jugement est irrégulier si le Président de la formation de jugement n'a pas informé les parties à l'instance que la nullité était susceptible d'être soulevée d'office par le juge.
[176] TA Nice, 13 juin 2003, *Société SEMUP contre Ville de Draguignan*, *op. cit.*
[177] On retrouve une disposition similaire à l'article L. 199-C du Livre des procédures fiscales : *« L'Administration, ainsi que le contribuable (...), peuvent faire valoir tout moyen nouveau, tant devant le tribunal administratif que devant la cour administrative d'appel, jusqu'à la clôture de l'instruction. Il en est de même devant le tribunal de grande instance et la cour d'appel ».*

jugement ne saurait opposer la clôture pour rejeter la présentation de la demande indemnitaire nouvelle. A peine d' *« irrégularité procédurale »*, l'instruction doit être rouverte en vue de permettre, tout d'abord, la communication du nouveau moyen de nullité à la partie adverse[178].

Le juge se montre moins conciliant lorsque la nullité a été constatée au cours d'une instance antérieure. Il est alors considéré que le requérant, mis au courant de l'annulation, n'a aucune raison de présenter tardivement une demande indemnitaire nouvelle.

C'est pourquoi la cour administrative d'appel de Paris a repoussé une telle demande présentée tardivement dans un mémoire complémentaire enregistré au greffe après l'expiration du délai d'appel alors que la nullité avait été constatée en première instance[179]. Cet arrêt, rendu en avril 2003, révèle dans l'un de ses motifs que l'affaire était au contentieux depuis 1993, soit dix ans plus tôt[180].

La cour administrative d'appel de Marseille est allée plus loin encore en 2007. En l'espèce, un premier jugement du tribunal administratif sur déféré préfectoral avait annulé le contrat. Lors d'un recours indemnitaire devant le même tribunal administratif, le requérant avait présenté sa demande hors délai de recours contentieux. La cour a considéré comme tardive cette demande nouvelle en cours d'instance et confirmé l'irrecevabilité prononcée par le tribunal administratif[181].

---

[178] CAA Marseille, 13 juin 2005, *Commune de Montpellier*, req. n° 03MA01135.

[179] Article R. 811-2 du Code de justice administrative : le délai de droit commun pour faire appel d'un jugement rendu par un tribunal administratif est de deux mois à compter de sa notification.

[180] CAA Paris, 13 février 2003, *Challier contre Commune de Savigny-sur-Orge*, *op. cit.*

[181] 1/ CAA Marseille, 25 mai 2007, *SARL Environnement services*, req. n° 04MA01417, *JCP (A)*, n° 42, 15 octobre 2007, comm. n° 2266, pages 32-33 (obs. Florian LINDITCH).

2/ *Cf.* également CAA Marseille, 20 octobre 2008, *Commune de Toulon contre Société Vinci Park*, req. n° 06MA03464 : *« Dès lors que la nullité du contrat a été constatée par les deux arrêts précités de la cour et du Conseil d'Etat statuant expressément sur la validité du contrat dans le cadre d'un précédent litige et dont les parties à la présente instance ont eu connaissance (...), le cocontractant de l'Administration n'est pas recevable à invoquer, après l'expiration du délai d'appel, [l'enrichissement sans cause et la responsabilité quasi-délictuelle] »*.

Interprétant tout aussi strictement la décision *Citécable Est*, la cour administrative d'appel de Nancy a repoussé en 2003 la présentation de la demande indemnitaire pour la première fois en appel pour des raisons plus pointilleuses. Elle a considéré, en effet, que le requérant s'était abstenu de le faire, malgré l'avertissement des premiers juges du tribunal administratif quant à une éventuelle nullité, dans l'intervalle de 49 jours dont il disposait avant la clôture de l'instruction[182]. La solution a été qualifiée de *« sévère »*[183]. L'arrêt de la cour devrait pousser tout justiciable, informé par le juge de l'éventuel constat de nullité, à modifier le fondement de sa demande, au moins à titre subsidiaire s'il n'est pas convaincu de la nullité[184].

Il faut signaler que, ponctuellement, la jurisprudence semble fléchir vers plus de souplesse. En 2006, les cours administratives d'appel de Versailles et de Marseille ont, effectivement, accueilli la demande indemnitaire pour la première fois en appel alors que la nullité avait été constatée en première instance[185].

* * *

Si les fondements indemnitaires peuvent être présentés en appel de manière inédite, le Conseil d'Etat, dès sa décision *Citécable Est*, soulignait le principe selon lequel de telles *« causes juridiques nouvelles »* ne sont pas *« d'ordre public »*[186].

Il convient, tout de même, de s'interroger sur la portée de ce principe qui semble remis en cause lorsque le juge homologue une transaction.

---

[182] CAA Nancy, 4 décembre 2003, *SA GMEP*, *op. cit.*

[183] CHABANOL Daniel, JOUGUELET Jean-Pierre, BOURRACHOT François, *op. cit.*, page 308.

[184] *Ibid.*

[185] CAA Versailles, 6 avril 2006, *Maître Dumoulin*, req. n° 04VE01823, *cf.* annexe 8 – CAA Marseille, 4 décembre 2006, *SAS Onet*, req. n° 04MA01042, *DA*, n° 1, janvier 2007, comm. n° 4, pages 19-20 (note Olivier GUILLAUMONT).

[186] CE Section, 20 octobre 2000, *Société Citécable Est*, *op. cit.*

Une indemnisation d'ordre public ?

Admettre que l'enrichissement sans cause et la responsabilité quasi-délictuelle soient des *moyens* d'ordre public ne serait pas sans poser quelques difficultés juridiques (paragraphe 1). Cependant, dans le cadre de l'homologation de transaction, ces fondements indemnitaires sont apparus, ponctuellement, au nombre des *règles* d'ordre public (paragraphe 2).

L'on opposera évidemment que le *moyen* et la *règle* ne sont pas organiquement identiques puisque le premier est propre au litige entre parties tandis que la seconde est liée à l'instance transactionnelle où, généralement, *« puisqu'il n'y a pas de parties en conflit, le juge fait son travail seul »*[187]. Mais, d'une part, l'un et l'autre sont matériellement de même nature puisque, finalement, un *moyen* d'ordre public ne fait que se rapporter à une *règle* d'ordre public. Et, d'autre part, le *moyen* et la *règle* d'ordre public peuvent être tout deux formellement réunis dans la catégorie des *questions* d'ordre public.

C'est ce qui justifie que l'on puisse comparer les offices du juge administratif statuant dans le cadre d'un litige ou dans le cadre d'une homologation de transaction.

Paragraphe 1 - **Les difficultés potentielles**

A l'occasion d'un procès en appel, il a été admis qu'un tribunal administratif ne se soit fondé qu' *« implicitement mais nécessairement »* sur l'enrichissement sans cause pour octroyer une

---

[187] SCHWARTZ Rémy, Président de la 7ème sous-section de la Section du contentieux du Conseil d'Etat, Professeur associé à l'Université de Versailles-Saint-Quentin-en-Yvelines, *Entretien personnel*, Paris (Palais Royal), 10 juin 2008.

indemnité à l'ex-cocontractant de l'Administration[188]. D'autres jugements ont pourtant clairement opposé que le juge ne saurait *« se regarder »* comme saisi du moyen tiré de l'enrichissement sans cause qui n'est pas *« d'ordre public »* et n'a donc pas à être *« soulevé d'office »*[189].

Il est donc préférable, d'une manière générale, d'invoquer explicitement les deux moyens indemnitaires que sont l'enrichissement sans cause et la responsabilité quasi-délictuelle.

D'ailleurs, la présentation du seul moyen tiré de l'enrichissement sans cause ne permet pas au juge d'examiner la demande indemnitaire au titre de la responsabilité quasi-délictuelle. En pareille hypothèse, le requérant limite son droit à indemnisation[190].

Dans ses conclusions sur l'arrêt *Citécable Est*, Henri Savoie évoquait l'idée, qu'il qualifiait de *« cohérent[e] »*, de faire de l'enrichissement sans cause un moyen d'ordre public puisque la nullité du contrat est elle-même d'ordre public.

En outre, on peut déjà préciser, à titre liminaire, que la responsabilité extra-contractuelle *sans faute* est très proche du régime de l'enrichissement sans cause. L'une et l'autre ne requièrent, en effet, aucune faute pour être activés. Or, la responsabilité extra-contractuelle *sans faute* est d'ordre public.

Toutefois, l'idée d'un enrichissement sans cause d'ordre public avait été écartée puisque la responsabilité extra-contractuelle *pour faute*, invocable parallèlement en cas de nullité, ne saurait avoir un caractère d'ordre public[191].

---

[188] CAA Paris, 11 mai 2004, *Commune et OPHLM de Montereau*, req. n° 01PA02729, *CMP*, n° 11, novembre 2004, comm. n° 237, page 27 (note François LLORENS).

[189] CAA Versailles, 6 avril 2006, *Maître Dumoulin*, *op. cit.* – CAA Marseille, 4 décembre 2006, *SAS Onet*, *op. cit.*

[190] CAA Marseille, 6 avril 2007, *OPAC Habitat Marseille Provence contre Société Theg*, *op. cit.* – CAA Marseille, 30 juillet 2007, *Commune de Menton*, *op. cit.* : *« Le jugement critiqué n'est entaché d'aucune omission »*.

[191] SAVOIE Henri, *op. cit.*, page 366.

A ce sujet, Bernard Stirn souligne qu'il n'y a *« aucune raison pour que l'enrichissement sans cause soit d'ordre public, (...) pas plus que les autres terrains de responsabilité »*[192].

Pourtant, lorsqu'il homologue une transaction, le juge administratif semble incité à élever au rang de règle d'ordre public l'indemnisation de l'ex-cocontractant de l'Administration.

Paragraphe 2 – **Une règle d'ordre public dans le cadre transactionnel ?**

Dans le cas de l'annulation d'un contrat, la principale pomme de discorde concerne généralement le remboursement des dépenses exposées ou l'indemnisation des gains manqués par l'un ou l'autre des ex-contractants. Or, l'objectif d'une convention de transaction est de remédier aux différends nés ou prévenir ceux susceptibles de naître entre les parties signataires[193]. Ainsi, la transaction peut être l'instrument idéal pour remédier aux difficultés d'ordre financier entre ex-contractants à la suite de l'annulation du contrat[194]. D'ailleurs, Claude Grange souligne que c'est *« bien souvent »* le cas[195]. Et, puisque le régime de la transaction, dont s'inspire l'article 2052 du Code civil, prévoit que l'acte a autorité de chose jugée en dernier ressort entre les parties signataires, le Conseil d'Etat a tout naturellement précisé que la transaction *« est exécutoire de plein droit sans qu'y fassent obstacle, notamment, les règles de la comptabilité publique »*. Ainsi, aucune demande d'homologation de transaction par le juge administratif n'est recevable, sauf en cas de litige contentieux ou *« lorsque son exécution se heurte à des difficultés particulières »*, voire encore lorsque la transaction *« vise à remédier à une situation telle que*

---

192 STIRN Bernard, Président de la Section du contentieux du Conseil d'Etat, Professeur associé à l'Institut d'Etudes Politiques de Paris, *Entretien personnel*, Paris (Palais Royal), 15 mai 2008.

193 Article 2044 du Code civil.

194 BOITEAU Claudie, *Les conventions de délégation de service public : transparence et service public local*, Le Moniteur, Paris, 2007, page 226.

195 GRANGE Claude, *op. cit.*, page 36.

*celle créée par une **annulation** ou la **constatation d'une illégalité** qui ne peuvent donner lieu à régularisation »*[196]. La demande d'homologation, dans ces deux dernières hypothèses, qui inclues les transactions consécutives aux nullités contractuelles, doit être présentée par les parties signataires et comporter l'ensemble des pièces justificatives[197].

La décision du Conseil d'Etat *Commune de Saint-Tropez*, rendue en 1995, est la parfaite illustration d'une transaction portant sur dix-sept contrats de marché public entièrement exécutés puis annulés au motif que le recours à la procédure d'urgence prévue au Code des marchés publics était injustifié[198].

Lorsqu'il homologue une transaction signée entre deux ex-contractants, le juge n'entérine l'accord qu'après avoir vérifié qu'il ne méconnaît aucune règle d'ordre public. Et, si les deux fondements indemnitaires ne sont pas d'ordre public dans le cadre du contentieux portant sur les conséquences financières de la nullité des contrats, il semble que certains juges admettent que l'indemnisation soit au nombre des règles d'ordre public lorsqu'ils sont appelés à valider une transaction.

En 2004, le tribunal administratif de Bastia a statué sur une demande d'homologation d'un protocole transactionnel à la suite de prestations réalisées hors contrat. En effet, le sous-préfet de

---

[196] CE Assemblée, avis, 6 décembre 2002, *Syndicat intercommunal des établissements du second cycle du second degré du district de l'Haÿ-les-Roses et Société CDI 2000*, req. n° 249153, *BJCP*, n° 26, janvier 2003, page 54 (concl. Gilles LE CHATELLIER) ; *AJDA*, n° 6, 17 février 2003, pages 280-283 (note Francis DONNAT et Didier CASAS) ; *DA*, n° 2, février 2003, comm. n° 44, pages 37-39 (note Alain MENEMENIS) ; *CMP*, n° 2, février 2003, comm. n° 31, pages 20-22 (note Gabriel ECKERT) ; *RFDA*, n° 2, mars-avril 2003, pages 291-306 (note Bernard PACTEAU) ; *RDP*, n° 2, mars-avril 2003, pages 417-424 (obs. Christophe GUETTIER) ; *LPA*, n° 119, 16 juin 2003, pages 12-19 (note Jean-Grégoire MAHINGA).

[197] TA Paris, 22 avril 2003, *Société KPMG*, req. n° 02699346, *BJCP*, n° 30, septembre 2003, pages 400-401 (obs. Alain TESSIER).

[198] CE, 8 décembre 1995, *Commune de Saint-Tropez*, req. n° 144029, *DA*, n° 2, février 1996, comm. n° 77, pages 12-13 ; *AJDA*, n° 6, 20 juin 1996, pages 448-451 (note Victor HAÏM) ; *D.*, n° 35, 10 octobre 1996, pages 319-320 (note Philippe TERNEYRE).

Calvi avait antérieurement obtenu d'une commune le retrait d'un avenant organisant le paiement de prestations non comprises dans un contrat de marché public. Les prestations en question demeuraient donc réalisées hors contrat, ce qui justifiait le recours à la transaction. Dans sa décision, le juge énonce qu'il vérifie la méconnaissance d'aucune règle d'ordre public, y compris l'indemnisation des ex-contractants.

En premier lieu, il relève que certaines prestations payées par la collectivité étaient déjà prévues forfaitairement dans le contrat initial, ce qui empêche de les indemniser en vertu du *« principe selon lequel une collectivité publique ne saurait être condamnée à payer ce qu'elle ne doit pas »*[199].

Et, surtout, en second lieu, le juge s'intéresse aux indemnités quasi-contractuelle et quasi-délictuelle, qu'il s'agisse de leur consistance, leur limitation ou leur mode de calcul[200].

Trois mois plus tard, en 2005, le tribunal administratif de Nice était saisi de l'homologation d'une transaction par laquelle la ville de Cannes et une entreprise cherchaient à mettre fin à neuf litiges, dont un qui n'était pas encore porté au contentieux, nés de l'exécution d'un contrat de délégation de service public.

Le jugement en question pose clairement quelles sont les règles d'ordre public[201]. Ainsi, est rappelé que la *« personne morale de droit public »* ne peut pas s'engager *« à payer une somme qu'elle ne doit pas »*. Le juge ajoute que, *« corollairement »*,

---

[199] *Cf.* CE Section, 19 mars 1971, *Maurice et André Mergui*, req. n° 79962, *Rec.*, page 235 : *« Les personnes morales de droit public ne peuvent jamais être condamnées à payer une somme qu'elles ne doivent pas »*.

[200] TA Bastia, 9 décembre 2004, *Commune de Calenzana et Jacques Andries*, req. n° 0400755, *cf.* annexe 5.

[201] On peut également préciser que le juge s'assure, outre de l'approbation de la demande d'homologation auprès du juge, que l'objet de la transaction est licite, qu'il repose sur des causes établies et que son contenu est le fruit de concessions réciproques librement consenties par les parties signataires.

la transaction ne doit pas léser *« la personne de droit privé par un enrichissement sans cause de la personne publique »*[202]. On peut relever qu'en évoquant la notion de « personne de droit privé », et non celle de « personne *morale* de droit privé », le juge a pu chercher à donner une certaine portée à la règle qu'il entendait exposer en ne la restreignant pas à l'entreprise partie à l'instance.

Le juge administratif vérifie ainsi, une par une, l'application correcte de ces deux règles d'ordre public puis considère que *« rien ne fait obstacle à ce qu'il soit donné acte de cette transaction »*[203].

A la lumière de ces deux jugements, il semble donc que l'enrichissement sans cause soit susceptible d'être considéré comme une indemnité d'ordre public dans le cadre de l'homologation des transactions.

Mais s'agissant de la responsabilité quasi-délictuelle, la décision du tribunal administratif de Nice n'a pas cherché à l'élever au nombre des règles d'ordre public, contrairement à la position du tribunal administratif de Bastia. Et, surtout, le Conseil d'Etat a jugé postérieurement que l'ex-cocontractant de l'Administration peut renoncer à toute indemnité quasi-délictuelle[204].

* * *

Au total, la compétence du juge administratif lui est exclusive lorsqu'un litige concerne l'octroi d'une indemnité liée à la nullité d'un contrat administratif. Au surplus, contrairement aux règles classiques du procès administratif, le juge d'appel est susceptible de connaître pour la première fois des demandes indemnitaires quasi-contractuelle et quasi-délictuelle bien que le litige ait été traité sur un terrain contractuel en première instance. Toutefois, il ne faut pas s'y méprendre, de telles indemnités ne sont pas d'ordre

---

[202] Le commissaire du gouvernement Henri Savoie, dans le même ordre d'idées, voyait dans l'enrichissement sans cause *« Le symétrique (…) dans son fondement comme dans sa formulation (…) d'un autre principe général du droit aux termes duquel une personne publique (…) ne saurait être condamnée à payer une somme qu'elle ne doit pas »* (SAVOIE Henri, *op. cit.*, page 363).

[203] TA Nice, 15 février 2005, *Commune de Cannes*, req. n° 0404033, *cf.* annexe 6.

[204] CE, 22 février 2008, *Monsieur Tête*, *op. cit.*

public et le juge ne peut les soulever indépendamment d'une demande expresse des parties. Encore faut-il peut-être, également, nuancer cette affirmation en ce qui concerne l'enrichissement sans cause dans l'hypothèse où le juge homologue une transaction.

Maintenant que les règles de compétence ont été énoncées, il va s'agir de s'intéresser au fond de la question de l'indemnisation, à savoir la consistance des fondements indemnitaires invocables (première partie), les modulations éventuelles de l'indemnisation (deuxième partie), ainsi que le mode de calcul des indemnités (troisième partie).

PREMIERE PARTIE

Les deux fondements indemnitaires

Lorsqu'il réclame le paiement de ses prestations, le partenaire de l'Administration ne peut pas fonder ses prétentions dans *« les stipulations d'un contrat entaché de nullité »* puisque l'acte contractuel est réputé n'avoir jamais existé[205]. Dès lors, le prestataire peut se retrouver dans une situation injuste s'il lui est impossible d'obtenir la contrepartie financière des prestations exécutées. L'Administration elle-même *« se considère comme n'étant pas obligée à l'égard d'un prestataire ou d'un collaborateur sans titre »*[206]. Pourtant, l'exécution des prestations a pu bénéficier à l'Administration. Or, le contrat nul n'ayant jamais existé, cet enrichissement ne trouve pas de cause. C'est pour cette raison que l'ex-cocontractant appauvri peut réclamer une indemnité sur le fondement de l'enrichissement sans cause. Mieux encore, il peut aussi opposer à la même Administration la faute qu'elle a commise et qui a conduit à la nullité du contrat. C'est ce qu'admet très explicitement le Conseil d'Etat depuis une décision *Société Entreprise Louis Segrette* de 1974.

Antérieurement, mais officieusement, la jurisprudence admettait déjà qu'un contrat irrégulier ouvre droit à une indemnisation pour l'ex-cocontractant de l'Administration. L'indemnité était fondée, d'une part, sur les travaux utiles à l'Administration et, d'autre part, sur la faute de ladite Administration ayant entraîné l'irrégularité du contrat[207].

Officiellement, depuis 1974, ces fondements quasi-contractuel et extra-contractuel pour faute sont invocables de façon *« complémentaire »*[208]. Mais de quelle manière ? Cette question sera résolue par une analyse des deux fondements indemnitaires respectant la chronologie employée par le juge administratif lorsqu'il les énonce. Seront donc étudiés les mécanismes de l'enrichissement sans cause (chapitre 1) et de la responsabilité quasi-délictuelle (chapitre 2) appliqués au contentieux indemnitaire de la nullité du contrat administratif.

---

[205] CAA Lyon, 23 avril 1998, *SA ERPA contre Commune de Bitry*, *op. cit.*

[206] THIBAULT Lionel, *Les effets de la nullité des contrats administratifs*, Thèse Paris, 1955, page I.

[207] CE Section, 24 juin 1938, *Commune d'Huos*, req. n° 45282, *Rec.*, page 577 : en l'espèce, l'irrégularité correspond à un défaut d'approbation du contrat par l'autorité supérieure.

[208] SABIANI François, *op. cit.*, page 13.

Chapitre 1

La théorie de l'enrichissement sans cause

> « *L'entrepreneur dont le contrat est entaché de nullité est fondé à réclamer, en tout état de cause, le remboursement de celles de ses dépenses qui ont été utiles à la collectivité envers laquelle il s'était engagé* »[209].

C'est la première branche du considérant de principe posé en 1974 par le Conseil d'Etat. Il en ressort, *a priori*, qu'en cas de nullité du contrat administratif, l'ex-cocontractant de l'Administration peut être, *en toute hypothèse*[210], indemnisé des dépenses utiles à la collectivité.

La restitution de l'enrichissement sans cause est, en réalité, un peu plus subtile puisque le juge vérifie, au préalable, que deux conditions ont bien été remplies (section 1) afin que l'ex-cocontractant soit fondé à réclamer l'indemnisation de ses dépenses utiles (section 2).

---

[209] CE, 19 avril 1974, *Ministre de l'équipement et du logement contre Société Entreprise Louis Segrette*, *op. cit.*

[210] « *En tout état de cause* ».

Deux conditions préalables

Bien que le considérant de principe énonce qu'une indemnisation des dépenses utiles peut être versée *« en tout état de cause »*[211], ce droit est pourtant fonction de deux réserves.

Tout d'abord, le juge s'assure qu'il n'existe aucune cause à l'appauvrissement du créancier réclamant une indemnité (paragraphe 1). Ensuite, le débiteur doit avoir donné son assentiment aux dépenses invoquées par le créancier. Il ne suffit donc pas que ce dernier se soit *« engagé »* envers l'Administration[212] (paragraphe 2).

Paragraphe 1 - **L'inexistence d'une cause exclusive à l'appauvrissement du créancier**

Lorsqu'un contrat est valide, tout appauvrissement d'un des contractants peut se justifier par *« les stipulations du contrat »* qui le lient à l'autre contractant. Les parties contractantes peuvent ainsi exercer les *« droits »* tenus du contrat en question. C'est pourquoi l'enrichissement sans cause ne saurait être invoqué puisque le contrat justifie l'enrichissement[213]. La cause est donc une justification au transfert de richesses, une *« raison »* au sens commun du terme et, plus précisément, un *« titre juridique »*[214].

Mais bien que le contrat soit annulé, l'appauvrissement du demandeur peut encore avoir une cause *« juste »*[215] ou

---

[211] CE, 19 avril 1974, *Ministre de l'équipement et du logement contre Société Entreprise Louis Segrette*, *op. cit.*

[212] *Ibid.*

[213] CE, 17 février 1978, *Société auxiliaire de matériel ferroviaire et routier*, req. n° 5397.

[214] BOULOUIS Nicolas, « Concl. sur CE, 21 mars 2007, *Commune de Boulogne-Billancourt*, req. n° 281796 », *BJCP*, n° 52, juin 2007, page 233.

[215] DEBBASCH Charles, COLIN Frédéric, *op. cit.*, page 463 – LEBRETON Gilles, *Droit administratif général*, 4ème édition, Dalloz, Paris, 2007, page 304.

« légitime »[216]. L'appauvrissement résulte alors, non pas des clauses du contrat, mais d'un texte législatif ou règlementaire, voire d'une décision de justice (cause *objective*), ou bien encore d'une faute particulière du demandeur (cause *subjective*).

En premier lieu, bien que le contrat soit nul, l'appauvrissement du créancier peut trouver son origine dans une autre cause juridique *objective*, c'est-à-dire dans une obligation résultant d'une loi, un règlement, une décision administrative individuelle ou un jugement[217].

Ainsi, sans titre d'occupation du domaine public en raison de la nullité du contrat, le prestataire doit impérativement retirer les biens qui s'y trouvent. Dans ce cas, l'appauvrissement engendré par le retrait trouve son fondement dans l'interdiction légale d'occuper le domaine public sans titre régulier[218].

En second lieu, l'appauvrissement du créancier peut aussi résulter d'une cause juridique *subjective*. En effet, l'appauvri peut avoir commis une faute. Or, certainement en vertu de la règle « *Nemo auditur propriam turpitudinem suam allegans* »[219], une telle faute devient, dès lors, la justification de l'appauvrissement et de l'enrichissement qui, partant, ne sont plus sans cause. L'action *de in rem verso* est alors fermée. Il ne s'agit pas, toutefois, de n'importe quelle *« irrégularité »*[220].

Dans trois décisions *Tête*, *Decaux* et *Commune de Montpellier* rendues par le Conseil d'Etat en 2008, il a été précisé que l'ex-cocontractant, qu'il s'agisse d'une personne publique[221] ou

[216] DEPORCQ Dominique, SCHMIDT Philippe, *Les contrats des collectivités locales*, Editions de « La lettre du cadre territorial », coll. Dossier d'experts, Voiron, 2003, Partie 1, chapitre 1.D, page 11.

[217] FURET Marie-Françoise, « L'enrichissement sans cause d'après la jurisprudence administrative », *D.*, n° 43, 1er décembre 1967, page 268.

[218] CE Section, 10 avril 2008, *Société Jean-Claude Decaux et Département des Alpes-Maritimes*, *op. cit.* : non-remboursement des frais consécutifs à l'enlèvement des abribus installés dans le cadre d'un contrat de mobilier urbain déclaré nul.

[219] « On ne peut pas invoquer sa propre turpitude pour agir en justice ».

[220] CE, 29 décembre 2008, *Commune de Montpellier*, req. n° 286102.

[221] CE, 29 décembre 2008, *Commune de Montpellier*, req. n° 286130.

privée[222], ne saurait invoquer l'enrichissement sans cause alors qu'il a commis au cours de la procédure de passation une irrégularité *« de nature à vicier le consentement »*[223] de son partenaire[224].

En guise d'illustration, le dol[225] et la violence, tels qu'ils sont entendus par les articles 1112 et 1116 du Code civil, sont donc *a priori* susceptibles de supprimer tout droit à indemnité pour l'appauvri ayant commis une telle faute[226]. Bien avant les décisions de 2008, le juriste *privatiste* Alain Bénabent exemplifiait déjà cette hypothèse en matière de restitutions consécutives à la nullité d'un contrat de *droit privé* :

> *« Il faut une immoralité caractérisée. Tel est le cas, par exemple, en cas de corruption de fonctionnaire : l'auteur de la corruption ne pourra pas obtenir restitution de ce qu'il a versé »*[227].

Entre l'audience de l'affaire *Tête* du 12 décembre 2007 et la lecture de cette décision le 22 février 2008, le tribunal administratif

---

[222] CE, 22 février 2008, *Monsieur Tête, op. cit.* – CE Section, 10 avril 2008, *Société Jean-Claude Decaux et Département des Alpes-Maritimes, op. cit.*

[223] A titre de comparaison, la jurisprudence judiciaire et la doctrine privatiste retiennent le critère plus large de la faute *« délibérée »*.
1/ Civile, 1ère chambre, 15 décembre 1998, *Société GITEM*, pourvoi n° 96-20625, *Bull. civ.*, I, n° 363.
2/ Mais il faut souligner que la jurisprudence de la Cour de cassation ne fait pas figure de constance entre ses différentes chambres. Ainsi, la chambre commerciale a-t-elle affirmé l'impossibilité d'invoquer l'enrichissement sans cause dès lors que l'appauvri a commis une faute : Commerciale, 18 mai 1999, *Crédit du Nord contre Trésor Public de Trouville-sur-Mer*, pourvoi n° 95-19455, *D.*, n° 40, 16 novembre 2000, pages 609-614 (note Jamel DJOUDI).
3/ AUBERT Jean-Luc, « Quelques remarques sur la faute de l'appauvri dans l'enrichissement sans cause », *Liber amicorum : Etudes offertes à Jacques Dupichot*, Bruylant, Bruxelles, 2004, page 2.

[224] CE, 22 février 2008, *Monsieur Tête, op. cit.* – CE Section, 10 avril 2008, *Société Jean-Claude Decaux et Département des Alpes-Maritimes, op. cit.* – CE, 29 décembre 2008, *Commune de Montpellier*, req. n° 286102, 286130.

[225] Par exemple, la corruption d'un maire par l'entrepreneur afin d'obtenir un marché.

[226] DACOSTA Bertrand, « Concl. sur CE Section, 10 avril 2008, *Société Jean-Claude Decaux et Département des Alpes-Maritimes*, req. n° 244950, 284439, 284607 », *JCP (A)*, n° 19-20, 5 mai 2008, comm. n° 2116, page 28.

[227] BENABENT Alain, *Droit civil, les obligations*, 11ème édition, Montchrestien, 2007, page 181.

de Paris a proposé une application du vice du consentement de l'Administration. Au moment de présenter une offre, donc au cours de la procédure de passation, un candidat avait sciemment dissimulé sa liquidation et sa faillite personnelles prononcées par deux jugements du tribunal de commerce de Nantes. Or, la présentation de l'offre en question devait contenir une déclaration sur l'honneur du candidat mentionnant qu'il ne faisait l'objet d'aucune liquidation ou faillite personnelles. Ayant rédigé une fausse déclaration, le marché est déclaré nul en raison du *« vice de consentement »* subi par l'Administration. Dès lors, et même si, comme en l'espèce, la SNCF a *« profité des prestations réalisées »*, cet enrichissement n'étant pas *sans cause*, il n'est pas invocable[228].

Il faut préciser qu'antérieurement aux décisions *Tête* et *Decaux*, la cour administrative d'appel de Versailles a, *mutatis mutandis*, indemnisé un appauvri. Initialement, les droits détenus par ce dernier sur l'Administration résultaient d'une cession de créances dans le cadre de contrats de marché public. Mais, postérieurement à l'acte de cession, lesdits contrats avaient été déclarés nuls en raison d'actes de corruption du cédant révélés par le juge pénal. Or, si l'on considère, comme le fait l'arrêt, que le cessionnaire est le *« cocontractant de l'Administration »*, la faute du cédant devrait également faire obstacle à l'invocation de l'enrichissement sans cause par le cessionnaire[229]. Mais, comme en l'espèce[230], l'*équité* peut toujours influencer la décision dans un sens contraire.

Une fois ces deux considérations écartées, c'est-à-dire si l'appauvrissement du créancier est bien sans cause objective ou subjective, il faut encore que les dépenses effectuées l'aient été à la demande du débiteur.

---

228 TA Paris, 21 décembre 2007, *Patrick Gourdon*, req. n° 0202935 ; *cf.* annexe 10.

229 D'ailleurs, en vertu de l'adage « *Nemo plus juris ad allium transferre potest quam ipsem habet* » : « Nul ne peut transférer à autrui plus de droit qu'il n'en a lui-même ».

230 CAA Versailles, 24 février 2005, *Département des Yvelines*, req. n° 02VE02976.

Paragraphe 2 - **L'assentiment de l'enrichi aux dépenses invoquées**

Si l'on observe l'Histoire du droit public, on peut lire dans le *Traité des obligations et de la responsabilité des comptables publics* de Pierre Marquès di Braga et Camille Lyon, paru en 1890, que l'aversion du juge administratif pour l'enrichissement sans cause s'expliquait par les règles budgétaires qui, dans un soucis de protection des finances publiques, prohibaient la prise en charge par les personnes publiques des dépenses irrégulièrement *« votées et autorisées, (...) prévues et créditées »*. En effet, selon ces deux auteurs, et comme le percevaient également Emile-Victor Foucart ou Théophile Ducrocq, l'acceptation de telles pratiques reviendrait à conférer *« un moyen déguisé de se passer d'autorisation »*[231]. D'ailleurs, c'est effectivement ce qui ressort d'un arrêt *Duvergier* de 1842 dans lequel le Conseil d'Etat expulse implicitement la possibilité d'appliquer le principe de l'enrichissement sans cause[232].

Depuis la reconnaissance du principe de l'enrichissement sans cause[233], et contrairement au juge judiciaire[234], la protection des deniers publics justifie la vérification par le juge de l'assentiment donné par l'enrichi, lequel est généralement l'Administration[235], à la réalisation de travaux, à la prestation de services, ou à la livraison de fournitures, voire à toute autre dépense. Il s'agit simplement pour le juge de constater qu'à un moment donné l'appauvri a pu se sentir légitimement fondé à effectuer une dépense.

---

[231] Cités par BAYLE Gabriel, *op. cit.*, pages 13, 16.

[232] CE, 8 avril 1842, *Duvergier et consorts et Ministre de l'intérieur contre Maire de la Commune de Gentilly*, req. n° 13797, *Rec.* page 162.

[233] CE, 14 avril 1961, *Ministre de la reconstruction et du logement contre Société Sud-Aviation*, *op. cit.*

[234] En droit civil, l'enrichissement sans cause peut avoir été réalisé à l'insu de l'enrichi (BAYLE Gabriel, *op. cit.*, page 42).

[235] L'enrichi est, généralement, l'Administration, bien que cela puisse être une personne privée, exceptionnellement, par exemple en cas de nullité d'une convention d'occupation du domaine public (*cf.* annexe 1).

Le consentement peut résulter directement ou indirectement du contrat nul : en faisant référence à la convention ou par le biais des actes qui s'y rapportent. La nullité de ces actes ne préjudicie pas à la validité de l'assentiment donné au prestataire.

D'ailleurs, d'une manière générale, s'agissant d'un contrat déclaré nul, la condition de l'assentiment fait quasiment l'objet d'une présomption[236]. Sinon, le juge administratif peut trouver cet assentiment au moyen d'un recours implicite aux stipulations du contrat[237] :

> *« La société (...) a bien assuré les prestations (...) qui lui étaient confiées depuis le 1er septembre 1989 »*[238].

Sans se référer au contrat nul, la preuve de l'assentiment aux dépenses peut encore se trouver dans la délibération de la collectivité approuvant ou autorisant la signature du contrat, voire encore dans la signature du contrat[239].

Toutefois, la prévision contractuelle expresse n'est pas impérative. Il peut exister des prestations dites « supplémentaires » qui, sans avoir été prévues au contrat, ont été rendues nécessaires

---

236 DACOSTA Bertrand, « Concl. sur CE Section, 10 avril 2008, *Société Jean-Claude Decaux et Département des Alpes-Maritimes*, req. n° 244950, 284439, 284607 », *op. cit.*, page 26 : *« Les dépenses doivent avoir été engagées avec l'assentiment, au moins tacite de l'Administration. Mais, s'agissant de contrats annulés ou déclarés nuls, cette condition est, par définition, remplie »*.

237 1/ CAA Douai, 13 décembre 2007, *Société Dalkia*, req. n° 06DA00061 : *« Les prestations (...) figuraient bien parmi celles qui incombaient à la société (...) comme il résulte (...) de l'acte d'engagement du 10 juillet 1987 »*.
2/ CAA Marseille, 7 janvier 2008, *Société COVED*, req. n° 05MA03136 : *« Il est constant que la société a assuré les prestations prévues au contrat annulé »*.

238 CE, 21 mars 2007, *Commune de Boulogne-Billancourt*, req. n° 281796, *AJDA*, n° 17, 30 avril 2007, pages 915-918 (note Jean-David DREYFUS) ; *BJCP*, n° 52, juin 2007, pages 230-236 (concl. Nicolas BOULOUIS) ; *CMP*, n° 5, mai 2007, comm. n° 137, pages 60-61 (note Gabriel ECKERT) ; *JCP*, n° 25, 20 juin 2007, chron. n° I-166, page 22 (note Benoît PLESSIX) ; *D.*, n° 27, 12 juillet 2007, pages 1937-1940 (note Muriel DREIFUSS) ; *RJEP*, n° 644, juillet 2007, comm. n° 2, pages 270-273 ; *CMP*, n° 7, juillet 2007, comm. n° 14, pages 6-10 (note François LICHERE) ; *RDC*, n° 3, juillet 2007, pages 867-877 (note Frédéric ROLIN et Pierre BRUNET).

239 CHABANOL Daniel, JOUGUELET Jean-Pierre, BOURRACHOT François, *op. cit.*, page 300.

au cours de l'exécution de ce dernier. Dans ce cas, conformément à une jurisprudence constante sur le principe de l'enrichissement sans cause, l'accord peut explicitement résulter d'un ordre de service tel qu'une lettre de l'Administration[240].

Par ailleurs, lorsque la prestation supplémentaire a un caractère indispensable, l'assentiment n'est plus requis. S'agissant d'une prestation de services, le caractère indispensable peut résulter d'un impératif de sécurité[241]. En ce qui concerne la réalisation de travaux, outre l'impératif de sécurité, le caractère indispensable peut provenir des nécessités dictées par les règles de l'art[242].

L'accord peut encore être implicite dans le cas où le contrat, bien qu'annulé, a continué d'être exécuté par l'appauvri et que l'enrichi ne s'y est pas opposé. L'annulation du contrat semble encore ne porter aucune atteinte au consentement antérieur de l'Administration. Ainsi, l'appauvri n'aura droit au remboursement de ses dépenses utiles pour la période postérieure à la déclaration de nullité que si l'enrichi y a *« consenti »*, même de manière tacite, par exemple en continuant de recourir aux services de l'ex-cocontractant[243].

En l'absence de prévision contractuelle, de tout accord du débiteur ou du caractère indispensable de la dépense, le juge considère que le créancier a commis une *« imprudence »* justifiant que les dépenses concernées ne soient remboursables à aucun titre que ce soit[244].

* * *

---

[240] CE, 21 mars 2007, *Commune de Boulogne-Billancourt*, *op. cit.*

[241] *Ibid.*

[242] CE, 22 février 2008, *Monsieur Tête*, *op. cit.* : difficultés techniques inattendues rendant impossible le creusement d'un tunnel sans la réalisation de travaux supplémentaires.

[243] CE Section, 10 avril 2008, *Société Jean-Claude Decaux et Département des Alpes-Maritimes*, *op. cit.* : le département a continué d'utiliser les abribus et les services de son prestataire pour ses campagnes d'information.

[244] CE, 21 mars 2007, *Commune de Boulogne-Billancourt*, *op. cit.*

Ces deux conditions, si nécessaires soient-elles, ne sont pas suffisantes pour que le requérant puisse automatiquement prétendre au remboursement des dépenses exposées. Il faut, en effet, que ces impenses aient été utiles au débiteur.

Section 2

L'indemnisation des dépenses utiles

Les contrats déclarés nuls *« n'ont pu faire naître aucune obligation »*[245]. Dès lors, c'est sur le terrain de l'enrichissement sans cause que l'ex-cocontractant peut réclamer une indemnité si son appauvrissement ne résulte d'aucune cause juridique exclusive et que ses prestations ont été préalablement approuvées par son débiteur. A cet égard, les articles 1 et 3 de la loi des 3-22 août 1790 érigeaient de manière inédite la règle selon laquelle :

> *« La Nation doit payer aux citoyens le* ***prix des sacrifices*** *qu'ils ont faits à l'****utilité publique*** *(…). Les sacrifices dont la Nation doit payer le prix sont ceux qui naissent de* ***pertes*** *que l'on éprouve en défendant la Patrie ou des* ***dépenses*** *qu'on a faites pour lui procurer un* ***avantage*** *incontestable »*[246].

La philosophie de l'enrichissement sans cause est très proche des termes de cette loi. En effet, l'indemnité due est fonction des dépenses utiles. La notion de « dépenses utiles » implique une « double limite ». Tout d'abord, l'indemnisation est fixée en fonction de l'*appauvrissement* réel du créancier (première limite, paragraphe 1). Ensuite, l'indemnisation ne saurait excéder l'*enrichissement* effectif du débiteur apprécié en fonction de l'utilité des dépenses (seconde limite, paragraphe 2). Au total, l'indemnité peut être égale au montant de l'appauvrissement sans jamais dépasser celui de l'enrichissement.

---

[245] TA Nice, 12 novembre 2004, *SARL Société niçoise d'étude et d'entretien contre Commune de Cap-d'Ail*, req. n° 0003932, 0202146.

[246] ROQUES Pierre, *De la notion d'enrichissement sans cause*, Thèse Montpellier, Imprimeries Gabelle, Carcassonne, 1930, page 23 : la loi ne fut jamais appliquée.

Paragraphe 1 - **L'appauvrissement du créancier**

Les réalisations, prestations ou livraisons doivent avoir entraîné une perte mesurable dans le patrimoine de l'appauvri. Le juge s'attache à évaluer cette perte puisque l'indemnité versée par le débiteur ne saurait être d'un montant supérieur à l'appauvrissement du créancier. Dans le cas contraire, le créancier bénéficierait, à son tour, d'un enrichissement sans cause.

En premier lieu, l'appauvrissement correspond à un transfert entre le créancier et le débiteur.

S'agissant d'une réduction consentie par l'ex-cocontractant sur le prix de la prestation, par exemple une *« ristourne »* sur le prix de l'énergie combustible fournie[247], puisqu'il ne s'agit pas d'une dépense[248], elle ne saurait être indemnisée pour elle-même[249].

En deuxième lieu, l'indemnisation est réalisée *« dans la limite de l'appauvrissement (...) subi »* par le créancier lui-même.

Ainsi, dans le cas où l'exécution des contrats a été le fait, en tout ou partie, d'une société distincte de l'ex-cocontractant, et même s'il s'agit d'une de ses filiales contrôlée en totalité, il n'est pas considéré comme le véritable appauvri. Dès lors, il est exclu qu'il puisse être indemnisé s'il n'apporte pas la preuve d'un remboursement des dépenses en faveur du tiers appauvri[250].

En outre, si l'Administration a directement réglé la facture au sous-traitant, à la place de l'ex-cocontractant, elle n'est dès-lors plus obligée vis-à-vis de ce dernier[251].

Au demeurant, l'ex-cocontractant qui se dit « appauvri » peut avoir déjà reçu de l'enrichi une somme égale[252] ou supérieure[253] au

---

[247] *« 14,12 francs hors taxe par MWh »*.

[248] Il s'agit d'une intention libérale du créancier qui pourrait d'ailleurs être considérée comme une cause exclusive de son appauvrissement.

[249] CAA Paris, 3 avril 2007, *Commune d'Alès contre Société Charbonnage de France Energie*, req. n° 06PA01701, *CMP*, n° 7, juillet 2007, comm. n° 219, page 20 (obs. François LLORENS).

[250] TA Limoges, 16 décembre 2004, *Société auxiliaire de parcs SA contre Commune de Brive*, req. n° 9800638, 9800994.

[251] CAA Versailles, 24 février 2005, *Département des Yvelines*, *op. cit.*

montant des dépenses utiles exposées. N'ayant pas été appauvri dans l'affaire, de nouvelles restitutions en sa faveur conduiraient à l'enrichir sans cause.

Selon la même idée, mais concernant un agent de l'Administration, si ce dernier n'a accompli aucun service, il ne saurait se prévaloir d'un quelconque préjudice justifiant une demande d'indemnisation[254].

En dernier lieu, l'appauvrissement dont il est question ne doit pas avoir été amorti.

Ainsi, au cas où l'ex-cocontractant a accompli des prestations en vertu du contrat nul, mais sans ressortir appauvri de cette situation, par exemple si l'exécution dudit contrat a été *« bénéficiaire »*, il ne saurait réclamer une indemnité couvrant ses dépenses[255].

D'ailleurs, le créancier peut avoir recyclé ses débours dans des opérations avec des tiers. Les biens réutilisés peuvent alors trouver un amortissement complémentaire qui diminue d'autant l'appauvrissement du créancier. C'est pour cette raison que le juge administratif en tient compte afin *« d'évaluer l'appauvrissement exact »*. La règle a été appliquée dans l'affaire *Decaux* où les abribus achetés dans le cadre d'un contrat avec le département des Alpes-Maritimes avaient été, après constat de nullité, réemployés par la société Jean-Claude Decaux dans de nouveaux contrats signés avec certaines communes du département[256].

Une fois l'appauvrissement établi, il faut encore que les dépenses aient enrichi le débiteur. En effet, l'objectif de l'action *de in rem verso* est de restituer la seule part d'enrichissement du débiteur, et non d'indemniser l'ensemble des charges du créancier.

---

[252] TA Nice, 12 novembre 2004, *SARL Société niçoise d'étude et d'entretien contre Commune de Cap-d'Ail*, *op. cit.* – CAA Douai, 20 mai 2008, *Société AMG Ingénierie contre Caisse des dépôts et consignations*, req. n° 07PA00278.

[253] CE, 15 juillet 1959, *Sieur Vauzelle*, *op. cit.*

[254] CE, 5 mars 1954, *Demoiselle Soulier*, req. n° 70251, *Rec.*, page 139.

[255] CAA Paris, 3 avril 2007, *Commune d'Alès contre Société Charbonnage de France Energie*, *op. cit.*

[256] CE Section, 10 avril 2008, *Société Jean-Claude Decaux et Département des Alpes-Maritimes*, *op. cit.*

Paragraphe 2 - **L'enrichissement du débiteur**

René Descartes n'énonçait-il pas en 1637 que *« C'est proprement ne valoir rien que de n'être utile à personne »*[257] ? Cette incise du *Discours de la Méthode* se retrouve, *mutatis mutandis*, dans la théorie de l'enrichissement sans cause, laquelle est pourtant peu encline au strict respect du raisonnement cartésien.

En effet, les dépenses du créancier ne suffisent pas à justifier l'indemnité due puisqu'elles doivent avoir également bénéficié au débiteur. Mais, sur ce point, plus qu'ailleurs encore, la jurisprudence est subtile et contradictoire.

Pour mesurer l'enrichissement, le juge administratif a recours à la notion d' « utilité », laquelle est classée par Charles Eisenmann parmi les *« Mots sans définition ou contenu certains »*[258]. On peut, toutefois, au moins tenter d'en tracer les contours.

Dans ses conclusions sur une décision *Société Au Lys de France*, le commissaire du gouvernement Gilles Bachelier assimile l'utilité à l'*« avantage spécifique »* retiré par le débiteur[259]. La jurisprudence a encore pu utiliser les termes ou expressions de *« profit »*, *« profit utile »*, ou encore de *« profit réel et direct »*[260]. Plus concrètement, par exemple dans le cas où l'enrichi est l'Administration, les dépenses de l'appauvri doivent avoir *« bénéficié* ***matériellement*** *ou* ***financièrement*** *à la collectivité »*[261], voire *« aux habitants de la commune »*[262].

---

[257] DESCARTES René, *Discours de la méthode*, Librairie Larousse, Paris, 1969, page 101.

[258] EISENMANN Charles, *Cours de droit administratif*, tome 1, LGDJ, Paris, 1982, page 322.

[259] BACHELIER Gilles, « Concl. sur CE, 14 novembre 2001, *Société Au Lys de France*, req. n° 223572 », *cf.* annexe 4.

[260] MODERNE Franck, *Les quasi-contrats administratifs*, Sirey, coll. Droit public, Paris, 1995, page 42.

[261] ZIMMER Willy, « Note sous CE, 24 novembre 2006, *Malmezat Prat*, req. n° 268129 », *CMP*, n° 1, janvier 2007, comm. n° 9, page 23.

[262] CAA Paris, 3 avril 2007, *Commune d'Alès contre Société Charbonnage de France Energie*, *op. cit.* : le cocontractant a droit au remboursement d'une aide financière versée à un tiers concessionnaire du chauffage urbain dans la commune car cette subvention a contribué à *« l'achat de matériel utile aux habitants de la commune »*.

En premier lieu, le gain peut être *matériel*.

Le gain matériel peut être d'ordre purement esthétique s'agissant, par exemple, de l'amélioration de l' *« aspect monumental »* d'un édifice[263]. L'essentiel est que l'entrée matérielle apporte un supplément de richesse dans le patrimoine de la collectivité.

En ce qui concerne les contrats portant concession de service public, dans une décision *Nogent-sur-Marne* de novembre 2005, le Conseil d'Etat a posé l'utilité *« des dépenses d'investissement (...) consenties »* au titre des biens de retour[264]. Ainsi, la *« valeur non amortie de ces investissements »*[265], c'est-à-dire leur valeur nette comptable, doit être remboursée par l'enrichi.

Au contraire, le seul fait que l'entrepreneur se soit appauvri en mobilisant du personnel, mais sans exécuter une prestation, ne procure aucun bénéfice à l'Administration[266]. Il en est de même en cas de livraison d'un bien inutilisable par la collectivité[267] ou si les biens fournis à la collectivité ont été repris par l'entrepreneur[268]. D'ailleurs, la seule *« perte de chiffre d'affaires consécutive à l'interruption des fournitures »* n'enrichit pas le patrimoine de la collectivité[269].

---

[263] CE, 25 février 1910, *Ville de Tarbes*, req. n° 30750, *Rec.*, page 172.

[264] 1/ Les biens de retour sont ceux des biens tellement indispensables à l'exploitation du service public qu'ils sont considérés comme appartenant à l'Administration concédante, alors même qu'ils auraient été acquis par le concessionnaire à quelque moment que ce soit de l'exécution du contrat.

2/ CE, 16 novembre 2005, *Messieurs Auguste contre Commune de Nogent-sur-Marne*, req. n° 262360, 263709, *BJCP*, n° 45, avril 2006, pages 128-134 (concl. Didier CASAS) ; *CMP*, n° 2, février 2006, comm. n° 46, page 23 (note Eric DELACOUR) ; *AJDA*, n° 42, 12 décembre 2005, page 2323 (note Erwan ROYER).

[265] CAA Bordeaux, 1er avril 2008, *Société auxiliaire de parcs SA contre Commune de Brive*, req. n° 05BX00387.

[266] CAA Marseille, 4 décembre 2006, *SAS Onet*, *op. cit.*

[267] TA Paris, 14 décembre 1999, *Société Dataid*, *op. cit.* : *« Le logiciel fourni par la société (...) étant inutilisable et inexploitable »*.

[268] CAA Lyon, 9 avril 2009, *Commune d'Aix-les-Bains*, req. n° 06LY02277 : *« Les abribus dont le remboursement est demandé à hauteur de leur partie non amortie ont été démontés ; (...) ce démontage est de nature à priver les dépenses engagées (...) de toute utilité pour la commune »*.

[269] CAA Paris, 3 avril 2007, *Commune d'Alès contre Société Charbonnage de France Energie*, *op. cit.*

En second lieu, le gain peut être strictement *financier*.

Ainsi, à titre d'illustration, toute « *aide* » pécuniaire ayant contribué au paiement d'un bien utile, tel qu'une chaudière à charbon, doit être indemnisée en proportion de la valeur non amortie de l'aide en question[270].

Par contre, s'agissant de l'acte d'acceptation d'une cession de créance signé par l'Administration[271], cet accord ne fait que reconnaître le transfert entre deux personnes privées d'une créance tenue sur l'Administration. La collectivité ne retirant aucun profit financier de ce seul transfert, est donc vaine toute demande d'indemnisation du montant de la cession en cas de nullité affectant spécifiquement l'acte d'acceptation[272].

Il faut insister sur la nécessité d'une véritable entrée matérielle ou financière, dans le patrimoine de l'enrichi, liée à la dépense de l'appauvri. C'est pour cette raison que les indemnités qui auraient peut-être été dues si le contrat avait été valide, mais qui ne concernaient pas des réalisations, prestations ou livraisons utiles à la collectivité, ne sont généralement pas remboursables au titre de l'enrichissement sans cause.

Ainsi, l'indemnité de résiliation unilatérale due par l'ex-cocontractant à ses sous-traitants, puisqu'elle n'apporte aucun bénéfice à l'Administration, n'est pas remboursable, bien que la rupture du contrat ait été demandée par cette dernière[273]. Dans le même ordre d'idées, ne sont pas indemnisables les pénalités pour un retard de paiement à un sous-traitant imputable au seul

---

[270] CAA Paris, 3 avril 2007, *Commune d'Alès contre Société Charbonnage de France Energie*, *op. cit.*

[271] Le système des cessions de créance est régi par la loi « Dailly » (loi n° 81-1 du 2 janvier 1981 facilitant le crédit aux entreprises, *JORF*, n° 2, 3 janvier 1981, page 150) codifiée aux articles L. 313-23 et suivants du Code monétaire et financier.

[272] L'indemnisation ne se fait donc pas sur le fondement de l'enrichissement sans cause mais sur celui de la responsabilité quasi-délictuelle (*cf. infra*) : CE, 25 juin 2003, *Caisse centrale de crédit mutuel du Nord de la France*, req. n° 240679, *RTD Civil*, n° 2, avril-juin 2004, pages 330-332 (note Pierre CROCQ).

[273] CAA Marseille, 26 juin 2003, *Compagnie générale de stationnement contre Ville de Toulon*, req. n° 99MA01920, *AJDA*, n° 38, 10 novembre 2003, pages 2040-2043 (note Jean-David DREYFUS) ; *CMP*, n° 11, novembre 2003, comm. n° 212, pages 32-34 (note Eric DELACOUR).

appauvri[274], tout comme les frais entraînés par *« le report (…) du commencement des travaux »*[275], l'allongement des délais d'exécution d'un chantier[276] *« pendant une période supérieure (…) à la durée initiale du marché »* – pourtant *nul* (!) –, voire encore les intérêts moratoires que l'Administration enrichie aurait normalement dû verser au titre de sa responsabilité contractuelle[277].

A contrario, est donc remboursable l'indemnité versée à un tiers au titre des travaux[278], services ou fournitures utiles à l'enrichi.

L'utilité ne doit pas, cependant, être confondue avec la *rentabilité* de la dépense, que ce soit en matière de travaux ou de services. A cet égard, Marie-Françoise Furet énonçait en 1967 :

> *« Une prestation faite à une personne de droit public ne saurait être jaugée uniquement en fonction de sa valeur économique brute, mais bien en raison de la manière dont elle permet de satisfaire un besoin d'intérêt général »*[279].

C'est en fonction de telles considérations que, s'agissant d'une prestation de services, par exemple en cas de nullité d'un contrat portant concession de service public, le Conseil d'Etat a admis l'indemnisation de tout déficit *« nécessaire, dans le cadre d'une gestion normale, à la bonne exécution du service »*[280]. Concernant des travaux, dans une décision relative au boulevard périphérique lyonnais, le Conseil d'Etat a également admis le remboursement

---

[274] CAA Marseille, 30 juillet 2007, *Commune de Menton*, *op. cit.*

[275] CAA Marseille, 13 novembre 2008, *Société des travaux du midi*, req. n° 06MA00962.

[276] Frais généraux, frais de personnel, dépenses d'énergie et de consommable, immobilisation des matériels, frais financiers.

[277] CAA Paris, 25 juillet 1996, *SARL Entreprise générale de la construction métallique*, req. n° 94PA00284, *Tab.*, page 1013 – CE, 26 mars 2008, *Société Spie Batignolles*, *op. cit.*

[278] CAA Marseille, 30 juillet 2007, *Commune de Menton*, *op. cit.* : les travaux n'étaient pas prévus par le contrat de sous-traitance (*« Sujétions imprévues dans l'exécution du marché de réalisation de la station d'épuration »*).

[279] FURET Marie-Françoise, *op. cit.*, page 266.

[280] CE, 16 novembre 2005, *Messieurs Auguste contre Commune de Nogent-sur-Marne*, *op. cit.*

des dépenses de construction d'un ouvrage utile mais non rentable[281].

Arrivé à cette étape, on constate que la dépense de l'appauvri doit avoir entraîné un enrichissement, matériel ou financier, susceptible d'être constaté, à l'état brut[282], dans le patrimoine de l'enrichi. Mais la subtilité de la notion d' « utilité » ne s'arrête pas là.

L'utilité globale de la réalisation de travaux, de la prestation de services ou de la livraison de fournitures pose peu de difficultés. La collectivité qui avait, par exemple, signé un contrat pour la construction d'une station d'épuration ne saurait remettre en cause l'utilité même des installations érigées. Mais le juge administratif ne considère pas toujours l'utilité d'une dépense de manière globale et aveugle.

Certes, dans le cas des concessions de service public le régime de la jurisprudence *Nogent-sur-Marne* de novembre 2005 permet au concessionnaire de se faire rembourser l'intégralité *« des dépenses d'investissement (...) consenties »* au titre des biens de retour sans rechercher l'utilité de chacun des éléments qui composent chaque dépense[283].

Mais, hors le cas des biens de retour, chacune des dépenses ayant *contribué* à la réalisation de travaux, à la prestation de services ou à la livraison de fournitures doit elle-même avoir un caractère utile. En effet, si les travaux, services ou fournitures sont utiles, certaines dépenses de construction, d'exploitation ou d'acquisition prises individuellement ont pu être *« voluptuaires »*[284], *« improductives »*[285], *« inutiles ou*

---

[281] CE, 22 février 2008, *Monsieur Tête*, *op. cit.*

[282] C'est-à-dire sans égard à la rentabilité de la prestation (enrichissement net).

[283] CE, 16 novembre 2005, *Messieurs Auguste contre Commune de Nogent-sur-Marne*, *op. cit.*

[284] *« Enfin, dans le calcul de ces sommes, il convient d'exclure les impenses dites "voluptuaires". Seules sont retenues les impenses utiles qui ont procuré une plus-value au patrimoine de l'enrichi »* (HEUMANN Charles, « Concl. sur CE, 14 avril 1961, *Ministre de la reconstruction et du logement contre Société Sud-Aviation*, req. n° 32468 », *RDP*, n° 3, mai-juin 1961, page 658).

[285] CE, 26 mars 2008, *Société Spie Batignolles*, *op. cit.*

superflues »[286]. La théorie de l'enrichissement sans cause requiert que le juge dissèque les travaux, services ou fournitures en individualisant chaque *« élément du coût »*[287] afin d'examiner son utilité et approcher au plus près la réalité de l'enrichissement du débiteur.

Il est ainsi clair que les bénéfices ne sauraient être indemnisés au titre de l'enrichissement sans cause puisque, outre le fait qu'ils ne constituent pas un appauvrissement réel du créancier, ils demeurent une plus-value non utile à la réalisation d'une mission quelle qu'elle soit[288].

Le juge administratif adopte une posture encore plus *« pointilliste »* sur la définition de l'utilité des éléments du coût global[289]. Il en résulte, parfois, des contradictions d'un jugement à un autre. En principe, devraient être considérés comme utiles, les frais directs comme les prix d'achat ou de fabrication, mais encore les coûts indirects comme les frais de transport ou les autres frais généraux[290]. Pourtant, la jurisprudence se révèle plus hésitante sur l'indemnisation des coûts indirects.

Il en a été ainsi pour des frais de structure d'un chantier. De tels *« frais de siège »* ont pu être considérés comme ne présentant pas un caractère utile *« de façon suffisamment directe »*[291].

Les frais de financement, tels qu'un découvert bancaire, ont régulièrement été indemnisés[292]. Mais, en 2008, la jurisprudence

---

[286] CAA Paris, 31 janvier 2006, *Société Girod Père et Fils SA*, req. n° 02PA03992, *CMP*, n° 4, avril 2006, comm. n° 108, pages 23-24 (note Frédérique OLIVIER).

[287] CAA Marseille, 30 juillet 2007, *Commune de Menton*, *op. cit.*

[288] CE Section, 2 décembre 1966, *Société France-Reconstruction-Plan*, req. n° 65240, *AJDA*, n° 3, 20 mars 1967, pages 183-190 (concl. Jacques FOURNIER), page 160 (note Jean-Philippe LECAT et Jean MASSOT).

[289] DACOSTA Bertrand, « Concl. sur CE, 26 mars 2008, *Société Spie Batignolles*, req. n° 270772 », inédites, page 2.

[290] CE Section, 2 décembre 1966, *Société France-Reconstruction-Plan*, *op. cit.*

[291] CAA Marseille, 6 avril 2007, *OPAC Habitat Marseille Provence contre Société Theg*, *op. cit.* – *Cf.* également CAA Marseille, 30 juillet 2007, *Commune de Menton*, *op. cit.*

[292] CE, 19 avril 1974, *Ministre de l'équipement et du logement contre Société Entreprise Louis Segrette*, *op. cit.*

est revenue sur leur caractère utile[293]. Ainsi, les intérêts d'un emprunt bancaire ou le coût d'immobilisation du capital en cas de financement sur fonds propres ont été considérés comme dépourvus de toute utilité pour la collectivité[294]. L'hypothèse semble concerner au premier chef les contrats de marché public.

Les biens de retour des concessions de service public continuent[295], quant à eux, de relever du régime de la jurisprudence *Nogent-sur-Marne* de novembre 2005 qui permet au concessionnaire de se faire rembourser l'intégralité *« des dépenses d'investissement (...) consenties »* au titre des biens de retour puisque le Conseil d'Etat les considère comme utiles dans leur globalité[296]. Il est heureux que les concessionnaires soient mieux protégés. Il apparaît, en effet, que ces derniers doivent faire face à des frais financiers très élevés afin, en particulier, d'ériger les ouvrages de la concession[297].

On peut alors préciser la définition de l'utilité amorcée plus haut, tout en réservant le cas particulier des biens de retour des concessions de service public (*cf. supra*). D'une part, la dépense globale de l'appauvri doit avoir entraîné un enrichissement, matériel ou financier, susceptible d'être constaté, à l'état brut, dans le patrimoine de l'enrichi. D'autre part, chaque élément de la dépense globale doit avoir contribué utilement à la réalisation de travaux, à la prestation de services ou à la livraison de fournitures. Il y a finalement comme une double utilité : tout d'abord, en amont

---

[293] CE Section, 10 avril 2008, *Société Jean-Claude Decaux et Département des Alpes-Maritimes*, *op. cit.*

[294] DACOSTA Bertrand, « Concl. sur CE Section, 10 avril 2008, *Société Jean-Claude Decaux et Département des Alpes-Maritimes*, req. n° 244950, 284439, 284607 », *op. cit.*, page 29.

[295] CAA Bordeaux, 1er avril 2008, *Société auxiliaire de parcs SA contre Commune de Brive*, *op. cit.* : *« Il en va différemment, en revanche, des frais financiers résultant de l'emprunt souscrit par la Société (...) d'un montant très supérieur aux investissements »*.

[296] CE, 16 novembre 2005, *Messieurs Auguste contre Commune de Nogent-sur-Marne*, *op. cit.*

[297] *« Les financements sont complexes et comportent de nombreux aspects : le financement lui-même, l'organisation du financement (études financières préalables, organisation d'une syndication en cas de pluralité de prêteurs, etc...) ou encore les modalités du financement, notamment par le recours aux instruments de couverture »* (GRANGE Claude, *op. cit.*, page 37).

s'agissant de la dépense globale et, ensuite, en aval pour chaque élément du coût.

Une ultime question, qui est aussi une autre hésitation jurisprudentielle, se pose en matière d'utilité. A quel moment le juge doit-il apprécier le caractère utile d'un bien ? En effet, certaines dépenses peuvent perdre de leur utilité dès lors que la collectivité modifie ou abandonne son projet.

Dans l'affaire du métro de Bordeaux, la communauté urbaine de ladite agglomération avait renoncé à la construction d'un métro pour lui préférer le tramway. La nullité du contrat ayant été constatée postérieurement, le juge se retrouvait, notamment, face à des dépenses intéressant le seul projet de métro. Mais ledit projet ayant été abandonné, on pouvait considérer que les dépenses spécifiques, non utilisables dans le cadre du projet de tramway par exemple, n'avaient pas enrichi la collectivité. Le tribunal administratif a suivi ce raisonnement. Il a jugé comme utiles les études de caractère général relatives aux transports en commun et à la circulation dans l'agglomération bordelaise. En revanche, les études et travaux préparatoires intéressant uniquement la réalisation du métropolitain ont été écartés du champ de l'indemnisation[298].

Précisons que si l'abandon avait trouvé sa source dans ces études et travaux, les dépenses y afférentes auraient alors été utiles[299]. Elles auraient, en effet, permis à l'Administration d'éviter de réaliser une mauvaise opération.

---

[298] L'utilité appréciée au jour du jugement, en fonction du maintien de son projet par la collectivité, est conforme à une jurisprudence constante de la théorie de l'enrichissement sans cause lorsque l'entrepreneur a réalisé des prestations *en l'absence de tout contrat signé* (*cf.* par exemple CE, 2 mai 1990, *SARL SOPPEC et SCI SIECBO*, req. n° 32844 – CAA Douai, 12 avril 2007, *SCP Gobled et Thibaux, op. cit.* : *« Il ne résulte pas de l'instruction que les dossiers de permis de construire déposés par le cabinet d'architectes pour le compte de la direction régionale des affaires maritimes de Haute-Normandie (…) aient été utiles dès lors qu'elle a décidé d'abandonner le projet de construction et ne l'a pas à ce jour repris, sans que cette décision procède des études menées par le cabinet d'architectes »*).

[299] TA Bordeaux, 10 juin 1999, *Société MB2, op. cit.*

Mais cela n'était pas le cas dans la présente affaire, ce qui amène le commissaire du gouvernement Didier Casas à justifier leur inutilité en ces termes :

> *« Les études préparatoires ainsi que les travaux d'ores et déjà réalisés ont pour unique vocation de rejoindre les placards déjà bien fournis des études et travaux qui ne serviront plus et qui sont devenus inutiles (...). Les travaux et services réalisés pour un projet abandonné n'ont pas enrichi le patrimoine de la collectivité »*[300].

Confirmant la décision des premiers juges, le Conseil d'Etat a précisé que l'utilité des dépenses pour l'Administration, c'est-à-dire l'enrichissement, est appréciée par le juge à la date à laquelle il statue, tandis que la consistance des dépenses utiles[301], c'est-à-dire l'appauvrissement, est évaluée au moment où elles ont été exécutées[302], voire *« à la date de la prise de possession de l'ouvrage par la collectivité qui l'a alors intégré dans son patrimoine »*[303].

La cour administrative d'appel de Versailles a suivi ce raisonnement dans un arrêt rendu en 2005 concernant la nullité d'une convention publique d'aménagement. Elle a établi que les études réalisées dans le cadre d'un projet abandonné de Zone d'aménagement concerté (ZAC) sont autant de dépenses dépourvues d'utilité pour la collectivité. Dès lors, elles ne sauraient être indemnisées au titre de l'enrichissement sans cause[304]. Notons que, dans cette affaire, sans que l'on puisse établir une quelconque intention de la commune en ce sens, celle-ci a pu tirer parti d'une résiliation unilatérale sans en payer les conséquences en termes de responsabilité contractuelle grâce aux conditions strictes de

---

[300] CASAS Didier, « Concl. sur CE, 24 novembre 2006, *Malmezat Prat*, req. n° 268129 », *BJCP*, n° 50, février 2007, page 51.

[301] La consistance des dépenses utiles correspond plus précisément à la réalité matérielle et financière desdites dépenses.

[302] CE, 24 novembre 2006, *Malmezat Prat*, req. n° 268129, *BJCP*, n° 50, février 2007, pages 49-55 (concl. Didier CASAS) ; *AJDA*, n° 42, 11 décembre 2006, page 2311 (note Marie-Christine DE MONTECLER) ; *DA*, n° 2, février 2007, comm. n° 22, page 27 ; *CMP*, n° 1, janvier 2007, comm. n° 9, pages 22-23 (note Willy ZIMMER).

[303] CAA Nancy, 12 mai 2005, *Commune d'Amnéville*, *op. cit.*

[304] CAA Versailles, 3 mars 2005, *Commune de Port-Marly*, *op. cit.*

l'enrichissement sans cause. En effet, sur un terrain contractuel, de telles dépenses auraient été indemnisées.

Notons, quand même, que la cour administrative d'appel de Marseille, par exemple, n'a pas suivi cette direction. Dans un arrêt rendu en 2004, *« la renonciation de la commune au projet »*, non imputable à l'ex-cocontractant, a semblé sans incidence sur l'utilité des dépenses. En conséquence, les *« frais de sondages réalisés sur l'emprise de l'ouvrage projeté »* ont été intégrés aux dépenses utiles de l'appauvri. Dès lors, comme leur réalité matérielle et financière (l'appauvrissement), l'utilité des dépenses (l'enrichissement) a été appréciée par le juge à la date où elles ont été réalisées. En pareille hypothèse, l'enrichissement sans cause tend à se rapprocher de la responsabilité contractuelle.

Ces contradictions autour de la notion d' « utilité » confirment les conclusions de Franck Moderne sur la question :

> *« Le pouvoir jurisprudentiel d'appréciation ne se laisse pas aisément appréhender. Il y a là un "standard" rebelle à la catégorisation »*[305].

Si l'on écarte les hésitations jurisprudentielles et le cas particulier des biens de retour des concessions de service public (*cf. supra*), on peut quand même finaliser la définition de la notion d' « utilité ». D'une part, la dépense globale de l'appauvri doit avoir entraîné un enrichissement, matériel ou financier, susceptible d'être constaté, à l'état brut, dans le patrimoine de l'enrichi. D'autre part, chaque élément de la dépense globale doit avoir contribué utilement à la réalisation de travaux, à la prestation de services ou à la livraison de fournitures. Par ailleurs, le juge apprécie l'utilité au jour où il statue sur le litige qui lui est soumis.

* * *

Appréciée souverainement par les juges du fond, l'évaluation du montant des dépenses utiles n'est susceptible d'être remise en cause par le juge de cassation qu'en cas de dénaturation[306],

---

[305] MODERNE Franck, *Les quasi-contrats administratifs*, *op. cit.*, pages 44-45.
[306] CE, 12 décembre 2003, *Société financière de la Porte Maillot (SOFIM)*, req. n° 242649.

par exemple au cas où une des prestations n'avait pas reçu l'assentiment de la collectivité publique[307].

Ainsi, l'enrichissement sans cause n'a vocation à indemniser l'ensemble des charges de l'ex-cocontractant que dans la mesure où elles ne se justifient par aucun titre juridique, qu'elles ont été assenties par son débiteur et ont enrichi ce dernier. En effet, certaines dépenses de l'appauvri peuvent être filtrées, qu'il s'agisse, soit des dépenses considérées comme « non utiles », soit des bénéfices. Toutes choses égales par ailleurs, dans une telle situation, et dans le cas où ce serait l'Administration qui aurait, *par sa faute*, contribué à la nullité du contrat, l'honnête ex-cocontractant se retrouverait dans une situation injuste.

C'est ce qui explique qu'il puisse opposer cette faute à l'Administration afin de récupérer une indemnité supplémentaire couvrant, le cas échéant, les dépenses qualifiées de « non utiles » au titre de l'enrichissement sans cause, ainsi que les bénéfices escomptés.

---

[307] CE, 21 mars 2007, *Commune de Boulogne-Billancourt*, *op. cit.*

Chapitre 2

La responsabilité quasi-délictuelle

L'agent économique rationnel qui signe un contrat avec l'Administration cherche, avant tout, à engranger une plus-value. Or, quand le contrat est nul, bien souvent aux torts de l'Administration, l'ex-cocontractant se retrouve, malgré lui, privé d'un tel revenu. D'ailleurs, s'il a pu être indemnisé de ses dépenses utiles, on a pu constater qu'elles ne couvrent pas nécessairement l'ensemble de ses charges ni, en tout état de cause, les bénéfices escomptés. Afin de combler ce déficit, l'ex-cocontractant peut encore, en complément de la théorie de l'enrichissement sans cause, invoquer la responsabilité quasi-délictuelle de l'Administration. La seconde branche du considérant de principe posé en 1974 par le Conseil d'Etat énonce ainsi :

> *« Dans le cas où la nullité du contrat résulte (...) d'une faute de l'Administration, l'entrepreneur peut en outre prétendre à la réparation du dommage imputable à cette faute »*[308].

Pour que la responsabilité quasi-délictuelle soit mise en cause, un lien de causalité est requis entre l'acte commis par l'Administration et le dommage subi par l'ex-cocontractant. Ainsi, une faute de service doit affecter la validité du contrat (paragraphe 1). L'Administration est alors responsable d'avoir laissé croire à la personne privée qu'elle était *« valablement sa contractante »*[309]. En conséquence, l'ex-cocontractant peut demander réparation du préjudice subi (paragraphe 2).

---

[308] CE, 19 avril 1974, *Ministre de l'équipement et du logement contre Société Entreprise Louis Segrette*, *op. cit.*

[309] CAA Marseille, 30 mars 2004, *SA Carlson Wagonlit Travel contre Collectivité territoriale de Corse*, *op. cit.*

Section 1

L'existence d'une faute de service

Dans sa thèse de 1973 relative à l'enrichissement sans cause, traitant des irrégularités entachant certains contrats, Gabriel Bayle tentait de les justifier en expliquant qu' *« Il est certain que les agents de l'Administration sont beaucoup plus préoccupés de réaliser un marché que de le passer dans les règles »*[310]. Or, la *« faute de service »*[311] est *« automatiquement constituée par l'illégalité »* comme le résume Gilles J. Guglielmi[312].

La faute engageant la responsabilité de la personne publique peut consister en toute méconnaissance d'une loi ou d'un règlement *« précis[] »*[313] en vigueur au moment de la signature du contrat[314].

---

[310] BAYLE Gabriel, *op. cit.*, page 200.

[311] 1/ On ne trouve pas l'expression dans toutes les décisions. Pour un exemple de décision en faisant l'usage, *cf.* CE Section, 9 décembre 1949, *Sieur Chami*, req. n° 88442, *Rec.*, page 542.
2/ La faute de service devient une faute personnelle, entraînant la seule responsabilité de l'agent qui l'a commise, s'il apparaît que celui-ci n' *« aurait été animé que d'une préoccupation d'ordre privé ». Cf.* par exemple TA Grenoble, 22 octobre 2004, *Société Chila*, req. n° 0302307, *BJCP*, n° 39, mars 2005, pages 129-133 (concl. Paul JOURNE) – TA Grenoble, 22 octobre 2004, *Commune de Montgirod-Centron*, req. n° 0302203.

[312] GUGLIELMI Gilles J., *op. cit.*, page 1050.

[313] CAA Douai, 20 mai 2008, *Société AMG Ingénierie contre Caisse des dépôts et consignations, op. cit.* : *« Si la Société AMG Ingénierie soutient que la Caisse des dépôts et consignations a commis une faute "en donnant des assurances ou en prenant des engagements illégaux", elle n'apporte pas de précisions suffisantes permettant d'apprécier le bien-fondé de ce moyen qui, par suite, ne peut qu'être écarté »*.

[314] 1/ Clause subordonnant la validité du contrat à l'avis ultérieur d'un organisme consultatif : CE Section, 9 décembre 1949, *Sieur Chami, op. cit.*
2/ Clause prévoyant une rémunération du cocontractant contraire à la réglementation en vigueur : CE, 18 juin 1952, *Sieur Ali Tur*, req. n° 69104, *RDP*, n° 1, janvier-mars 1953, pages 195-196 (note Jean-Marie AUBY) – CE, 13 juillet 1968, *Sieur Stoskopf*, req. n° 70932, *Rec.*, page 460.
3/ *Cf.* également CE Section, 13 octobre 1972, *Crédit du Nord contre OPHLM du Calvados, op. cit.*

Au surplus, on distingue généralement trois catégories de fautes susceptibles d'entraîner la nullité du contrat puis d'engager la responsabilité de l'Administration[315]. Le contrat peut avoir été signé à l'issue d'une procédure de passation irrégulière (paragraphe 1) ou par une autorité incompétente (paragraphe 2). Comme l'explique Jean-François Lafaix :

> *« Une succession d'actes administratifs conduit à la sélection du cocontractant et à l'expression du consentement de la personne publique. Les risques d'irrégularité sont alors plus nombreux et les illégalités avérées constituent autant de fautes engageant la responsabilité de l'Administration »*[316].

Par ailleurs, de manière plus marginale, la collectivité publique peut avoir passé un contrat dans une matière où elle ne peut pas contracter (paragraphe 3).

Paragraphe 1 - **La méconnaissance des règles de passation du contrat**

L'Administration est très souvent comptable d'avoir ignoré les règles nationales et, le cas échéant, européennes[317], régissant les procédures de passation des contrats administratifs, qu'il s'agisse de marchés publics[318], de délégations de service

---

[315] On peut préciser, au passage, qu'en matière de responsabilité pour faute, le juge de cassation contrôle si les premiers juges ont exactement qualifié le comportement de la puissance publique en l'estimant constitutif d'une faute de nature à engager sa responsabilité (CE Section, 18 mars 1994, *Caisse nationale d'assurance maladie des travailleurs salariés contre Monsieur Cohen*, req. n° 107231, *Rec.*, page 149).

[316] LAFAIX Jean-François, *op. cit.*, page 31.

[317] CE, 22 février 2008, *Monsieur Tête*, *op. cit.*

[318] 1/ CE, 15 juillet 1959, *Sieur Vauzelle*, *op. cit.* : est nul le contrat de marché public de travaux passé sans procédure d'adjudication préalable *« contrairement aux dispositions de l'ordonnance du 2 novembre 1945 »* applicables à l'espèce.
2/ TA Nice, 13 juin 2003, *Société SEMUP contre Ville de Draguignan*, *op. cit.* : passation de différents contrats de marché public au fur et à mesure des besoins de la collectivité sans mise en concurrence préalable.

public[319], de conventions publiques d'aménagement[320] ou encore de contrats de mobilier urbain[321].

D'une manière générale, la collectivité publique peut avoir porté atteinte au *« libre jeu de la concurrence »* et, notamment, au *« principe d'égalité des candidats »*.

Il en est ainsi lorsque la personne publique a organisé une réunion d'information pour quelques concurrents alors que la procédure obligatoire de consultation n'était pas terminée et que des dossiers de candidature pour l'obtention d'un marché public continuaient d'être déposés auprès de son secrétariat[322].

Par ailleurs, la collectivité peut avoir commis une faute en choisissant une procédure de passation ignorant les prescriptions inscrites au sacro-saint Code des marchés publics[323].

Ainsi, le marché pouvait ne pas répondre aux conditions mentionnées au Code afin d'être dispensé d'une mise en concurrence préalable[324]. La mise en place d'une procédure négociée, par exemple, est soumise à des conditions très strictes

---

[319] CAA Marseille, 30 juillet 2007, *Commune de Menton*, *op. cit.* : *« Absence d'envoi à l'Office de publications officielles des communautés européennes de l'avis pour publication de passation de la concession d'ouvrage »* portant sur la réalisation et l'exploitation d'une station d'épuration.

[320] CAA Bordeaux, 9 novembre 2004, *Sodegis*, req. n° 01BX00381, *AJDA*, 7 février 2005, pages 257-260 (note Jean-David DREYFUS) ; *JCP (A)*, n° 6-7, 7-14 février 2005, comm. n° 1070, pages 362-368 (note Claude DEVES) ; *RDI*, n° 2, mars-avril 2005, pages 119-123 (note Jean-David DREYFUS) ; *RDI*, n° 2, mars-avril 2005, pages 150-153 (obs. Pierre SOLER-COUTEAUX).

[321] 1/ CAA Douai, 28 novembre 2006, *Société Jean-Claude Decaux*, req. n° 04DA00766 : en l'espèce, le tribunal administratif avait jugé que le contrat de mobilier urbain litigieux était un marché public dans la mesure où la renonciation de la collectivité à percevoir les redevances d'occupation du domaine public au profit du cocontractant confère au contrat un caractère onéreux. Dès lors, le contrat en question est entaché de nullité faute d'avoir été précédé des formalités de mise en concurrence prévues par le Code des marchés publics.
2/ CE Section, 10 avril 2008, *Société Jean-Claude Decaux et Département des Alpes-Maritimes*, *op. cit.* : recours irrégulier à une procédure de passation négociée sans mise en concurrence préalable.

[322] CAA Marseille, 4 décembre 2006, *SAS Onet*, *op. cit.*

[323] CAA Bordeaux, 9 novembre 2004, *Sodegis*, *op. cit.*

[324] CAA Paris, 13 mars 2007, *Société Automobiles Citroën*, *op. cit.* – CAA Paris, 13 mars 2007, *Société Automobiles Peugeot*, *op. cit.*

dont la méconnaissance entraîne la nullité[325]. Suivant cette idée, l'absence de mise en concurrence de seize contrats confiant une même opération à une seule entreprise[326] a été sanctionnée car leur montant global était supérieur aux plafonds indiqués par le Code[327].

La collectivité peut même s'être complètement écartée du Code. Elle peut avoir conclu une convention en suivant la procédure propre aux délégations de service public alors que le contrat en question était un marché public soumis aux règles plus contraignantes du Code des marchés publics[328].

Au demeurant, la procédure, dont la mise en œuvre est pourtant compatible avec les dispositions du Code des marchés publics, peut ne pas avoir été régulière en raison de la négligence d'autres prescriptions dudit Code.

---

[325] CE, 23 mai 1979, *Commune de Fontenay-le-Fleury*, req. n° 00063, *Rec.*, page 226 : le montant des prestations impliquait une procédure formalisée de passation et non une procédure de gré à gré – CAA Paris, 20 avril 2005, *Commune de Boulogne-Billancourt contre Société Mayday sécurité*, *op. cit.* – CAA Versailles, 5 juillet 2005, *Commune de Ris-Orangis contre Société Bureau d'études techniques Berim*, req. n° 03VE04447, *CMP*, n° 1, janvier 2006, comm. n° 14, pages 17-18 (obs. François LLORENS) – CAA Paris, 3 avril 2007, *Commune d'Alès contre Société Charbonnage de France Energie*, *op. cit.* : d'une part, le montant prévisible du contrat excédait le seuil des commandes hors marchés fixé au Code des marchés publics. D'autre part, l'entreprise cocontractante n'était pas la seule à pouvoir approvisionner la collectivité contrairement à la condition requise par le Code des marchés publics afin de pouvoir mettre en œuvre une procédure négociée sans mise en concurrence préalable – CAA Lyon, 9 avril 2009, *Commune d'Aix-les-Bains*, *op. cit.*

[326] En l'espèce, il s'agit de prestations de service relatives au chauffage, à la plomberie et aux traitements de l'eau et de l'air, exécutées dans différents endroits et sur diverses installations.

[327] 1/ TA Nice, 12 novembre 2004, *SARL Société niçoise d'étude et d'entretien contre Commune de Cap-d'Ail*, *op. cit.*
2/ *Cf.* également CAA Marseille, 30 mars 2004, *SA Carlson Wagonlit Travel contre Collectivité territoriale de Corse*, *op. cit.* : l'Administration avait la charge de *« s'assurer du respect des plafonds fixés en matière de commande publique »*.

[328] CAA Versailles, 14 septembre 2006, *Société Avenance Enseignement et Santé*, req. n° 04VE03566, *CMP*, n° 11, novembre 2006, pages 16-18 (note Gabriel ECKERT).

Il en est ainsi du recours à une procédure d'appel d'offres avec concours[329] sans que l'assemblée délibérante ait adopté une délibération contenant les motifs justifiant qu'il y soit recouru[330]. Dans l'affaire concernant la construction avortée d'un métro à Bordeaux, la collectivité avait, quant à elle, signé un marché public dont le commencement d'exécution était antérieur à sa notification contrairement aux dispositions de l'article 250 du Code des marchés publics dans sa version alors en vigueur[331].

Dans ces trois situations, la méconnaissance des règles de passation entraîne la responsabilité quasi-délictuelle de l'Administration. Par ailleurs, même au cas où aucune faute n'aurait été commise au cours de la procédure de passation, le signataire du contrat pouvait ne pas être compétent pour engager la collectivité.

Paragraphe 2 - **L'incompétence du signataire**

La nullité peut également résulter de l'incompétence du signataire de la convention, ce qui constitue une faute de service qui engage encore la responsabilité quasi-délictuelle de la collectivité toute entière[332].

En premier lieu, l'agent ayant signé le contrat peut avoir méconnu sa propre compétence s'il n'avait aucune qualité pour engager l'Administration[333].

---

[329] Procédure de passation dérogatoire au droit commun des marchés publics.
[330] CE, 26 mars 2008, *Société Spie Batignolles*, *op. cit.*
[331] TA Bordeaux, 10 juin 1999, *Société MB2*, *op. cit.*
[332] CAA Paris, 25 juillet 1996, *SARL Entreprise générale de la construction métallique*, *op. cit.* – CAA Nancy, 12 mai 2005, *Commune d'Amnéville*, *op. cit.*
[333] CE, 14 juin 1961, *Société European Metal Trading*, req. n° 47965, *RDP*, n° 6, novembre-décembre 1961, page 1289 : « *Le contrat susvisé a été signé, au nom de l'Etat, pour le directeur des relations économiques extérieures, par un ingénieur des mines, chargé de mission au Secrétariat d'Etat aux Affaires économiques ; l'intervention de ce fonctionnaire incompétent a constitué (...) une faute de service* » – CE, 21 octobre 1949, *Ministre du travail contre Entreprise Berp*, req. n° 78654, *Rec.*, page 432 – CE, 19 avril 1974, *Ministre de l'équipement et du logement contre Société Entreprise Louis Segrette*, *op. cit.*

Mais l'agent, en principe sans qualité pour signer un contrat, peut avoir reçu un titre de compétence l'y habilitant ponctuellement. Cependant, toute délégation de signature doit être régulière, à peine d'incompétence du délégataire et d'illégalité des décisions de celui-ci. Outre la nécessaire *publication* de l'acte de délégation, la régularité est fonction de trois autres conditions[334].

La deuxième condition de régularité tient en ce que le principe de la délégation doit avoir été *autorisé* par un texte législatif ou règlementaire[335]. A titre d'illustration, le Code général des collectivités territoriales prévoit, dans son article L. 2122-18, des délégations du Maire en faveur *« d'un ou plusieurs de ses adjoints »*.

Une troisième condition requiert que la délégation de signature soit *expresse* en ce qui concerne l'existence de la délégation et *précise* sur l'identité du délégataire[336].

La dernière condition suppose que l'*étendue* des fonctions déléguées soit *limitée*[337]. Ainsi, d'un côté, une *« délégation générale »* d'un Maire en faveur de son premier adjoint n'est pas légale, tandis que le contrat signé par ledit adjoint incompétent est nul[338]. D'un autre côté, lorsque l'autorité qui a reçu délégation de signature a dépassé les limites de l'habilitation accordée, l'acte du délégataire est irrégulier. A titre d'illustration, s'agissant de l'agent subordonné au Président de la Régie autonome des transports parisiens (RATP) qui avait reçu délégation de signature en matière contractuelle à hauteur maximale de cinq millions de francs, le marché signé dont le montant dépasse ce plafond est nul[339].

En deuxième lieu, la signature d'un contrat par le représentant d'une collectivité nécessite généralement un acte d'autorisation de son assemblée délibérante. Cette disposition concerne, en

---

[334] *Cf.* CHAPUS René, *Droit administratif général*, *op. cit.*, pages 1100-1105.

[335] CE, 17 juin 1955, *Sieur Adjemian*, req. n° 79857, *Rec.*, page 334.

[336] CHAPUS René, *Droit administratif général*, *op. cit.*, page 1101.

[337] CE, 1er février 1989, *Commune de Grasse*, req. n° 82231, *RFDA*, n° 2, mars-avril 1989, page 377.

[338] CE, 16 novembre 2005, *Messieurs Auguste contre Commune de Nogent-sur-Marne*, *op. cit.*

[339] CAA Paris, 31 janvier 2006, *Société Girod Père et Fils SA*, *op. cit.*

particulier, les communes, les départements et les régions[340], ainsi que les établissements publics[341].

En l'absence d'une telle délibération, la personne qui engage la collectivité est réputée ne pas y avoir été habilitée[342]. La jurisprudence en a fourni une illustration à propos d'un acte d'acceptation d'une cession de créance signé par le Maire d'une commune sans délibération préalable de son conseil municipal[343].

En dernier lieu, pour que la délibération de l'assemblée soit exécutoire et que le signataire acquiert bien la compétence pour ratifier le contrat, cet acte d'autorisation doit être *préalablement* transmis en préfecture ou sous-préfecture[344].

Si la délibération n'a pas été transmise *avant* signature, le contrat est entaché d'une irrégularité[345]. Quant à la transmission *postérieure* à la date de signature, puisqu'elle ne régularise pas l'omission[346], le contrat signé prématurément continue d'encourir

---

[340] Articles L. 2122-21-1, L. 3221-11-1 et L. 4231-8-1 du Code général des collectivités territoriales.

[341] CAA Lyon, 26 avril 1999, *SIVOM du Tricastin contre Préfet de la Drôme*, *op. cit.*

[342] 1/ S'agissant de l'absence de délibération du conseil municipal : CAA Paris, 13 février 2003, *Challier contre Commune de Savigny-sur-Orge*, *op. cit.* – TA Limoges, 4 mars 2004, *Association pour la Promotion de la Céramique Contemporaine contre Commune de Châteauroux*, req. n° 0100903 – CAA Lyon, 5 février 2009, *Commune de Vernoux-en-Vivarais*, req. n° 06LY00637.
2/ S'agissant de l'absence de délibération du conseil général : TA Poitiers, 11 janvier 2007, *SAS Atlantel contre Département de la Charente*, *op. cit.*
3/ S'agissant de l'absence de délibération du conseil syndical : CAA Bordeaux, 12 mai 2009, *Syndicat mixte à la carte du Haut-Val-de-Sèvre et Sud-Gatine*, req. n° 08BX00786.

[343] CE, 25 juin 2003, *Caisse centrale de crédit mutuel du Nord de la France*, *op. cit.*

[344] Article L. 2131-1 du Code général des collectivités territoriales.

[345] CAA Versailles, 5 juillet 2005, *Commune de Ris-Orangis contre Société Bureau d'études techniques Berim*, *op. cit.*

[346] CE Section, avis, 10 juin 1996, *Préfet de la Côte-d'Or*, req. n° 176873, *Rec.*, page 198.

la nullité[347]. Cette règle étant applicable, notamment, aux établissements publics de coopération intercommunale[348], un Syndicat intercommunal à vocation multiple (SIVOM) est également tenu à l'obligation de transmission préalable de la délibération de son comité directeur autorisant la signature d'un contrat par son Président[349].

Les irrégularités résultant de la procédure de passation ou de la compétence, qui viennent d'être étudiées, ne concernent pas le contenu matériel du contrat. Une dernière catégorie de faute va concerner la matière contractuelle.

Paragraphe 3 - **L'interdiction de contracter**

La faute de service peut aussi résulter du recours au contrat par la personne publique dans une matière où elle ne peut pas se dessaisir de ses prérogatives.

Ces matières concernent les activités régaliennes *naturelles* de l'Etat. On pense alors au recouvrement des impositions, à la tenue de l'état civil, à l'organisation des élections, aux missions de défense, voire encore aux activités de police. La signature d'un contrat portant délégation de ces missions constitue une faute de service de l'Administration.

L'exemple le plus récurent est la délégation par l'Administration à une entreprise privée de ses pouvoirs de

---

347 CAA Lyon, 23 avril 1998, *SA ERPA contre Commune de Bitry*, *op. cit.* – CE Section, 20 octobre 2000, *Société Citécable Est*, *op. cit.* – CAA Marseille, 4 mai 2004, *Commune des Baux-de-Provence*, req. n° 99MA01331, *CMP*, n° 7, juillet 2004, comm. n° 143, page 27 (note François LLORENS) – CAA Versailles, 3 mars 2005, *Commune de Port-Marly*, *op. cit.* – CAA Versailles, 13 juin 2006, *Commune de Sannois*, req. n° 04VE02101, *AJDA*, n° 25, 10 juillet 2006, page 1359 (note Marie-Christine DE MONTECLER) ; *AJDA*, n° 30, 18 septembre 2006, pages 1674-1677 (note Jean-David DREYFUS) ; *LPA*, n° 199, 5 octobre 2006, pages 11-15 (note Muriel DREIFUSS) – CAA Versailles, 6 février 2007, *Société de HLM « La Lutèce »*, req. n° 04VE00844 – CAA Lyon, 9 avril 2009, *Commune de Grancey-sur-Ource*, req. n° 06LY02188.

348 Article L. 5211-3 du Code général des collectivités territoriales.

349 CAA Lyon, 26 avril 1999, *SIVOM du Tricastin contre Préfet de la Drôme*, *op. cit.*

police[350] tels que la police du stationnement payant sur la voirie[351]. Un tel contrat est nul puisque l'exercice des pouvoirs de police est considéré *« par nature »* comme devant être confié aux seuls agents administratifs placés sous l'autorité directe du Maire en vertu des pouvoirs qu'il tient de l'article L. 2213-4 du Code général des collectivités territoriales[352].

* * *

La faute de l'Administration ayant contractée dans une matière où elle ne pouvait pas, au même titre que les deux catégories précédentes, permet à l'ex-cocontractant de fonder son droit à une indemnité en complément du remboursement de ses dépenses utiles.

Section 2

L'indemnisation du préjudice

La responsabilité extra-contractuelle *pour faute* de l'Administration est engagée envers son ex-cocontractant en raison de *« l'illégalité ainsi commise, qui a pour conséquence d'entraîner la nullité de la convention (...) et l'impossibilité pour la société requérante de se prévaloir de ses clauses contractuelles »*[353].

Et, contrairement à la théorie de l'enrichissement sans cause, l'indemnité quasi-délictuelle repose sur le seul appauvrissement de

[350] Pour une étude intéressante sur la question, dont les interférences croissantes qui peuvent exister entre police administrative et contrat, *cf.* PETIT Jacques, « Contrats et police administrative : autonomie ou interférence », *CP-ACCP*, n° 63, février 2007, pages 20-24.

[351] *Cf.* CE Assemblée, 17 juin 1932, *Ville de Castelnaudary*, *op. cit.* – CE, 1er avril 1994, *Commune de Menton*, *op. cit.* – CE, 29 décembre 1997, *Commune d'Ostricourt*, *op. cit.*

[352] CAA Marseille, 26 juin 2003, *Compagnie générale de stationnement contre Ville de Toulon*, *op. cit.* – TA Limoges, 16 décembre 2004, *Société auxiliaire de parcs SA contre Commune de Brive*, *op. cit.*

[353] CAA Paris, 27 novembre 2001, *Société financière de la Porte Maillot (SOFIM)*, req. n° 98PA00709.

l'ex-cocontractant, sans égard à l'enrichissement du débiteur. D'ailleurs, l'appauvrissement est entendu dans un sens plus large par rapport à la théorie de l'enrichissement sans cause. En effet, l'ex-cocontractant peut maintenant revendiquer la rémunération dont il a été privé *« du fait de cette faute »*[354], c'est-à-dire tout appauvrissement virtuel qui n'implique pas nécessairement une dépense antérieure.

Ainsi, le préjudice indemnisable couvre aussi bien les gains manqués (paragraphe 1) que les dépenses déclarées « non utiles » au titre de l'enrichissement sans cause (paragraphe 2).

Paragraphe 1 - **Les gains manqués**

La jurisprudence connaît différentes expressions pour désigner le *lucrum cessans* indemnisable. Elle parle indifféremment – ce qui n'est pas sans créer une certaine confusion – de la *« perte des bénéfices escomptés »*[355], de *« gains manqués »*[356] ou de *« manque à gagner »*[357] en raison de l'annulation du contrat.

Peu importe la qualification, l'indemnité quasi-délictuelle revient, dans la plupart des cas, à octroyer au prestataire la perte des profits non réalisés à cause de l'annulation du contrat ou, autrement dit, à restituer au créancier le montant de son appauvrissement virtuel sans égard à l'enrichissement du débiteur. En somme, il s'agit du bénéfice qui n'a pas été indemnisé au titre de l'enrichissement sans cause et même, mieux encore, le cas échéant, du bénéfice *« à encaisser jusqu'au terme contractuel initialement convenu »*[358].

Une *« perte de gains »* ne saurait donc être confondue avec *« une perte de chiffre d'affaires »*. Couramment, le chiffre

---

[354] CAA Marseille, 15 juin 2004, *SIVOM de la région du Pic de Saint-Loup*, req. n° 00MA01500.

[355] CAA Versailles, 13 juin 2006, *Commune de Sannois*, *op. cit.*

[356] TA Limoges, 16 décembre 2004, *Société auxiliaire de parcs SA contre Commune de Brive*, *op. cit.*

[357] CAA Douai, 28 novembre 2006, *Société Jean-Claude Decaux*, *op. cit.*

[358] TA Nice, 12 novembre 2004, *SARL Société niçoise d'étude et d'entretien contre Commune de Cap-d'Ail*, *op. cit.*

d'affaires correspond à l'ensemble des facturations de biens et de services émis par l'entrepreneur au cours d'un exercice comptable. Ainsi, une telle perte englobe, potentiellement, le préjudice subi par la non-réalisation d'autres opérations telles que l'obtention d'autres marchés. Or, c'est par rapport à la faute ayant conduit à la nullité du contrat qu'est déterminé le champ de l'indemnisation[359].

En effet, le juge administratif requiert, comme à son habitude en matière de responsabilité extra-contractuelle, que le préjudice subi personnellement par l'ex-cocontractant soit à la fois direct et certain. *Direct*, le juge examine donc si la perte est en rapport avec la faute ayant mené à l'annulation de la convention, ce qui n'est pas exactement le cas d'une perte de chiffre d'affaires. *Certain*, le juge s'assure que la perte ne soit pas une simple éventualité, mais qu'elle s'est effectivement produite.

Ainsi, au cas où un nouveau contrat, qui portait sur le même objet, a été signé par les mêmes parties, l'exploitation du service n'ayant pas été *« interrompue »*, la perte de bénéfice *« n'est pas établie »* et ne saurait être invoquée[360].

Quant au contrat dans lequel aucun minimum ou maximum de prestations n'avait été arrêté par les parties, en valeur ou en quantité, il ne confère aucun droit à indemnisation des bénéfices escomptés. Cette hypothèse a été confirmée dans deux affaires jugées par la cour administrative d'appel de Paris. En l'espèce, l'Union des groupements d'achats publics (UGAP) avait signé deux contrats avec deux « géants » français de l'automobile. Le grossiste de l'Administration ne connaissant pas précisément les besoins des personnes publiques – ses clientes – en matière de véhicules[361], avait été signé un marché à bons de commande pour une durée de trois ans avec chaque constructeur automobile. Ce type de contrat offre l'avantage, à la suite d'une seule procédure de mise en concurrence, de créer un cadre contractuel souple lorsque le rythme ou l'étendue des besoins de l'Administration ne

---

[359] TA Nice, 12 novembre 2004, *SARL Société niçoise d'étude et d'entretien contre Commune de Cap-d'Ail*, *op. cit.*
[360] CAA Marseille, 30 juillet 2007, *Commune de Menton*, *op. cit.*
[361] Par exemple, en l'espèce, des *« fourgons blindés »*.

sont pas précisément connus. Ainsi, l'UGAP pouvait, par la suite, établir des bons de commande en fonction de ses besoins sans recourir à de nouvelles procédures de mise en concurrence. Toutefois, le cadre était d'autant plus souple qu'aucun minimum ou maximum de prestations n'avait été fixé en valeur ou en quantité. Et, surtout, les contrats avaient été conclus sans mise en concurrence initiale. Les conventions étant irrégulières, l'UGAP décide d'y mettre fin. Le juge constate effectivement leur nullité. Chaque constructeur automobile réclame alors une indemnité de plus de dix millions d'euros au titre des bénéfices manqués en raison de la nullité. Toutefois, il a été jugé que les cocontractants connaissaient l'absence de valeur et de quantité minimales ou maximales en signant lesdits marchés. Ainsi, aucune garantie d'exécution ne leur ayant été donnée, l'UGAP ne s'était pas engagée à passer des commandes. En conséquence de cette indétermination, les intéressés, qui ne pouvaient *« raisonnablement escompter des bénéfices si les contrats avaient continué à s'exécuter jusqu'à leur terme »*, ne pouvaient pas non plus invoquer un quelconque *« manque à gagner »*[362].

Par ailleurs, outre le bénéfice manqué, l'indemnité semble pouvoir inclure tout autre *« préjudice commercial »*, tel que la dépréciation de la valeur vénale du fonds de commerce du fait de la perte du marché. Toute chose égale par ailleurs (*cf. infra*, deuxième partie, chapitre 2), il est alors nécessaire que le fonds de commerce ait été cédé *« pendant la période »*, c'est-à-dire entre la déclaration de nullité et le jour où le juge statue sur les conséquences de cette annulation. A défaut, le préjudice n'est que *« purement éventuel »*[363].

En complément des gains manqués, l'ex-cocontractant peut prétendre au remboursement des dépenses qualifiées de « non utiles » au titre de l'enrichissement sans cause.

---

[362] CAA Paris, 13 mars 2007, *Société Automobiles Citroën*, *op. cit.* – CAA Paris, 13 mars 2007, *Société Automobiles Peugeot*, *op. cit.*

[363] TA Nice, 12 novembre 2004, *SARL Société niçoise d'étude et d'entretien contre Commune de Cap-d'Ail*, *op. cit.*

Paragraphe 2 - **Les dépenses qualifiées de « non utiles » au titre de l'enrichissement sans cause**

Puisque la responsabilité extra-contractuelle *pour faute* ne requiert aucun enrichissement du débiteur, les dépenses non remboursées au titre de l'enrichissement sans cause en raison de leur inutilité peuvent être intégrées au champ de l'indemnité quasi-délictuelle.

Avant d'illustrer plus précisément la consistance des dépenses non utiles, il faut souligner que ce *damnum emergens* n'a pas toujours été agréé par la jurisprudence.

La cour administrative d'appel de Marseille a fait preuve d'une telle rigidité dans un arrêt relatif à une concession d'ouvrage. Dans son jugement, les *« frais de structure »* qui n'avaient pas été considérés comme utiles au titre de l'enrichissement sans cause n'ont pas été indemnisés au titre de la responsabilité quasi-délictuelle puisqu'ils ne correspondaient pas à une *« perte de bénéfice »*[364]. Une telle solution venait contredire d'autres arrêts rendus par la même chambre de la cour qui semblait exclure implicitement une telle limitation aux seuls gains manqués[365].

Dans sa décision *Spie Batignolles*, rendue en mars 2008, le Conseil d'Etat a rappelé le bon raisonnement à tenir. Comme l'a expliqué son commissaire du gouvernement, il faut exclure toute *« présentation trop schématique »* laissant entendre qu'il y aurait *« d'un côté, les dépenses utiles, saisies sous l'angle quasi-contractuel et, de l'autre, le seul bénéfice escompté, saisi sous l'angle quasi-délictuel »*[366]. Ainsi, au titre de la responsabilité quasi-délictuelle, l'ex-cocontractant peut demander le paiement des dépenses qui n'ont pas été considérées comme utiles au titre de l'enrichissement sans cause mais qui ont pourtant été réalisées dans le cadre de l'exécution du contrat :

---

[364] CAA Marseille, 30 juillet 2007, *Commune de Menton*, *op. cit.*

[365] CAA Marseille, 6 avril 2007, *OPAC Habitat Marseille Provence contre Société Theg*, *op. cit.*

[366] DACOSTA Bertrand, « Concl. sur CE, 26 mars 2008, *Société Spie Batignolles*, req. n° 270772 », *op. cit.*, page 5.

> *« Le cocontractant de l'Administration dont le contrat est entaché de nullité peut prétendre (...) au remboursement de celles de ses* ***dépenses qui ont été utiles à la collectivité envers laquelle il s'était engagé*** *; (...) dans le cas où la nullité du contrat résulte d'une faute de l'Administration, (...) il peut demander le paiement des sommes correspondant aux* ***autres dépenses exposées par lui pour l'exécution du contrat*** *et aux gains dont il a été effectivement privé par sa nullité,* ***notamment*** *le bénéfice auquel il pouvait prétendre »*[367].

Ces autres dépenses peuvent donc n'avoir apporté aucun enrichissement au débiteur. La condition de l'utilité, propre à l'enrichissement sans cause, saute sous l'empire de la responsabilité quasi-délictuelle.

Ainsi, la créance, dont la cession n'a eu aucune utilité pour l'Administration, redevient indemnisable à titre quasi-délictuel en raison de la faute de service rendant irrégulier l'acte d'acceptation. La seule réserve étant que, *« le cessionnaire ne pouvant avoir plus de droits que l'entreprise cédante »*, la créance due se limite aux prestations effectivement réalisées par cette dernière[368]. Mais il peut tout à fait y avoir eu prestation sans exécution d'aucun service, par exemple lorsque l'ex-cocontractant a immobilisé du personnel en faveur de l'Administration[369].

Dans l'affaire *Spie Batignolles*, redeviennent indemnisables les *« surcoûts engendrés »* par l'allongement de la durée du chantier imputable au maître d'ouvrage et même, soulignons-le au passage, les *« intérêts moratoires contractuels »* dus sur les prestations[370].

Suivant la même idée, l'indemnité de résiliation unilatérale versée par l'ex-cocontractant à son sous-traitant semble également remboursable lorsque cette résiliation avait été demandée par l'Administration[371].

Quant aux études qui ne sont pas utiles sous l'angle de l'enrichissement sans cause, car réalisées dans le cadre d'un projet abandonné par la collectivité, elles réintègrent également le champ indemnitaire[372]. Dans l'affaire du métro bordelais, cela se traduit

---

[367] CE, 26 mars 2008, *Société Spie Batignolles*, *op. cit.*

[368] LE CHATELLIER Gilles, *op. cit.*, page 9.

[369] CAA Marseille, 4 décembre 2006, *SAS Onet*, *op. cit.*

[370] CE, 26 mars 2008, *Société Spie Batignolles*, *op. cit.*

[371] CAA Marseille, 26 juin 2003, *Compagnie générale de stationnement contre Ville de Toulon*, *op. cit.*

[372] CAA Versailles, 3 mars 2005, *Commune de Port-Marly*, *op. cit.*

par la réhabilitation des études et travaux préparatoires[373]. En substance, ces prestations correspondaient à de l'assistance marché, de l'ingénierie, une mission d'assistance sur la sécurité, une analyse de risques, des études techniques, un contrôle technique, des études sur la billettique, des frais de fonctionnement et, enfin, un contrat d'assurances.

Toutefois, ces prestations non utiles doivent être liées à l'exécution du contrat. Autrement dit, elles nécessitent quand même, d'une manière ou d'une autre, l'assentiment de l'Administration selon des formes identiques à celles de la théorie de l'enrichissement sans cause (*cf. supra*, cette partie, chapitre 1, section 1, paragraphe 2). A défaut d'assentiment, les dépenses qui ne sont pas remboursables au titre de l'enrichissement sans cause ne le sont pas non plus sur le fondement de la responsabilité quasi-délictuelle[374].

Ainsi, l'on comprend que dans le cadre d'une convention publique d'aménagement annulée, les frais relatifs aux formalités de publication du changement de dénomination d'une société, les frais de cotisation à des associations, les dons et pourboires, voire encore les *« frais de réception, restauration et boissons, d'hôtellerie, de soutien d'équipes sportives, de surveillance de championnat avec des maîtres-chiens »*, sont autant de dépenses n'ayant pas un lien suffisant avec l'opération d'aménagement[375]. De telles dépenses, « hors sujet » vis-à-vis du contrat, sont exclues du champ de l'indemnité quasi-délictuelle.

* * *

Outre l'invocation de la théorie de l'enrichissement sans cause, l'ex-cocontractant a donc tout à fait intérêt à rechercher la faute de l'Administration lorsqu'il agit au contentieux après constatation de la nullité du contrat administratif. En effet, en sus du

---

373 TA Bordeaux, 10 juin 1999, *Société MB2*, op. cit.

374 CE, 21 mars 2007, *Commune de Boulogne-Billancourt*, *op. cit.*

375 TA Nice, 10 avril 2003, *Société Compagnie foncière et immobilière de la Côte d'Azur (au nom de la Société du golf de Pardigon) contre Communes de La Croix-Valmer et de Cavalaire-sur-Mer, SIVOM du Littoral des Maures et Préfet du Var*, req. n° 982760.

remboursement de ses dépenses utiles, il va pouvoir recouvrer, outre les gains manqués, toutes les charges engagées au titre du contrat. Il en résulte qu'une juste indemnisation ne peut pas se penser sans la responsabilité quasi-délictuelle.

Un tel système, conjuguant réparation quasi-contractuelle et responsabilité extra-contractuelle *pour faute*, semble, d'ores et déjà, rapprocher l'ex-cocontractant de la situation dans laquelle il se serait trouvé s'il avait pu invoquer la responsabilité contractuelle. D'ailleurs, le juge administratif, comme on l'a constaté à plusieurs reprises, donne effet, ponctuellement, à certaines stipulations contractuelles.

Henri Savoie, dans ses conclusions sur l'arrêt *Citécable Est*, félicitait les membres du Palais Royal en ces termes :

> *« Votre jurisprudence, en acceptant le cumul de responsabilité, est favorable aux anciens cocontractants de l'Administration puisqu'ils peuvent obtenir (...) un complément de réparation couvrant la totalité du préjudice qu'ils ont subi, ce que la voie de l'enrichissement sans cause ne permettrait pas nécessairement »*[376].

Pourtant, si avantageux qu'il se présente, notamment, pour l'ex-cocontractant de l'Administration, ce tableau doit maintenant être nuancé au regard des différents procédés de plafonnement des indemnités.

---

[376] SAVOIE Henri, *op. cit.*, page 365.

DEUXIEME PARTIE

Les modulations de l'indemnisation

En principe, l'enrichissement sans cause permet à l'appauvri d'obtenir la restitution de celles de ses dépenses qui ont été utiles à son ex-cocontractant. Le cas général veut que l'appauvri soit le prestataire de l'Administration. Et, pour combler le reliquat de ses charges non remboursées au titre de l'enrichissement sans cause, l'ancien partenaire peut mettre la collectivité publique face à sa responsabilité pour la faute qu'elle a commise en signant un contrat entaché de nullité. A ce titre, outre le remboursement des dépenses qualifiées de « non utiles », l'appauvri peut obtenir l'indemnisation des gains manqués – y compris les bénéfices escomptés – du fait de la nullité du contrat.

Toutefois, la responsabilité extra-contractuelle de l'Administration n'est jamais absolue. Elle dépend, en particulier, de la manière dont à pu se comporter la victime du dommage. Et, au cas où cette dernière n'a pas eu une conduite exemplaire, l'Administration est en droit de lui retourner ses propres agissements, ou omissions, qui ont pu contribuer à la réalisation du dommage.

La jurisprudence semble même admettre que des fautes, commises par le partenaire de l'Administration au cours de l'exécution du contrat, puissent atténuer la responsabilité quasi-délictuelle de la personne publique. La responsabilité est, en pareille hypothèse, atténuée par ce qui n'est qu'une faute « contractuelle ».

Ce nouveau mélange des genres est permis puisqu'un autre principe lié à l'indemnisation veut que l'indemnité quasi-délictuelle, additionnée à l'indemnité quasi-contractuelle, ne dépasse jamais ce qui serait résulté de l'exécution du contrat. C'est ce que l'on appellera le « plafond "contractuel" ».

Les modulations éventuelles de l'indemnisation sont donc de deux ordres. Elles peuvent résulter d'un partage de responsabilité (chapitre 1) ou de l'application de la règle du plafond « contractuel » (chapitre 2).

Chapitre 1

Le partage de responsabilité

Au cas où une clause contractuelle de rémunération est illégale, sa nullité subséquente fonde un droit pour l'Administration à la répétition des sommes indûment perçues par son prestataire. Par exemple, lorsque des honoraires d'architecte sont fixés par décret, est illégale toute clause contractuelle de rémunération supérieure au montant réglementaire. En principe, ces honoraires devraient être intégralement restitués par l'architecte à l'Administration qui les avait versés. Toutefois, l'architecte peut opposer la faute de service de l'Administration qui l'avait laissé *« espérer »* un tel versement en insérant la clause litigieuse dans le contrat. C'est ici toute la mécanique quasi-délictuelle que l'on vient d'étudier (*cf. supra*, première partie, chapitre 2).

Mais, en même temps, l'Administration peut contrebalancer sa responsabilité par celle de l'architecte en démontrant qu'il *« ne pouvait ignorer l'illégalité »*. En pareille hypothèse, le juge opère un partage de responsabilité. Dans l'affaire en question, ce raisonnement l'amena à fixer à 50% le montant de la restitution due par l'architecte à l'Administration[377].

C'est tout l'objet de ce chapitre que d'observer ce contre-balancement entre les responsabilités des ex-cocontractants dans le contentieux indemnitaire lié à la nullité du contrat administratif. Il s'agit d'étudier quels sont les fondements opposables par le débiteur envers son créancier (section 1) avant d'apprécier les conséquences limitatives sur l'indemnisation (section 2).

---

[377] CE, 13 juillet 1968, *Sieur Stoskopf, op. cit.*

Section 1

Deux formes de fautes opposables

L'indemnité due par le débiteur, l'Administration dans le cas général[378], peut être diminuée.

A cette fin, le débiteur peut opposer à son créancier sa coresponsabilité au titre de la faute quasi-délictuelle (paragraphe 1). Par ailleurs, des fautes commises par l'ex-cocontractant au cours de l'exécution du contrat vont lui demeurer opposables bien que la nullité d'un contrat signifie, notamment, son « *inopposabilité* »[379] (paragraphe 2).

Paragraphe 1 - **La faute quasi-délictuelle**

Le créancier, soucieux de se faire indemniser ses charges contractuelles et ses gains manqués, peut se fonder sur la faute quasi-délictuelle commise par son débiteur et ayant conduit à la nullité du contrat (*cf. supra*, première partie, chapitre 2). Toutefois, le débiteur fautif, qui est généralement l'Administration, peut s'exonérer d'une partie de sa responsabilité. Pour cela, il lui faut démontrer que son partenaire n'ignorait pas la faute commise. Dès lors, le juge en déduit que le créancier, connaissant le risque de nullité lors de la signature du contrat, doit en assumer une part de responsabilité.

Rappelons qu'il existe principalement trois catégories de fautes de service opposables à l'Administration : la méconnaissance des règles de passation du contrat, l'incompétence pour contracter et l'interdiction de contracter (*cf. supra*, première partie, chapitre 2, section 1).

---

[378] Le débiteur est, généralement, l'Administration, bien que cela puisse être une personne privée, exceptionnellement, par exemple en cas de nullité d'une convention d'occupation du domaine public (*cf.* annexe 1).
[379] CAA Lyon, 28 juin 2007, *Commune d'Annecy*, req. n° 03LY01596.

Toutefois, l'incompétence du signataire semble, en principe, considérée comme une *« faute exclusive »* de la collectivité contractante[380] puisque *« la signature (...) a créé une situation apparente dans laquelle les sociétés cocontractantes pouvaient se croire assurées de détenir (...) les droits attachés à la conclusion régulière d'un marché devenu définitif »*[381]. D'ailleurs, comme l'a reconnu la jurisprudence, l'entreprise cocontractante n'a pas *« à s'immiscer dans les procédures (...) internes »* à l'Administration *« au moment de la signature »* de la convention[382]. En conséquence, la collectivité semble-t-elle la seule responsable en cas d'incompétence.

A titre d'illustration, en ce qui concerne l'absence de transmission au Préfet de la délibération autorisant la signature du contrat, puisque le cocontractant n'a pas à s'assurer *« de la régularité des conditions de signature de la convention »*, il n'est pas de son ressort de *« veiller au respect des formalités de transmission des actes au Préfet »*[383]. Il en résulte que le partenaire de l'Administration *« n'a aucune part dans la faute commise »*[384].

Mais, rien n'est à exclure en Droit.

D'ailleurs, le créancier a pu, de manière incidente, pénétrer dans les rouages de l'Administration débitrice au cours de la procédure de passation. Sa coresponsabilité est alors engagée. Ainsi, une Société d'économie mixte (SEM) a-t-elle été considérée comme coresponsable de la transmission en préfecture de la délibération autorisant la signature *postérieurement* à la date de conclusion du contrat litigieux. La cour administrative d'appel de Versailles semble avoir retenu deux critères pour considérer que la SEM *« ne pouvait ignorer »* l'incompétence du Maire avec qui elle contractait. D'une part, le conseil d'administration de la SEM était composé d'un nombre important de conseillers municipaux de la commune débitrice. D'autre part, la SEM était elle-même obligée de transmettre ses propres délibérations, ainsi que les marchés

---

[380] CAA Nancy, 12 mai 2005, *Commune d'Amnéville*, *op. cit.*

[381] CAA Marseille, 4 mai 2004, *Commune des Baux-de-Provence*, *op. cit.*

[382] TA Poitiers, 11 janvier 2007, *SAS Atlantel contre Département de la Charente*, *op. cit.*

[383] CAA Versailles, 13 juin 2006, *Commune de Sannois*, *op. cit.*

[384] CAA Versailles, 5 juillet 2005, *Commune de Ris-Orangis contre Société Bureau d'études techniques Berim*, *op. cit.*

conclus par ses soins, au contrôle de légalité du Préfet[385]. Si les connaissances juridiques de ladite société ont pu compter dans l'appréciation du juge, c'est le dédoublement fonctionnel de certains membres du conseil d'administration, présumant leur connaissance acquise de la faute, qui semble déterminant pour aboutir au partage de responsabilité.

Toutefois, il faut signaler que, dans un arrêt de 2009, la cour administrative d'appel de Bordeaux a confirmé la coresponsabilité d'un groupement de maîtrise d'œuvre pour avoir *« omis de s'assurer »* que la signature du contrat de maîtrise d'œuvre par le président d'un syndicat mixte n'avait pas été précédée d'une délibération préalable de son conseil syndical[386]. Or, quelques mois plus tôt, la cour administrative d'appel de Lyon, pour des faits similaires, n'a pas retenu la coresponsabilité d'une entreprise privée[387].

En ce qui concerne les règles procédurales en matière de commande publique, le créancier est forcément en mesure d'en contrôler le respect puisque la passation d'un contrat est, assez largement, un dialogue entre l'Administration et son partenaire. L'incursion du cocontractant est comme présumée. Ainsi, ce sont avant tout les connaissances juridiques qui vont déterminer une éventuelle coresponsabilité. Comme le soulignait, en d'autres termes, le commissaire du gouvernement Bertrand Dacosta, dans ses conclusions sur la décision *Decaux* rendue en 2008 :

> *« L'un des éléments importants d'appréciation porte sur la connaissance qu'est supposée avoir la victime du risque qu'elle encourt : ce qui est admissible d'un simple citoyen ne le sera pas d'un professionnel avisé »*[388].

---

[385] CAA Versailles, 3 mars 2005, *Commune de Port-Marly*, *op. cit.*

[386] CAA Bordeaux, 12 mai 2009, *Syndicat mixte à la carte du Haut-Val-de-Sèvre et Sud-Gatine*, *op. cit.*

[387] CAA Lyon, 5 février 2009, *Commune de Vernoux-en-Vivarais*, *op. cit.*

[388] 1/ DACOSTA Bertrand, « Concl. sur CE Section, 10 avril 2008, *Société Jean-Claude Decaux et Département des Alpes-Maritimes*, req. n° 244950, 284439, 284607 », *op. cit.*, page 30.
2/ *Cf.* également CAA Versailles, 4 novembre 2008, *Bruno Rollet*, req. n° 06VE02323.

En effet, le simple citoyen, ou plus exactement la simple entreprise, est réputé, par exemple, ne pas être *« en mesure d'apprécier [le] dépassement »* des plafonds fixés au Code des marchés publics. Puisqu'il a pu en ignorer l'illégalité, sa responsabilité n'est pas retenue. Cette affaire *Carlson Wagonlit Travel* concernait une agence de voyage. Le juge semble estimer que son activité n'étant pas principalement de traiter avec des personnes publiques, on ne saurait être trop exigeant sur ses connaissances en matière de commande publique[389]. Sylvain Hul le confirme en ces termes :

> *« Il y aurait, en effet, quelques difficultés à admettre que, sauf volonté manifeste d'enfreindre les règles du Code des marchés publics, le cocontractant, qui peut facilement se trouver dans une situation de dépendance à l'égard de la collectivité, voire être trompé par les assurances données par celle-ci, puisse partager la responsabilité d'une situation essentiellement due à un défaut d'anticipation de ses propres besoins par l'acheteur public »*[390].

Au contraire, s'il est établi que par ses *« capacités juridiques »*, dont sa *« connaissance »* du droit applicable, le cocontractant aurait dû reconnaître l'irrégularité entachant les contrats et ne pas *« accept[er] de les signer »*, il est alors coresponsable de la faute quasi-délictuelle. Dans cet arrêt, qui concernait un contrat de maîtrise d'œuvre, un bureau d'études techniques avait donc le devoir de signaler à l'Administration que le recours à une procédure négociée sans mise en concurrence préalable était impossible car les contrats passés ne correspondaient pas aux hypothèses prévues par le Code des marchés publics[391].

Dans le même ordre d'idées, même si la commune doit se charger de l'envoi d'un avis européen d'appel à la concurrence, sa responsabilité en cas d'omission peut être atténuée si son cocontractant, qui a d'ailleurs *« largement »* pris en charge la

---

[389] CAA Marseille, 30 mars 2004, *SA Carlson Wagonlit Travel contre Collectivité territoriale de Corse*, *op. cit.*

[390] HUL Sylvain, « Note sous CAA Marseille, 30 mars 2004, *SA Carlson Wagonlit Travel contre Collectivité territoriale de Corse*, req. n° 02MA00706 », *AJDA*, n° 30, 13 septembre 2004, page 1649.

[391] CAA Versailles, 5 juillet 2005, *Commune de Ris-Orangis contre Société Bureau d'études techniques Berim*, *op. cit.* – *Cf.* également CAA Lyon, 9 avril 2009, *Commune d'Aix-les-Bains*, *op. cit.*

procédure de passation, disposait *« de moyens d'information importants (...) en sa qualité de professionnel de l'eau et de l'assainissement »*. En l'espèce, il a été considéré que l'entreprise *« ne pouvait ignorer la législation (...) concernant les mesures de publicité à respecter »*. Et, par conséquent, la faute d'avoir conclu un contrat entaché de nullité lui a également été imputable[392].

Pour les mêmes raisons, la faute d'une collectivité d'avoir recouru à une procédure d'appel d'offres avec concours sans délibération préalable de son assemblée délibérante a été partagée avec son ex-cocontractant. Il a été jugé que la société cocontractante, *« professionnelle avertie »*[393], ne devait pas ignorer l'irrégularité entachant la procédure mise en œuvre lorsqu'elle a signé le contrat[394]. Si, en principe, le professionnel n'est pas tenu de contrôler la régularité des délibérations habilitant l'autorité signataire (*cf. supra*, ce paragraphe), il est quand même astreint à examiner la régularité des délibérations relatives à la procédure proprement dite.

Pour en revenir à la décision *Decaux*, ladite société, *« compte tenu de son expérience »*, a été considérée comme responsable d'une *« grave faute en se prêtant à la conclusion d'un marché dont (...) elle ne pouvait ignorer l'illégalité »*. Dans cette affaire, un contrat de mobilier urbain avait été signé à l'issue d'une procédure négociée sans mise en concurrence préalable. Or, le marché ne répondait pas à l'une des conditions grâce auxquelles une telle procédure peut être mise en œuvre[395], à savoir que les besoins ne puissent être satisfaits que par un seul entrepreneur en raison d'un brevet d'invention, d'une licence ou de droits exclusifs qu'il détient[396]. Dans ses conclusions, le commissaire du gouvernement Bertrand Dacosta rappelait qu'en 1987, soit deux ans avant la passation du marché litigieux, le tribunal administratif de

---

[392] CAA Marseille, 30 juillet 2007, *Commune de Menton*, *op. cit.*

[393] Dans ses conclusions sur l'affaire, le commissaire du gouvernement avait employé l'expression d' *« opérateur expérimenté »* (DACOSTA Bertrand, « Concl. sur CE, 26 mars 2008, *Société Spie Batignolles*, req. n° 270772 », *op. cit.*, page 5).

[394] CE, 26 mars 2008, *Société Spie Batignolles*, *op. cit.*

[395] Article 312 *bis* du Code des marchés publics dans sa version alors en vigueur.

[396] CE Section, 10 avril 2008, *Société Jean-Claude Decaux et Département des Alpes-Maritimes*, *op. cit.*

Strasbourg avait déduit que la possession d'une licence d'exploitation d'un système d'affichage plus performant par rapport à d'autres constructeurs ne pouvait justifier[397] le recours à une procédure négociée[398]. Or, dans l'affaire de 2008, la société Jean-Claude Decaux invoquait la possession de certains affichages brevetés justifiant la procédure de passation mise en œuvre. Mais, prévenue dès 1987, *« la société peut donc difficilement soutenir qu'elle n'en était pas avisée »* à la signature du contrat en 1989[399].

Dans l'affaire du métro bordelais, le tribunal administratif de Bordeaux a considéré que l'entreprise *« ne pouvait ignorer l'illégalité »* du contrat *« relatif à des prestations déjà exécutées »*[400]. En appel, la coresponsabilité fut confirmée en raison, d'une part, de l'objet de la société anonyme spécifiquement créée pour la construction du métro et, d'autre part, de la qualité de ses actionnaires au nombre desquels figuraient des partenaires publics[401].

Dans le même sens, le tribunal administratif de Versailles a admis la coresponsabilité du cocontractant de l'Administration s'agissant du choix erroné de la procédure de passation d'un contrat confiant la gestion du service public de restauration municipale. En l'espèce, parce que le cocontractant était assuré d'être rémunéré par un prix, le contrat litigieux était un marché public à passer conformément aux dispositions du Code des marchés publics. Or, en dépit de l'absence de risque financier, la convention avait été passée selon la procédure plus souple des délégations de service public. La cour administrative d'appel de

---

397 En effet, les besoins de la collectivité en matière d'affichage pouvaient être satisfaits par d'autres procédés techniques.

398 TA Strasbourg, 7 juillet 1987, *Madame Bloch, Monsieur Lenormand, Madame Vial contre Ville de Strasbourg*, req. n° 84601-84603, *RFDA*, n° 2, mars-avril 1988, pages 269-272 (concl. Patrick KINTZ).

399 DACOSTA Bertrand, « Concl. sur CE Section, 10 avril 2008, *Société Jean-Claude Decaux et Département des Alpes-Maritimes*, req. n° 244950, 284439, 284607 », *op. cit.*, page 31.

400 TA Bordeaux, 10 juin 1999, *Société MB2*, *op. cit.*

401 CAA Bordeaux, 30 mars 2004, *Malmezat Prat*, req. n° 00BX00197, *CMP*, n° 6, juin 2004, comm. n° 117, pages 24-26 (note Eric DELACOUR).

Versailles n'a pas remis en cause la faute du cocontractant[402]. L'entreprise Avenance est, d'ailleurs, partenaire de nombreuses personnes publiques en matière de restauration collective. Il semble que le juge administratif considère que la faute soit apparue au cours de la procédure et avec le consentement du cocontractant[403]. En effet, la rémunération avait été fixée d'un commun accord, ce qui justifie la coresponsabilité de l'ex-cocontractant dans la nullité du contrat litigieux.

A contrario, la jurisprudence repousse toute responsabilité partagée au cas où il est établi que le cocontractant, en quelque sorte, n'avait pas son mot à dire. Ainsi, dans l'affaire de la *Sodegis*, la cour administrative d'appel de Bordeaux a jugé que l'acceptation par une société d'économie mixte locale de signer une convention à l'issue d'une procédure de passation méconnaissant les dispositions du Code des marchés publics[404] ne constituait pas une faute susceptible d'atténuer la responsabilité de la collectivité *« qui avait la maîtrise de la procédure de passation desdits contrats »*[405].

En tout cas, le juge administratif peut être d'autant plus influencé à admettre la conscience de la faute de service par le cocontractant lorsque ce dernier l'invoque à titre principal au contentieux. Dans une affaire illustrative, le cocontractant avait participé à une réunion d'information organisée par la collectivité pour quelques concurrents alors que la procédure de consultation n'était pas terminée et que des dossiers de candidature continuaient d'arriver à son secrétariat[406].

---

[402] CAA Versailles, 14 septembre 2006, *Société Avenance Enseignement et Santé*, *op. cit.*

[403] *Cf.* CE Section, 9 décembre 1949, *Sieur Chami*, *op. cit.* : l'insertion d'une clause illégale dans le contrat est une *« erreur (…) commune aux deux parties »* – CE Section, 11 février 1972, *OPHLM du Calvados et Caisse franco-néerlandaise de cautionnements*, req. n° 79402, 79495, *AJDA*, n° 4, 20 avril 1972, pages 245-250 (concl. Gilbert GUILLAUME) – CE Section, 13 octobre 1972, *Crédit du Nord contre OPHLM du Calvados*, *op. cit.*

[404] En l'espèce, il s'agissait de la méconnaissance des règles de publicité et de mise en concurrence.

[405] CAA Bordeaux, 9 novembre 2004, *Sodegis*, *op. cit.*

[406] CAA Marseille, 4 décembre 2006, *SAS Onet*, *op. cit.*

Quant à la faute partagée en raison de l'interdiction de contracter dans certaines matières, la jurisprudence n'en offre pas d'illustration suffisamment pertinente.

On pourrait étendre à une telle faute les développements relatifs à la méconnaissance des règles de procédure en matière de commande publique. Car, finalement, l'Administration se trompe de procédure : au lieu de choisir le procédé de l'acte unilatéral, elle s'égare dans une procédure contractuelle. Or, s'agissant d'un contrat de délégation de la police du stationnement payant sur la voirie par exemple, une telle illégalité ne devrait pas être ignorée par un professionnel averti œuvrant dans le secteur du stationnement.

Toutefois, l'interdiction de contracter dans certaines matières peut tout aussi bien être reliée aux développements relatifs à l'incompétence. Et, en pareille hypothèse, l'on a pu observer que le partenaire de l'Administration est relativement mieux protégé.

Outre la faute quasi-délictuelle, le débiteur peut également opposer à son ex-cocontractant une faute commise au cours de l'exécution du contrat.

Paragraphe 2 - **La faute « contractuelle »**

En principe, lorsque la nullité du contrat est constatée par le juge, l'ex-cocontractant ne peut plus opposer à l'Administration d'éventuels *« manquements à ses obligations contractuelles »*, tels que l'inexécution du contrat, puisque la *« convention entachée de nullité doit être regardée comme n'ayant jamais été conclue »*[407].

Le principe a été clairement appliqué s'agissant des fautes contractuelles de l'Administration. De telles conclusions indemnitaires sont *« rejetées »* en raison de leur irrecevabilité[408].

---

[407] CE, 14 novembre 2001, *Société Au Lys de France, op. cit.* – TA Limoges, 4 mars 2004, *Association pour la Promotion de la Céramique Contemporaine contre Commune de Châteauroux, op. cit.*

[408] CAA Marseille, 26 juin 2003, *Compagnie générale de stationnement contre Ville de Toulon, op. cit.* – TA Limoges, 16 décembre 2004, *Société auxiliaire de parcs SA contre Commune de Brive, op. cit.*

En principe, encore, aucune responsabilité tirée de l'existence antérieure du contrat n'est opposable pour les réparations, par exemple, de désordres affectant un ouvrage au titre de la responsabilité décennale[409].

Pourtant, malgré la nullité de l'engagement contractuel, il arrive que le juge fasse « revenir » les obligations de l'entreprise en raison d'une mauvaise exécution de ses prestations ou du non-respect pur et simple de certaines clauses contractuelles auxquelles elle avait souscrit. Dès lors, la fiction de la nullité tend encore à s'estomper.

L'ex-cocontractant peut être mis en cause par le biais de la responsabilité quasi-délictuelle *« fondée sur sa faute dans l'exécution de ses prestations »*[410]. Or, « l'exécution des prestations » n'est jamais autre chose qu'une euphémisation de « l'exécution du contrat » dans le cas où ce dernier a été annulé. Comme le confirme François Llorens : *« Il ne semble pas irréaliste d'avancer que, dans bien des cas, la faute quasi-délictuelle et la faute contractuelle auront le même contenu »*[411].

Dans l'affaire *Citécable Est*, le délégataire, concessionnaire du réseau câblé de radio et de télévision de la ville de Vittel, n'avait pas réalisé les prestations prévues au contrat, ce qui avait conduit à la résiliation de ce dernier à l'initiative de la commune. C'est pour cette raison que le tribunal administratif l'avait condamné à verser à la ville une indemnité de 254 093,58 euros pour les fautes commises au cours de l'exécution du contrat. Mais la convention étant déclarée nulle par le Conseil d'Etat, la résiliation, ses motifs et les pénalités devenaient non avenus. Les juges du Palais Royal

---

[409] CE Section, 29 janvier 1982, *Martin*, *op. cit.* : *« Malfaçons apparues dans une installation de chauffage (...) réalisée au profit de la commune »*. La responsabilité décennale du constructeur ne peut plus être retenue puisque le contrat est nul : les garanties financières doivent être restituées et, le cas échéant, la mainlevée de la caution doit être prononcée.

[410] CHABANOL Daniel, JOUGUELET Jean-Pierre, BOURRACHOT François, *op. cit.*, page 116.

[411] LLORENS François, « Les conséquences de la nullité des marchés publics et des délégations de service public », *CJEG*, n° 592, novembre 2002, page 587.

affirment d'ailleurs que ledit contrat *« n'a pu faire naître d'obligations à la charge des parties »* et qu'ainsi *« leurs manquements réciproques à leurs obligations contractuelles »* ne peuvent fonder des conclusions indemnitaires. Pourtant, comme le commissaire du gouvernement Henri Savoie le précise dans ses conclusions : *« La société Citécable Est ne semble avoir rempli aucune des obligations qui lui incombaient »*[412]. Ainsi, la mauvaise application des stipulations contractuelles par l'entreprise est, malgré tout, accueillie puis opposée à l'ex-cocontractant[413].

Une telle faute « contractuelle » a encore pu consister en ce que l'Administration n'ait pas été informée que les contrats ne seraient pas exécutés par le cocontractant lui-même[414].

Dans un arrêt de 2003, implicitement confirmé sur ce point par le Conseil d'Etat, la cour administrative d'appel de Paris a opposé la faute « contractuelle » d'un concessionnaire pour avoir mis fin à l'exploitation du service. Une telle rupture, précise le juge, n'était pas *« la conséquence de la nullité intrinsèque du contrat »* puisqu'elle n'avait pas encore été constatée. D'ailleurs, c'est l'Administration, et non le cocontractant, qui avait invoqué la nullité devant le juge[415].

Dans un arrêt de 2006, la cour administrative d'appel de Versailles a bien mentionné la disparition rétroactive de toute résiliation d'une convention nulle puisque cette dernière *« doit être regardée comme n'ayant jamais été conclue »*. Ainsi, au stade du constat de nullité, le juge souligne que l'Administration ne saurait émettre un titre de recette correspondant à l'indemnité prévue par le contrat en cas de déchéance pour faute grave. On penserait alors que la nullité du contrat emporterait avec elle la faute « contractuelle » du prestataire. Cependant, au stade de

[412] SAVOIE Henri, *op. cit.*, page 368.
[413] CE Section, 20 octobre 2000, *Société Citécable Est*, *op. cit.*
[414] TA Limoges, 16 décembre 2004, *Société auxiliaire de parcs SA contre Commune de Brive*, *op. cit.*
[415] CAA Paris, 18 novembre 2003, *Commune de Nogent-sur-Marne*, req. n° 02PA02417, 02PA02489 – CE, 16 novembre 2005, *Messieurs Auguste contre Commune de Nogent-sur-Marne*, *op. cit.*

l'indemnisation *post*-nullité, le juge ressuscite les fautes « contractuelles » qui avaient justifié la déchéance du cocontractant. Ceci n'est pas expressément mentionné. Il faut, en effet, observer attentivement un raisonnement assez subtil.

Avant de constater la nullité du contrat, ses clauses puis les motifs de sa résiliation sont successivement rappelés :

> *« Par une **convention** (...), la société a été chargée de réaliser le complexe central de restauration, d'aménager les offices relais existants et d'exploiter la cuisine centrale avec autorisation de fournir des repas à l'extérieur, **à condition que ceci ne perturbe pas le fonctionnement du service normal**, moyennant le paiement d'une redevance par repas et selon des modalités fixées par avenant ».*

> *« Par délibération du 16 décembre 1999, le conseil municipal de Sannois a décidé de résilier la convention à compter du 3 janvier 2000 en raison, d'une part, de la fourniture par la société (...), au détriment du **fonctionnement normal du service**, de repas à destination de clients extérieurs, sans qu'un avenant ait été conclu pour définir les modalités de ces prestations, et, d'autre part, du fonctionnement de la cuisine centrale dans des **conditions contraires aux règles d'hygiène et de sécurité alimentaires** ».*

Après constatation de la nullité du contrat, au moment de l'indemnisation, le juge rappelle la faute par le détour d'un euphémisme et l'oppose à l'ex-cocontractant :

> *« La cuisine centrale était exploitée par la société (...) dans des **conditions contraires aux règles d'hygiène et de sécurité alimentaires** en raison, notamment, d'une production de repas excessive par rapport aux capacités des installations existantes qui a eu pour effet de désorganiser le **fonctionnement normal de la cuisine** »*[416].

Comme l'a également confirmé Muriel Dreifuss dans son commentaire sur cet arrêt : *« Le juge réintroduit les obligations contractuelles dans le débat »*[417].

D'ailleurs, la jurisprudence a admis très récemment que l'Administration puisse poursuivre une demande d'indemnisation des fautes « contractuelles » commises par son ex-cocontractant

[416] CAA Versailles, 13 juin 2006, *Commune de Sannois*, *op. cit.*
[417] DREIFUSS Muriel, « Note sous CAA Versailles, 13 juin 2006, *Commune de Sannois*, req. n° 04VE02101 », *LPA*, n° 199, 5 octobre 2006, page 11.

bien que le contrat en question soit nul. On est ici hors du contentieux indemnitaire de la nullité du contrat, mais il est intéressant de faire cette digression qui vient corroborer la thèse selon laquelle des fautes commises à titre contractuel peuvent être indemnisées malgré la nullité du contrat.

Dans un arrêt rendu en 2006, la cour administrative d'appel de Nancy, constatant la nullité d'un contrat de marché public, devait annuler un jugement du tribunal administratif de Nancy, lequel avait condamné *« à tort »* la réparation par l'ex-cocontractant de l'inexécution de ses obligations contractuelles, à savoir la mauvaise réalisation de travaux et d'autres prestations :

> *« En raison de sa nullité, le marché de maîtrise d'œuvre n'a pu faire naître à sa charge aucune obligation de nature contractuelle ; (…) dans ces conditions, (…) c'est à tort que le tribunal l'a condamné à payer à la commune (…) une indemnité en réparation des conséquences dommageables qu'aurait entraînées l'inexécution de ses obligations contractuelles ».*

Ne pouvant plus présenter aucun moyen sur le terrain de la responsabilité contractuelle, mais les prestations demeurant mal exécutées, l'Administration a présenté la faute sur le terrain de la responsabilité quasi-délictuelle. La cour a fait droit à ces conclusions en considérant que le constructeur avait *« méconnu ses obligations professionnelles et les règles de l'art »*. Au total, le juge d'appel, balayant le « tort » du tribunal administratif, confirme le jugement et la responsabilité contractuelle du prestataire de l'Administration :

> *« La Société (…) n'est pas (…) fondée à soutenir que c'est à tort que ledit tribunal l'a condamnée (…) à réparer sur le fondement de la responsabilité contractuelle le préjudice subi à ce titre par la commune »*[418].

Dans ses conclusions sur une affaire similaire où l'Administration, maître d'ouvrage, demandait une indemnité quasi-délictuelle en raison de la mauvaise exécution des obligations de son ex-cocontractant-architecte, maître d'œuvre,

---

[418] CAA Nancy, 26 janvier 2006, *Monsieur Galand, Société Dormois et Commune de Bulgneville*, req. n° 00NC01239, 00NC01318, 00NC00585.

dans le cadre d'un contrat déclaré nul, le commissaire du gouvernement Didier Casas a également recommandé au Conseil d'Etat de *« faire ce raisonnement »*. Il révèle d'ailleurs qu'il ne s'agit que d'une transposition pure et simple de la faute « contractuelle » alors que le contrat est censé n'avoir jamais existé :

> *« Ces fautes sont, dans leur contenu même, bien peu distinctes de celles qui auraient été en débat si, en l'absence de nullité, le contrat avait continué de lier les parties. En d'autres termes, si vous acceptez d'entrer dans le raisonnement auquel vous invite la Chambre de commerce et d'industrie (…), vous raisonnerez exactement comme vous l'auriez fait en recherchant la responsabilité contractuelle pour faute des architectes. (…) La faute ne pouvant plus résider dans la mauvaise exécution du contrat, il faut la voir, pensons-nous, dans une éventuelle méconnaissance des règles de l'art et des règles professionnelles »*[419].

Suivant son commissaire du gouvernement, la Haute Assemblée condamne l'architecte, après une *« juste appréciation »*, à verser à la Chambre de commerce et d'industrie 20% du préjudice subi en raison de la faute « contractuelle »[420].

En résumé, *« un maître d'ouvrage est recevable, après constatation par le juge de la nullité du marché le liant à un concepteur ou un constructeur, à demander (…) la réparation des préjudices qui ont pu lui être causés dans l'exécution des prestations et travaux concernés et invoquer, à cet effet, les fautes (…) commises (…) en livrant (…) un ouvrage non conforme à sa destination pour avoir été construit en méconnaissance des règles de l'art »*[421].

Par ailleurs, il a également pu être admis que le non-respect d'autres clauses contractuelles soit encore opposable malgré leur nullité.

---

[419] CASAS Didier, « Concl. sur CE, 22 février 2008, *Messieurs Schmeltz et Orselli*, req. n° 286174 », *BJCP*, n° 58, juin 2008, page 185.

[420] CE, 22 février 2008, *Messieurs Schmeltz et Orselli*, *op. cit.*

[421] CAA Lyon, 9 avril 2009, *Commune de Grancey-sur-Ource*, *op. cit.* – *Cf.* également CAA Lyon, 9 juillet 2008, *Société Ganon*, req. n° 05LY00894 – CAA Paris, 4 août 2008, *Commune de Vitry-sur-Seine contre Société Bureau des paysages*, req. n° 05PA03820 – CAA Marseille, 7 juillet 2008, *Assistance publique des hôpitaux de Marseille*, req. n° 06MA00792.

Dans une décision de 2007, le tribunal administratif de Poitiers, après déclaration de nullité, a quand même pris le soin de constater que *« la prestation demandée au cocontractant du département (...) a été entièrement accomplie dans le délai fixé »*[422]. En effet, demeure également opposable tout retard dans l'exécution du contrat qui aurait dû donner lieu à des pénalités en *« application des clauses du marché »*[423].

Dans un arrêt de 2005, en l'absence de preuve que le *« projet ne serait pas conforme aux engagements pris »* par le cocontractant[424], la cour administrative d'appel de Versailles ne révise pas l'indemnité due par l'Administration[425].

* * *

Au total, à l'égard de son créancier, l'Administration débitrice peut, d'une part, lui retourner littéralement la faute quasi-délictuelle ou, d'autre part, lui opposer sa faute « contractuelle ». Qu'en est-il des conséquences sur les indemnités quasi-contractuelle et quasi-délictuelle ?

Section 2

Les conséquences sur l'indemnisation

La faute du créancier étant admise, qu'elle soit quasi-délictuelle ou « contractuelle », le juge reconsidère alors la responsabilité du débiteur. Ce dernier n'étant plus le seul comptable d'une faute, le juge va fixer un *quantum*, c'est-à-dire une ligne de partage de responsabilité, en proportion de la compromission des parties.

---

[422] TA Poitiers, 11 janvier 2007, *SAS Atlantel contre Département de la Charente*, *op. cit.*

[423] CE, 19 avril 1974, *Ministre de l'équipement et du logement contre Société Entreprise Louis Segrette*, *op. cit.*

[424] Le sous-entendu est clair : il est question des *« engagements pris »* en vertu du contrat.

[425] CAA Versailles, 3 mars 2005, *Commune de Port-Marly*, *op. cit.*

Le *quantum* n'est pas susceptible d'être discuté en cassation, à moins que les premiers juges n'aient dénaturé les faits soumis à leur appréciation *« souveraine »*[426]. Au surplus, le partage peut bien entendu être remis en cause dans le cas d'une erreur de droit, autrement dit lorsque les premiers juges se sont trompés dans l'application des règles relatives à la fixation du *quantum*. Or, il semble que la difficulté pour le juge, en contentieux indemnitaire après constat de nullité, soit de choisir quelle indemnité limiter : le remboursement des dépenses utiles, l'indemnité quasi-délictuelle ou le tout ?

Dans la pratique, l'on constate bien deux voies possibles, à savoir un partage global (paragraphe 1) ou une limitation de la seule indemnité quasi-délictuelle (paragraphe 2). Le Conseil d'Etat a opté pour la seconde solution et considère la première comme une erreur de droit.

Paragraphe 1 - **La « clef de voûte » des indemnités ?**

On ne prendra pas en considération la faute « contractuelle » dans ce paragraphe puisque la jurisprudence n'a, semble-t-il, jamais eu l'occasion de s'exprimer sur la limitation des dépenses utiles en raison d'une faute de cette nature.

Du reste, le principe de la limitation du droit à une indemnité quasi-contractuelle en raison d'une faute quasi-délictuelle de l'appauvri a été affirmé par la jurisprudence[427]. Il a été appliqué dans un litige où le créancier a vu son indemnisation *globalement* limitée aux deux-tiers des préjudices quasi-contractuel et quasi-délictuel *« en conséquence de la faute »* pour non-publication d'un avis européen d'appel à la concurrence[428].

---

[426] CE, 12 décembre 2003, *Société financière de la Porte Maillot (SOFIM)*, *op. cit.* – *Cf.* également CAA Versailles, 14 septembre 2006, *Société Avenance Enseignement et Santé*, *op. cit.*
[427] TA Lyon, 15 novembre 2001, *Monsieur Tête*, req. n° 0000675, *CP-ACCP*, n° 8, février 2002, pages 35-37 (note Pierre LE BOUËDEC).
[428] CAA Marseille, 30 juillet 2007, *Commune de Menton*, *op. cit.*

Deux motifs spécieux peuvent justifier ce plafonnement global.

En premier lieu, une telle minoration des indemnités quasi-contractuelle et quasi-délictuelle paraît s'expliquer par le fait que le requérant a, *« par son comportement global »*, contribué à son propre appauvrissement[429]. Mais il s'agit d'une étourderie puisque le non-remboursement des dépenses utiles ne peut résulter que d'un défaut atteignant l'une des deux conditions préalables, à savoir l'inexistence d'une cause exclusive à l'appauvrissement du créancier ou l'existence d'un assentiment de l'enrichi aux prestations invoquées. Au surplus, en pareille hypothèse, ce n'est pas une limitation mais une suppression pure et simple du droit à indemnité qui a lieu (*cf. supra*, première partie, chapitre 1, section 1).

En second lieu, le juge administratif confond parfois les réclamations indemnitaires pour enrichissement sans cause et responsabilité quasi-délictuelle sur l'unique *« fondement extra-contractuel »*[430], sous la seule bannière de la *« responsabilité extra-contractuelle »*[431] ou de *« **la** responsabilité quasi-contractuelle et quasi-délictuelle »*[432], voire encore comme une *« demande fondée sur **une** cause juridique »*[433]. Dans le même ordre d'idées, mais isolément, l'enrichissement sans cause a pu être considéré comme reposant sur un *« fondement extra-contractuel »*[434]. La doctrine elle-même a parfois semblé *« rapprocher l'application du principe de l'enrichissement sans cause (...) de la responsabilité quasi-délictuelle sans faute »*[435] ou, plus globalement, de la

---

[429] GUGLIELMI Gilles J., *op. cit.*, page 1050.

[430] TA Nice, 13 juin 2003, *Société SEMUP contre Ville de Draguignan*, *op. cit.*

[431] TA Nice, 12 novembre 2004, *SARL Société niçoise d'étude et d'entretien contre Commune de Cap-d'Ail*, *op. cit.*

[432] CE, 16 novembre 2005, *Messieurs Auguste contre Commune de Nogent-sur-Marne*, *op. cit.* – TA Nancy, 20 juin 2006, *Société Compass Group France Enseignement Santé et Service Hôtelier contre Commune de Jarville-la-Malgrange*, *op. cit.*

[433] CE, 22 février 1980, *SA des Sablières modernes d'Aressy*, *op. cit.*

[434] TA Lille, 12 juillet 2007, *SARL Ambulances Naels contre Centre hospitalier régional universitaire de Lille*, *op. cit.*

[435] DE LAUBADERE André, VENEZIA Jean-Claude, GAUDEMET Yves, *Traité de droit administratif*, tome 1, 15ème édition, LGDJ, Paris, 1999, page 1003.

« responsabilité extra-contractuelle »[436], quand elle n'a pas mêlé l'enrichissement sans cause et la responsabilité quasi-délictuelle sur le même *« terrain de la responsabilité extra-contractuelle »*[437] ou dans *« l'action en responsabilité extra-contractuelle »*[438]. Parfois encore, la doctrine a considéré que la nullité ouvrait des *« droits à indemnité extra-contractuelle »*[439]. Une telle situation se comprend tout à fait en raison des nombreuses subtilités qui entourent, en particulier, la théorie de l'enrichissement sans cause. Mais, le corollaire de ce mélange des genres, c'est la confusion et le partage des responsabilités.

Cette imperméabilité amène à se demander si l'enrichissement sans cause ne tend pas à se rapprocher de la responsabilité extra-contractuelle *sans faute.*

Stéphanie Hennette-Vauchez s'est interrogée sur cette éventualité en ajoutant *« que ce sont également des préoccupations*

---

436 1/ CASTAING Bernard, NOGUELLOU Rozen, PREBISSY-SCHNALL Catherine, *Les marchés publics*, Litec, Paris, 2002, page 187 : les auteurs évoquent également une *« indemnisation sur le fondement de la responsabilité non contractuelle »* pour qualifier l'action indemnitaire en cas de nullité du contrat administratif.
2/ BRACONNIER Stéphane, *Précis du droit des marchés publics*, 2ème édition, Le Moniteur, Paris, 2007, page 449 : l'auteur explique qu'après déclaration de la nullité d'un contrat une transaction *« ne peut, en effet, être conclue que sur des fondements extra-contractuels, enrichissement sans cause ou responsabilité quasi-délictuelle, par exemple »*.

437 DELELIS Philippe, *op. cit.*, page 20 – DELACOUR Eric, « Note sous CAA Marseille, 26 juin 2003, *Compagnie générale de stationnement contre Ville de Toulon*, req. n° 99MA01920 », *CMP*, n° 11, novembre 2003, comm. n° 212, page 33 – LINDITCH Florian, « Obs. sous CAA Marseille, 25 mai 2007, *SARL Environnement services*, req. n° 04MA01417 », *JCP (A)*, n° 42, 15 octobre 2007, comm. n° 2266, page 33.

438 1/ TERNEYRE Philippe, « Obs. sous CE Section, 20 octobre 2000, *Société Citécable Est*, req. n° 196553 », *op. cit.*, page 65.
2/ Par la suite, l'auteur a opéré une distinction entre *« responsabilité quasi-contractuelle »* et *« responsabilité quasi-délictuelle »* (TERNEYRE Philippe, « Le droit du contentieux des contrats administratifs a-t-il enfin atteint sa pleine maturité ? », *in* EDCE, *Rapport public 2008 – Le contrat, mode d'action publique et de production de normes*, n° 59, La Documentation française, 2008, page 387).

439 POUYAUD Dominique, *La nullité des contrats administratifs*, *op. cit.*, page 489.

liées à l'équité qui fondent l'existence même d'un régime administratif de responsabilité sans faute »[440].

D'ailleurs, la responsabilité extra-contractuelle *sans faute* repose généralement sur le principe d'égalité devant les charges publiques[441]. Or, dans sa thèse datée de 1930, Pierre Roques percevait dans l'enrichissement sans cause *« une sorte de corollaire du principe d'égalité devant les charges publiques et qui serait le principe d'égalité devant les avantages collectifs »*[442].

Maurice Hauriou, quant à lui, examinait, dans son *Précis de droit administratif*, *« diverses hypothèses dans lesquelles, pratiquement, l'opération administrative entraîne au profit de l'Administration un enrichissement sans cause qui justifie une indemnité »*. Parmi ces *« hypothèses »*, on trouvait, en particulier,

---

440 HENNETTE-VAUCHEZ Stéphanie, *op. cit.*, page 1197.

441 *Cf.* les cas de mise en cause de la responsabilité extra-contractuelle sans faute fondée sur une rupture de l'égalité devant les charges publiques :
1/ CE, 30 novembre 1923, *Sieur Basilio Couitéas*, req. n° 38284, 48688, *GAJA*, pages 253-260 : un jugement devenu définitif doit recevoir exécution avec concours de la force publique, sauf quand il en va de l'intérêt général (risque d'émeutes). Mais, dans ce cas, l'article 13 de la Déclaration des droits de l'Homme et du citoyen commande d'indemniser toute rupture de l'égalité devant les charges publiques si elle entraîne une charge anormale et spéciale.
2/ CE Assemblée, 14 janvier 1938, *SA des produits laitiers La Fleurette*, *op. cit.* : indemnisation des conséquences dommageables d'une loi.
3/ CE Section, 15 février 1961, *Sieur Werquin*, *op. cit.* : indemnisation des conséquences dommageables d'une décision administrative légale.
4/ CE Assemblée, 30 mars 1966, *Compagnie générale d'énergie radio-électrique*, *op. cit.* : indemnisation des conséquences dommageables d'un traité.
5/ CE Assemblée, 7 mai 1971, *Ministre de l'économie et des finances et Ville de Bordeaux contre Sieur Sastre*, req. n° 74669, 74977, *Rec.*, page 334 (concl. Michel GENTOT) : indemnisation des conséquences dommageables du défaut d'application d'une décision administrative légale.

442 BAYLE Gabriel, *op. cit.*, page 30.

les *« dommages permanents résultant de travaux publics »*[443]. Or, bien que la jurisprudence ait emprunté un autre chemin[444], il n'en reste pas moins que la réparation de tels dommages permanents résultant de travaux publics, qui paraissait *hier* fondée sur l'enrichissement sans cause, est *aujourd'hui* classée dans la catégorie de la responsabilité extra-contractuelle *sans faute* en ce qui concerne notamment les tiers[445].

Le commissaire du gouvernement Henri Savoie, dans ses conclusions sur la décision *Citécable Est* précisait, pour sa part, que la *« limitation du droit à indemnisation »* aux *dépenses utiles*, en principe inhérente à la théorie de l'enrichissement sans cause, se retrouve également dans certains cas de responsabilité extra-contractuelle *sans faute*[446]. On pense, en effet, à la théorie des collaborateurs de fait qui emprunte la notion de « dépenses utiles » afin de limiter l'indemnisation réclamée par tout collaborateur occasionnel du service public.

Par ailleurs, l'invocabilité ouverte pour la première fois en appel, depuis la même affaire *Citécable Est*, ne tend-elle pas à

---

[443] 1/ HAURIOU Maurice, *Précis de droit administratif et de droit public*, 10ème édition, Sirey, Paris, 1921, pages 382-384.
2/ Le Doyen de la faculté de droit de Toulouse voyait même dans une décision *Tardy* (CE, 5 avril 1922, *Tardy*, req. n° 63605, *Rec.*, page 325) une orientation de la *« théorie des dommages permanents vers l'enrichissement sans cause »* (HAURIOU Maurice, *Précis de droit administratif et de droit public*, 12ème édition, Sirey, Paris, 1933, pages 543-544). En effet, dans la décision en question, le Conseil d'Etat a recours au *« degré d'utilité »* pour l'Administration des travaux engagés par le propriétaire privé pour faire face aux conséquences dommageables de l'exécution des travaux publics.
2/ Au soutien de la vision du Doyen Hauriou, *cf.* ALEXANDRESCU Petre, *L'enrichissement sans cause considéré comme source d'obligations quasi-contractuelles en droit administratif*, Thèse Paris, Editions Mechelink, Paris, 1930, pages 8-10.

[444] A ce sujet, Paul Duez mettait en exergue dès 1938 la différence entre la réparation des dommages permanents résultant de travaux publics – *« réparation intégrale du dommage causé à l'administré »* – et l'enrichissement sans cause – *« réparation égale au montant de l'enrichissement réalisé par l'Administration »* (DUEZ Paul, *op. cit.*, page 90).

[445] Les tiers sont les personnes autres que les participants aux travaux ou les usagers qui profitent des travaux (MORAND-DEVILLER Jacqueline, *op. cit.*, page 777).

[446] SAVOIE Henri, *op. cit.*, page 364.

donner au fondement indemnitaire un caractère d'ordre public à l'image de la responsabilité extra-contractuelle *sans faute* ?

Pourtant, enrichissement sans cause et responsabilité extra-contractuelle ne sont pas assimilables et constituent bien « *deux terrains de responsabilité complémentaires* »[447]. En l'état actuel de la jurisprudence, il faut donc distinguer « *responsabilité quasi-contractuelle* » d'un côté et « *responsabilité extra-contractuelle* » d'un autre[448] ; « *enrichissement sans cause* » d'une part et « *responsabilité quasi-délictuelle* » d'autre part[449].

D'ailleurs, la jurisprudence, relayée par la doctrine, a régulièrement affirmé que l'ex-cocontractant a droit aux remboursements de ses dépenses utiles « *en tout état de cause* »[450], alors même, par exemple, qu'il aurait « *commis des fautes ou imprudences à l'occasion de la passation des marchés* »[451] (sous quelques réserves, *cf. supra*, première partie, chapitre 1, section 1, paragraphe 1).

Dans l'affaire du métro bordelais, le tribunal administratif exclut même expressément que les dépenses utiles puissent être l'objet d'un partage de responsabilités[452].

Au début de l'année 2008, à deux reprises en l'espace de quelques semaines, le Conseil d'Etat a très clairement, d'une part, pris position contre le partage global et, d'autre part, réaffirmé la qualification « *quasi-contractuelle* » de la réparation due au titre de

---

[447] CASAS Didier, « Concl. sur CE, 16 novembre 2005, *Messieurs Auguste contre Commune de Nogent-sur-Marne*, req. n° 262360, 263709 », *BJCP*, n° 45, avril 2006, page 130.

[448] GUETTIER Christophe, *Droit des contrats administratifs*, *op. cit.*, page 474.

[449] 1/ RICHER Laurent, *Droit des contrats administratifs*, 6ème édition, LGDJ, Paris, 2008, pages 212-213.
2/ DEPORCQ Dominique, SCHMIDT Philippe, *op. cit.*, Partie 1, chapitre 1.D, pages 11-12.

[450] Rappelons le principe selon lequel « *L'entrepreneur dont le contrat est entaché de nullité est fondé à réclamer, en tout état de cause, le remboursement de celles de ses dépenses qui ont été utiles à la collectivité envers laquelle il s'était engagé* ».

[451] LLORENS François, « Obs. sous CAA Versailles, 5 juillet 2005, *Commune de Ris-Orangis contre Société Bureau d'études techniques Berim*, req. n° 03VE04447 », *CMP*, n° 1, janvier 2006, comm. n° 14, page 17.

[452] TA Bordeaux, 10 juin 1999, *Société MB2*, *op. cit.*

l'enrichissement sans cause. Les juges du Palais Royal ont ainsi posé qu'aucune faute[453] antérieure à la signature du contrat[454], même si l'ex-cocontractant ne pouvait en ignorer l'illégalité, ne peut être opposée en vue de diminuer le remboursement des dépenses utiles. Dans l'affaire *Decaux*, plus particulièrement, la cour administrative d'appel de Marseille avait plafonné les indemnités quasi-contractuelle et quasi-délictuelle à hauteur de 50%. Le Conseil d'Etat, quant à lui, évince toute limitation quasi-contractuelle tout en maintenant la responsabilité de l'ex-cocontractant au titre de la faute quasi-délictuelle[455].

Ainsi, c'est bien la seule indemnité quasi-délictuelle qui peut être limitée en raison de la faute quasi-délictuelle de l'ex-cocontractant.

Paragraphe 2 - **Le plafonnement de l'indemnité quasi-délictuelle**

L'indemnité quasi-délictuelle peut être plafonnée du fait de l'implication du créancier dans la faute quasi-délictuelle du débiteur. Et, à défaut, la même indemnité peut subir les conséquences d'une faute « contractuelle ».

La fixation du *quantum* consécutif à une faute quasi-délictuelle devrait, en principe, refléter la contribution de l'ex-cocontractant à la compromission. En réalité, il est plus exact d'affirmer que le juge forme son appréciation au cas par cas en fonction, tout d'abord, des circonstances de chaque espèce et, ensuite, de ce que lui suggère l'équité. En effet, on observe que la part demeurant à la charge du créancier se situe, généralement, dans une fourchette comprise entre 25% et 50% du préjudice quasi-délictuel – rarement

---

453 Telle la méconnaissance des règles régissant les procédures de passation.

454 *« Sauf si le contrat a été obtenu dans des conditions de nature à vicier le consentement (...), ce qui fait obstacle à l'exercice d'une telle action ».*

455 1/ CE, 22 février 2008, *Monsieur Tête, op. cit.*

2/ CE Section, 10 avril 2008, *Société Jean-Claude Decaux et Département des Alpes-Maritimes, op. cit.*

plus – sans qu'il soit *a priori* possible d'établir un lien entre ces différentes appréciations.

Ainsi, dans les contentieux résultant, soit de la nullité à raison de la procédure biaisée par la convocation de quelques concurrents à une réunion d'information[456], soit de la transmission tardive de la délibération au Préfet[457], le juge administratif a procédé à *« une juste appréciation des circonstances de l'espèce »* en retenant la responsabilité quasi-délictuelle de l'Administration à hauteur de 75% du préjudice subi par l'ex-cocontractant. Dans deux autres litiges où la nullité résultait, dans chaque cas, du choix d'une procédure de passation erronée, la cour administrative d'appel de Versailles a limité l'indemnisation des bénéfices manqués à 70% dans un cas[458] et à 60% dans l'autre[459]. Dans l'affaire du métro de Bordeaux, la coresponsabilité, à raison de la signature d'un contrat portant sur des prestations déjà exécutées, a entraîné un plafonnement à hauteur de 50% des seules dépenses qualifiées de « non utiles »[460]. Le même partage a été retenu pour limiter le préjudice quasi-délictuel issu de l'absence d'un vote de l'assemblée délibérante sur le principe d'une procédure d'appel d'offres avec concours[461].

Toutefois, il semblerait que le juge administratif se fonde, à titre principal, sur le degré de conscience que pouvait avoir l'ex-cocontractant au moment où il a commis la faute quasi-délictuelle.

Ainsi, dans l'affaire *Decaux*, concernant le recours à une procédure de passation irrégulière que l'entrepreneur ne pouvait pas ignorer en raison d'une précédente mise en garde par le juge administratif (*cf. supra*, ce chapitre, section 1, paragraphe 1), ledit entrepreneur s'est vu refuser toute indemnité quasi-

---

[456] CAA Marseille, 4 décembre 2006, *SAS Onet*, *op. cit.*
[457] CAA Versailles, 3 mars 2005, *Commune de Port-Marly*, *op. cit.* : il est utile de se souvenir que l'ex-cocontractant était une société d'économie mixte (SEM).
[458] CAA Versailles, 5 juillet 2005, *Commune de Ris-Orangis contre Société Bureau d'études techniques Berim*, *op. cit.*
[459] CAA Versailles, 14 septembre 2006, *Société Avenance Enseignement et Santé*, *op. cit.*
[460] TA Bordeaux, 10 juin 1999, *Société MB2*, *op. cit.*
[461] CE, 26 mars 2008, *Société Spie Batignolles*, *op. cit.*

délictuelle[462]. En conséquence, la société n'a touché aucun des bénéfices dont elle a été privée en raison de la nullité du contrat, lequel avait été conclu en 1989, pour une durée de quinze ans, avant d'être annulé dès 1992.

Il faut ici mentionner le principe, que la décision rappelle, guidant l'indemnisation quasi-délictuelle :

> *« Dans le cas où la nullité du contrat résulte d'une faute de l'Administration, l'entrepreneur peut en outre, sous réserve du* ***partage*** *de responsabilités découlant le cas échéant de ses propres fautes, prétendre à la réparation du dommage imputable à la faute de l'Administration ».*

Finalement, moins qu'un *« partage »*, on se trouve ici en présence d'une limitation complète. Cette dernière revient à exonérer l'Administration de sa responsabilité au titre de la faute de service commise. Le Conseil d'Etat l'a d'ailleurs confirmé dans l'affaire *Decaux* au profit du département des Alpes-Maritimes :

> *« Le département (...) est fondé à soutenir que c'est à tort que le tribunal administratif de Nice a admis que sa responsabilité quasi-délictuelle devait être retenue »*[463].

Dans ses conclusions, le commissaire du gouvernement Bertrand Dacosta le justifiait en précisant que l'Administration fautive n'en tirait aucun bénéfice et se retrouvait même en position de *« première victime »*. Celui qu'on dénomme aujourd'hui « rapporteur public »[464] considérait que si la collectivité qui n'a mis aucun soumissionnaire en concurrence fait des économies de procédure administrative, elle se prive en même temps des avantages offerts par la mise en concurrence, c'est-à-dire de trouver une offre plus intéressante qualitativement et, ou, économiquement. Le cocontractant, quant à lui, a été le co-auteur

---

[462] *Cf.* également CAA Lyon, 9 avril 2009, *Commune d'Aix-les-Bains*, *op. cit.*

[463] CE Section, 10 avril 2008, *Société Jean-Claude Decaux et Département des Alpes-Maritimes*, *op. cit.*

[464] Depuis le 2 février 2009, la dénomination de « commissaire du gouvernement » a été remplacée par celle plus neutre de « rapporteur public » (article 1 du décret n° 2009-14 du 7 janvier 2009 relatif au rapporteur public des juridictions administratives et au déroulement de l'audience devant ces juridictions, *JORF*, n° 6, 8 janvier 2009, page 479).

d'une *« irrégularité manifeste dont il a été le seul bénéficiaire »*. Et, puisque les dépenses utiles lui ont déjà été remboursées[465] et qu'il ne s'agit que d'indemniser une perte de bénéfices, *« le bon équilibre de la construction jurisprudentielle »* contribue à ce que la *« faute caractérisée »* du cocontractant lui *« interdi[se] »* de réclamer une indemnité quasi-délictuelle[466].

Un tel raisonnement implique deux autres remarques. En premier lieu, on sent bien ici la recherche d'équité guidant le juge administratif qui met en balance tous les faits ainsi que des considérations de justice morale afin d'aboutir au meilleur équilibre possible[467]. En second lieu, on ressent encore la confusion des fondements quasi-contractuel et quasi-délictuel. Il semble, en effet, qu'en l'absence de remboursement des dépenses utiles, l'ex-cocontractant aurait, éventuellement, pu obtenir une indemnité quasi-délictuelle.

Au demeurant, ce critère du degré de conscience de la faute pour justifier le plafonnement de l'indemnité quasi-délictuelle se retrouve également dans l'hypothèse d'une faute « contractuelle ». En effet, l'ex-cocontractant étant réputé connaître les engagements contractuels qu'il a signés, il en résulte, dans la plupart des cas, qu'il est privé de toute indemnité quasi-délictuelle en cas de faute « contractuelle » puisqu'il s'est lui-même placé *« dans une situation illégitime »*[468].

Un retard dans l'exécution du contrat a ainsi justifié que les bénéfices manqués ne soient, notamment, pas remboursés[469].

---

465 A l'exclusion, toutefois, de ses frais financiers.

466 DACOSTA Bertrand, « Concl. sur CE Section, 10 avril 2008, *Société Jean-Claude Decaux et Département des Alpes-Maritimes*, req. n° 244950, 284439, 284607 », *op. cit.*, pages 31-32.

467 Arrivant au bout de ses conclusions sur l'arrêt *Decaux*, le commissaire du gouvernement Bertrand Dacosta précise que la *« solution »* donnée vise à *« concilier la nécessité de tirer toutes les conséquences juridiques de l'annulation d'un contrat et celle de* ***régler le sort des parties dans le sens le plus conforme à l'équité*** *»*.

468 TA Limoges, 16 décembre 2004, *Société auxiliaire de parcs SA contre Commune de Brive*, *op. cit.*

469 CE, 19 avril 1974, *Ministre de l'équipement et du logement contre Société Entreprise Louis Segrette*, *op. cit.*

Dans une procédure en référé, l'octroi d'une provision quasi-délictuelle au titre de la perte de bénéfices a été refusé au motif que le concessionnaire avait mis fin unilatéralement à l'exploitation du service[470]. On peut aussi remarquer, au passage, la recherche d'équité par le juge. En effet, en l'espèce, la concession était déficitaire. L'indemnisation des bénéfices manqués, pour légitime qu'elle soit en cas de nullité du contrat, serait donc revenue à transformer les mauvaises affaires du concessionnaire en un contrat juteux au détriment de l'Administration.

Dans l'affaire *Citécable Est*, les manquements « contractuels », outre le fait que l'entreprise ait perçu une subvention communale et des redevances des usagers, justifient que l'ex-cocontractant ne perçoive aucune indemnité à titre quasi-délictuel :

> *« Il résulte de l'instruction que la société Citécable Est a perçu une subvention de la commune ainsi que des redevances des usagers alors même qu'elle n'a pas honoré les* ***engagements techniques et financiers dont elle était redevable*** *; que, dans ces conditions, cette société ne justifie pas avoir subi un préjudice imputable à la faute commise par la commune en concluant le contrat dans des conditions irrégulières ; que cette société n'est, par suite, pas fondée à demander réparation du préjudice que cette faute lui aurait causé »*[471].

La faute « contractuelle », la subvention et les redevances sont les trois *« conditions »* qui permettent au juge de ne reconnaître aucun préjudice quasi-délictuel. Si la subvention et les redevances sont autant d'éléments financiers qui auraient déjà atténué le préjudice, les manquements « contractuels » justifient donc que le juge n'octroie aucune indemnité complémentaire[472].

Dans un arrêt *Sannois*, rendu en 2006 par la cour administrative d'appel de Versailles, la faute du cocontractant qui avait entraîné sa déchéance sous l'empire du contrat justifie qu'il ne soit pas indemnisé au titre de la responsabilité quasi-délictuelle de l'Administration. Ainsi, les règlements déjà perçus en paiement

---

[470] CAA Paris, 18 novembre 2003, *Commune de Nogent-sur-Marne*, *op. cit.* – CE, 16 novembre 2005, *Messieurs Auguste contre Commune de Nogent-sur-Marne*, *op. cit.*

[471] Les *« engagements techniques et financiers »* sont bien ceux du contrat déclaré nul puisqu'il n'est pas question d'autres types d'obligations, ni dans la décision, ni dans les conclusions du commissaire du gouvernement.

[472] CE Section, 20 octobre 2000, *Société Citécable Est*, *op. cit.*

des prestations utiles sont conservés par l'ex-cocontractant. Et, le titre de recette émis à son encontre portant la sanction contractuelle en raison de la faute grave (93 131,10 euros) est annulé. Rien n'est moins logique puisque le contrat étant déclaré nul, tous les actes qui s'y rapportent devenant caduques, ils sombrent avec la convention. Mais la faute « contractuelle » demeurera, quant à elle, afin de justifier que les bénéfices escomptés réclamés par l'ex-cocontractant (93 072,87 euros) ne soient pas indemnisés[473]. Comme le relève Muriel Dreifuss, commentant l'affaire à la lumière de la décision *Citécable Est* :

> *« Le juge choisit une nouvelle fois d'**assouplir les catégories juridiques**, la **distinction entre les responsabilités contractuelle et quasi-délictuelle**, afin de ménager des solutions équitables pour l'Administration et son cocontractant »*[474].

A partir de cette confusion des catégories juridiques, on peut alors imaginer un raisonnement simple et réalisable, mais injuste. A la suite de toute faute « contractuelle » de l'ex-cocontractant, l'Administration opposant la nullité pourrait, d'une part, se désengager vis-à-vis de son prestataire et, d'autre part, ne lui payer que les seules dépenses utiles en lieu et place d'une indemnité de résiliation qui risquerait d'être plus coûteuse économiquement. En pareille hypothèse, il ne resterait que le recours à l'équité pour sauvegarder le patrimoine du justiciable.

* * *

Au total, le juge administratif peut donc limiter l'indemnité quasi-délictuelle en fonction des fautes de l'ex-cocontractant, qu'elles soient quasi-délictuelles ou « contractuelles ».

La survivance des fautes commises au cours de l'exécution du contrat se justifie également par l'existence du principe directeur du plafond « contractuel ». Il faut l'étudier avant de pouvoir observer comment se calcule, en pratique, l'indemnisation proprement dite.

---

473 CAA Versailles, 13 juin 2006, *Commune de Sannois*, *op. cit.*
474 DREIFUSS Muriel, *op. cit.*, page 15.

Chapitre 2

Le plafond « contractuel »

La nullité contractuelle peut tomber comme un couperet. Pour le partenaire de l'Administration, il peut s'en suivre de lourdes conséquences financières et morales. Imaginons quelle peut être la réaction des parties prenantes de l'entreprise, dont les banques en particulier. Ces dernières, tout comme l'entrepreneur[475], peuvent perdre confiance dans la valeur de la société. L'ex-cocontractant pourrait alors demander au juge, au titre de la responsabilité quasi-délictuelle, une indemnité pour le préjudice moral subi du fait de la disparition du contrat[476]. Mais une règle s'y oppose et tient dans le plafonnement de l'indemnisation quasi-délictuelle aux termes, et à l'exécution des termes, du contrat.

La règle du plafond « contractuel » est un véritable principe directeur (section 1) qui est, cependant, tempéré par deux exceptions, à savoir l'éventuelle adjonction à l'indemnité, d'une part, de la taxe sur la valeur ajoutée (TVA) due par l'entrepreneur et, d'autre part, d'intérêts au taux légal (section 2).

---

[475] A titre d'illustration, dans un litige concernant la résiliation irrégulière d'un contrat de marché public, le commissaire du gouvernement Gildas Dacre-Wright a émis l'idée d'une possible réparation forfaitaire pour le *« trouble créé dans la direction d'une entreprise par le fait, pour son chef, de se croire tranquille pour dix ans et, en réalité, de découvrir qu'il n'en est rien »* puisqu'il a perdu le contrat (DACRE-WRIGHT Gildas, « Concl. sur CAA Paris, 6 juin 1991, *OPHLM de Villeneuve-Saint-Georges contre Monsieur Courteille*, req. n° 89PA00695, 89PA00696 », *RFDA*, n° 2, mars-avril 1992, page 223).

[476] Sur les difficultés de l'indemnisation des atteintes à l'honneur ou à la réputation professionnelle dans le domaine des contrats administratifs, *cf.* BOULAY Jérémie, « L'honneur, la réputation professionnelle… et le Code des marchés publics », *CMP*, n° 3, mars 2001, chron. n° 3, pages 6-8.

Section 1

Un principe directeur

Le plafond « contractuel », c'est-à-dire la limitation de l'indemnité quasi-délictuelle à ce qui ressort des termes, et de l'exécution des termes, du contrat, est un guide figurant en fin d'énoncé de la méthode d'indemnisation employée par le juge administratif.

Il était envisageable d'expliciter ce principe limitatif en diagonale tout au long de cette étude. Mais un tel choix aurait entraîné une restriction de sa compréhension et une diminution de sa prééminence.

Signalons, au passage, la difficulté que l'on peut avoir à admettre l'existence d'un plafond « contractuel » en sachant que la nullité, en principe, entraîne *« la disparition rétroactive du contrat »*[477]. Michel Paillet s'interroge sur le caractère *« raisonnable[] »* d'un tel mécanisme[478]. Dominique Pouyaud, dans sa thèse publiée en 1991, soulignait ainsi :

> *« Il y a quelque paradoxe, après avoir explicitement indiqué que le requérant ne saurait se prévaloir des dispositions du contrat à se fonder sur ces stipulations pour évaluer le préjudice (...). La fiction de la disparition rétroactive du contrat frappé de nullité apparaît ainsi particulièrement fragile »*[479].

De surcroît, comme une subtilité supplémentaire, le principe directeur a pu être énoncé sous plusieurs formes (paragraphe 1). Cette multitude, heureusement, ne nous empêchera pas de dégager un sens commun (paragraphe 2).

---

477 BOITEAU Claudie, *op. cit.*, page 226.

478 PAILLET Michel, « Quelques réflexions sur les rapports entre responsabilité administrative contractuelle et extra-contractuelle : sur la "tyrannie" du principe de primauté de la responsabilité contractuelle », *Contrats publics : Mélanges en l'honneur du Professeur Michel Guibal*, Presses de la Faculté de droit de Montpellier, Montpellier, 2006, page 571.

479 POUYAUD Dominique, *La nullité des contrats administratifs*, *op. cit.*, page 507.

Paragraphe 1 – **Trois énoncés possibles**

Il faut repartir en 1974, lorsque le Conseil d'Etat pose, dans sa décision *Société Entreprise Louis Segrette*, la méthode d'indemnisation utilisée à la suite d'un constat de nullité. Comme nous l'avons déjà étudié jusqu'ici :

> *« L'entrepreneur dont le contrat est entaché de nullité est fondé à réclamer, en tout état de cause, le remboursement de celles de ses dépenses qui ont été utiles à la collectivité envers laquelle il s'était engagé ; que si, dans le cas où la nullité du contrat résulte (...) d'une faute de l'Administration, l'entrepreneur peut en outre prétendre à la réparation du dommage imputable à cette faute ».*

Mais comme nous allons maintenant l'examiner :

> Les demandes d'indemnité quasi-délictuelle *« ne sauraient être admises (...) si le remboursement à l'entrepreneur de ses dépenses utiles lui assure une rémunération supérieure à celle à laquelle il aurait eu droit en* ***application des stipulations du contrat*** *»*[480].

Cette formulation est reprise à l'identique dans un arrêt *Fontenay-le-Fleury* de 1979[481].

Pourtant, par la suite, le principe a été exprimé autrement. Lorsque l'on procède à une analyse comparative de ces différents énoncés, la jurisprudence ne semble donc pas, *a priori*, constante en ce qui concerne le plafond « contractuel ».

En effet, dans ses arrêts *Citécable Est* de 2000[482] et *Nogent-sur-Marne* de 2005[483], il est posé que l'indemnité quasi-délictuelle peut être octroyée si l'indemnité quasi-contractuelle n'assure pas à l'entreprise *« une rémunération supérieure à celle que l'****exécution du contrat*** *lui aurait procurée »*.

---

[480] CE, 19 avril 1974, *Ministre de l'équipement et du logement contre Société Entreprise Louis Segrette*, *op. cit.*

[481] CE, 23 mai 1979, *Commune de Fontenay-le-Fleury*, *op. cit.*

[482] CE Section, 20 octobre 2000, *Société Citécable Est*, *op. cit.*

[483] CE, 16 novembre 2005, *Messieurs Auguste contre Commune de Nogent-sur-Marne*, *op. cit.*

Mais la jurisprudence semble, finalement, n'opérer aucune distinction entre la *« rémunération supérieure »* en *« application des stipulations du contrat »* (jurisprudences *Citécable Est* et *Nogent-sur-Marne*) ou à *« l'exécution du contrat »* (jurisprudences *Société Entreprise Louis Segrette* et *Fontenay-le-Fleury*). En effet, un même jugement affirme parfois les deux variantes[484]. D'ailleurs, littéralement, appliquer les stipulations d'un acte juridique, c'est exécuter ce dernier. Ainsi, appliquer les stipulations contractuelles revient à exécuter le contrat.

« Application », « exécution », on relève encore une troisième formulation. Dans sa décision *Commune de Saint-Tropez* de 1995, relative à dix-sept contrats de marché public annulés, le Conseil d'Etat pose, et l'expression semble inédite[485], que l'indemnité quasi-contractuelle peut être augmentée d'une indemnité quasi-délictuelle *« dans la limite du prix du marché »*[486]. Dans l'affaire du métro bordelais, le tribunal administratif limite aussi l'indemnisation au *« prix du marché »*[487]. On peut interpréter cette dernière expression à la lumière de celle employée par l'arrêt de la cour administrative d'appel en 2004 sur la même affaire. Confirmant le jugement de première instance, la cour a précisé que la rémunération ne saurait être supérieure à celle que l'intéressé *« aurait eu droit en application des stipulations du contrat »*[488]. D'ailleurs, les deux énoncés – « prix du marché »[489] et « application »[490] – ont également pu être mentionnés dans un même jugement[491].

---

[484] TA Nice, 12 novembre 2004, *SARL Société niçoise d'étude et d'entretien contre Commune de Cap-d'Ail*, *op. cit.*

[485] SABIANI François, *op. cit.*, page 12.

[486] CE, 8 décembre 1995, *Commune de Saint-Tropez*, *op. cit.*

[487] TA Bordeaux, 10 juin 1999, *Société MB2*, *op. cit.*

[488] CAA Bordeaux, 30 mars 2004, *Malmezat Prat*, *op. cit.*

[489] *« Les limites indemnitaires du prix des marchés ».*

[490] *« Une rémunération supérieure à celle à laquelle il aurait eu droit en application des stipulations du contrat ».*

[491] TA Nice, 12 novembre 2004, *SARL Société niçoise d'étude et d'entretien contre Commune de Cap-d'Ail*, *op. cit.*

François Sabiani relève que la formule issue de la jurisprudence *Commune de Saint-Tropez* semble limiter l'indemnité au prix contractuel tandis que, *« si on les prend à la lettre »*, les termes de la jurisprudence *Société Entreprise Louis Segrette* et de ses jumelles semblent admettre que l'indemnité quasi-contractuelle soit supérieure au prix contractuel ce qui exclut alors toute indemnité quasi-délictuelle[492].

Mais, comme nous venons de le démontrer, les formulations peuvent être utilisées alternativement dans le texte des jugements, voire d'une instance à une autre. Il doit donc y avoir là un sens directeur que la jurisprudence souhaite indiquer, tout en hésitant, et c'est regrettable, sur les mots à employer.

Paragraphe 2 - **Une signification commune**

Quel que soit l'énoncé, il apparaît clairement que l'indemnité quasi-contractuelle doit être *« inférieure au prix résultant du contrat »* pour que l'indemnité quasi-délictuelle puisse faire la jonction jusqu'au plafond « contractuel »[493]. Partant, si l'indemnité quasi-contractuelle est supérieure au prix contractuel, l'examen subséquent de la responsabilité quasi-délictuelle fait apparaître l'inexistence d'une perte résultant de la nullité du contrat. Jusque là, le raisonnement est logique si l'on considère, en effet, que le préjudice induit par la nullité n'est, dans tous les cas, jamais plus que la privation de la rémunération contractuelle[494].

Deux autres idées peuvent être extraites de ces énoncés pour définir en quoi consiste le plafond « contractuel » : l'une circonscrit l'indemnité aux clauses financières du contrat, telles qu'elles ont été prévues à sa signature, tandis que l'autre fait prévaloir les stipulations matérielles du contrat, qu'elles soient initiales ou postérieures à sa signature.

---

[492] SABIANI François, *op. cit.*, page 13.

[493] CAA Nancy, 12 mai 2005, *Commune d'Amnéville*, *op. cit.*

[494] On peut souligner qu'une telle chronologie prouve encore la primauté de l'enrichissement sans cause et, corollairement, la subsidiarité de la responsabilité quasi-délictuelle.

La première interprétation est trop réductrice. La limitation stricte au prix contractuel semble impliquer que le montant de l'indemnisation accordée par le juge ne doive pas dépasser financièrement le prix déterminé dans une stipulation du contrat initial. A titre d'illustration, si les parties avaient contractuellement convenu d'une rémunération de 101 781,22 euros, un préjudice allégué de 502 337 euros, *« près de cinq fois supérieur au prix »*, ne serait donc pas indemnisé en totalité[495].

Mais à quoi sert une règle de limitation au prix contractuel lorsque celui-ci est imprécis ou n'est pas convenu du tout[496] ? Et, qu'en est-il des bénéfices dans une telle situation, voire lorsque le contrat laissait à l'exploitant une part de risque financier[497] ? La question centrale est de savoir à quoi correspond cette rémunération ?

Une approche matérielle est donc plus pertinente. Cette seconde interprétation permet de couvrir toutes les réalités contractuelles possibles.

En effet, à titre d'illustration, dans certains contrats de mobilier urbain, l'installation d'abribus avec affichage publicitaire sur le domaine public compense l'absence de redevance d'occupation dudit domaine. La commune trouve alors son compte dans le matériel fourni tandis que le prestataire se rémunère par le biais des recettes publicitaires[498]. Par ailleurs, dans le cas d'une concession de service public, le coût de la construction du bien nécessaire à l'exploitation du service, par exemple le coût d'une station

---

[495] TA Nice, 13 juin 2003, *Société SEMUP contre Ville de Draguignan*, *op. cit.*

[496] CAA Lyon, 28 juin 2007, *Commune d'Annecy*, *op. cit.* : *« L'affermage du camping municipal, s'il mentionne le pourcentage de recettes perçu par le délégant, ne justifie ni de son montant ni de son mode de calcul »* contrairement à ce qui est requis par l'article L. 1411-2 du Code général des collectivités territoriales pour les contrats de délégation de service public.

[497] *Cf.* le contrat de concession du Stade de France par exemple : *« Article 39 – Equilibre financier de la Concession. Le concessionnaire assume la responsabilité du financement, de la conception, de la réalisation, de l'entretien et de l'exploitation du Grand Stade pendant toute la durée de la Concession »* (RICHER Laurent, *Droit des contrats administratifs*, 4ème édition, LGDJ, Paris, 2004, page 546).

[498] CAA Douai, 28 novembre 2006, *Société Jean-Claude Decaux*, *op. cit.*

d'épuration, n'est pas déterminé avec précision lors de la signature de la convention[499].

En pareilles situations, comment connaître avec précision le montant des bénéfices ? Dans les contrats de délégation de service public par exemple, ils ont un caractère contingent et leur création peut dépendre, notamment, de la conjoncture économique. Ainsi, une limitation matérielle permet au délégataire d'un service public de prétendre au paiement des bénéfices escomptés.

La traduction des formulations est donc que le juge administratif doit veiller à ce que le montant de l'indemnisation n'excède pas, à la fois, les prévisions inscrites au contrat augmentées, le cas échéant, des contingences liées à son exécution.

D'ailleurs, dans l'affaire *Commune de Saint-Tropez*, analysée à la lumière des conclusions du commissaire du gouvernement Christophe Chantepy, le Préfet, auteur du recours, critiquait originellement l'indemnisation *« du coût de prestations exécutées sans que les contrats annulés les aient [matériellement] prévues ». « Quelques jours avant que le tribunal administratif ne statue »* sur le déféré préfectoral, le conseil municipal de Saint-Tropez avait pris une nouvelle délibération supprimant les surcoûts relatifs aux prestations non prévues par les contrats[500].

Dans une décision de mars 2008, le Conseil d'Etat a confirmé que la limite globale devait s'apprécier en incluant, notamment, outre le prix du contrat initial, le montant des éventuels avenants et le coût des prestations supplémentaires pour lesquelles l'Administration avait donné son accord[501]. Un peu plus loin dans sa décision, la Haute Juridiction précise implicitement que la limite globale correspond à celle de *« l'indemnisation (...) sur le fondement contractuel »*. En d'autres termes, les réparations quasi-contractuelle et quasi-délictuelle se trouvent officiellement

[499] CAA Marseille, 30 juillet 2007, *Commune de Menton*, *op. cit.*

[500] CHANTEPY Christophe, « Concl. sur CE, 8 décembre 1995, *Commune de Saint-Tropez*, req. n° 144029 », inédites, page 2.

[501] Le commissaire du gouvernement ajoutait dans ses conclusions : *« Et, plus généralement, selon nous, toutes les dépenses qui auraient eu vocation à figurer dans le décompte général »* (DACOSTA Bertrand, « Concl. sur CE, 26 mars 2008, *Société Spie Batignolles*, req. n° 270772 », *op. cit.*, page 4).

modérées par la responsabilité contractuelle. Dans cette affaire, la cour administrative d'appel de Bordeaux avait écarté toute indemnité quasi-délictuelle au motif que l'indemnité quasi-contractuelle portait déjà l'indemnisation de l'ex-cocontractant à un niveau dépassant le *« montant initial du marché »* en raison de l'indemnisation des dépenses utiles liées aux travaux supplémentaires. Pour le Conseil d'Etat, l'erreur de droit commise par le juge d'appel vient du fait qu'à titre quasi-délictuel peuvent encore être remboursées les dépenses non utiles liées aux travaux supplémentaires ou aux intérêts moratoires[502] qui l'auraient été *« sur le fondement contractuel »*[503].

Cette règle du plafond « contractuel » vient aussi justifier l'éventuelle suppression de l'indemnité quasi-délictuelle en raison des fautes « contractuelles » commises par l'ex-cocontractant (*cf. supra*, cette partie, chapitre 1, section 1, paragraphe 2). A titre d'illustration, rappelons qu'en cas de retard dans l'exécution des travaux, le juge estime qu'en *« application des clauses du marché »* l'entrepreneur aurait eu à payer des pénalités, ce qui diminue d'autant le plafond « contractuel »[504].

La règle du plafond « contractuel » explique encore que si l'ex-cocontractant peut invoquer le *« préjudice commercial »* subi en raison de l'annulation d'un contrat (*cf. supra*, première partie, chapitre 2, section 2, paragraphe 1), même si un tel préjudice était direct et certain, le juge ne fait pas droit à son indemnisation si elle entraîne une *« rémunération supérieure à celle (...) en application des stipulations du contrat »* ou, autrement dit, au *« prix des marchés »*[505]. La responsabilité quasi-délictuelle est comme dénaturée. En effet, comme en l'espèce, elle ne permet plus à l'ex-

---

[502] Pour une décision refusant d'inclure le montant des intérêts moratoires dans le montant de l'indemnité quasi-délictuelle puisque le contrat est *« nul et de nul effet »*, *cf.* TA Grenoble, 22 octobre 2004, *Société Chila*, *op. cit.*
[503] CE, 26 mars 2008, *Société Spie Batignolles*, *op. cit.*
[504] CE, 19 avril 1974, *Ministre de l'équipement et du logement contre Société Entreprise Louis Segrette*, *op. cit.*
[505] TA Nice, 12 novembre 2004, *SARL Société niçoise d'étude et d'entretien contre Commune de Cap-d'Ail*, *op. cit.*

cocontractant d'obtenir *« une réparation intégrale et universelle »*[506].

Bien que régulièrement affirmée par le Conseil d'Etat, cette règle directrice n'est pas toujours mentionnée dans les jugements des tribunaux et cours inférieurs. Si cela n'a aucune incidence lorsque le seul enrichissement sans cause est invoqué[507], il peut en être autrement lorsqu'une indemnité quasi-délictuelle est également réclamée[508]. En effet, un tel plafond « contractuel » permet aussi de contenir les parties dans un litige dont la matière contractuelle doit demeurer la référence.

* * *

Au total, la lecture complète du moyen indemnitaire révèle une liaison entre les indemnités quasi-contractuelle et quasi-délictuelle. La seconde apparaît comme dépendante du montant de la première. Au surplus, c'est la rémunération contractuelle qui plafonne l'indemnisation toute entière. Le principe directeur permet finalement, en sus des conditions strictes relatives aux responsabilités quasi-contractuelle et quasi-délictuelle, de circonscrire le litige aux données contractuelles.

Cette nouvelle « clef de voûte » – signe d'un contrat *« ressuscité »*[509] – prévaut en toutes circonstances, à deux exceptions près.

---

[506] POUYAUD Dominique, « Le fondement de la responsabilité du fait des lois en cas de méconnaissance des engagements internationaux », *op. cit.*, page 526.

[507] CAA Marseille, 6 avril 2007, *OPAC Habitat Marseille Provence contre Société Theg*, *op. cit.*

[508] TA Limoges, 16 décembre 2004, *Société auxiliaire de parcs SA contre Commune de Brive*, *op. cit.*

[509] GRANGE Claude, *op. cit.*, pages 36.

Section 2

Deux exceptions

En vertu du plafond « contractuel » analysé ci-dessus, l'ex-cocontractant ne devrait pas percevoir une somme supérieure à celle à laquelle il aurait pu prétendre si le contrat avait été régulièrement exécuté. Il faut, quand même, relativiser deux fois ce principe.

Tout d'abord, l'ex-cocontractant assujetti au paiement de la taxe sur la valeur ajoutée (TVA), même si elle ne lui a pas été indemnisée à titre quasi-contractuel ou quasi-délictuel, peut demander un surplus d'indemnisation afin de couvrir son montant (paragraphe 1). Ensuite, même au cas où les intérêts moratoires ont été indemnisés à titre quasi-délictuel, l'ex-cocontractant peut encore réclamer des intérêts au taux légal afin de couvrir le coût d'immobilisation de ses capitaux (paragraphe 2).

Paragraphe 1 - **La taxe sur la valeur ajoutée (TVA)**

En principe, *« compte tenu de sa nature »*, l'indemnité couvrant l'enrichissement sans cause versée au prestataire ne saurait être *« augmentée du montant de la taxe sur la valeur ajoutée qui aurait grevé sa rémunération »*[510]. La TVA, en effet, n'est pas une charge utile à la collectivité ex-cocontractante.

Pourtant, dès sa décision *Société Entreprise Louis Segrette*, le Conseil d'Etat ajoutait à l'indemnité quasi-contractuelle la TVA au taux en vigueur à la date du règlement[511].

A l'inverse, dans l'affaire du métro de Bordeaux, le tribunal administratif s'y est refusé. Ainsi, oubliant la déclaration de nullité

[510] CAA Paris, 11 mai 2004, *Commune et OPHLM de Montereau, op. cit.*
[511] CE, 19 avril 1974, *Ministre de l'équipement et du logement contre Société Entreprise Louis Segrette, op. cit.* – CE Section, 10 avril 2008, *Société Jean-Claude Decaux et Département des Alpes-Maritimes, op. cit.*

et s'enfermant dans les clauses financières du contrat, le juge estimait que, *« sans mention de la taxe »*, le prix convenu lors de la conclusion du contrat de marché public tenait déjà compte de la TVA[512]. On était alors forcé de constater le primat du droit des contrats, en général, et des clauses contractuelles relatives au prix, en particulier.

L'ex-cocontractant ayant interjeté appel, la cour administrative confirmait que, sauf *« stipulation expresse »*, le prix contractuel inclut la taxe[513].

Après cassation de l'arrêt de la cour administrative d'appel de Bordeaux, le Conseil d'Etat statuant au fond a réformé la décision des premiers juges sur ce point[514]. Conformément à une jurisprudence ancienne[515], la Haute Assemblée a estimé que l'ex-cocontractant qui s'est acquitté de la TVA auprès de ses fournisseurs peut obtenir son indemnisation s'il est en mesure d'apporter la preuve qu'il ne pourra jamais la déduire ou se la faire rembourser[516].

Il faut préciser que, ne s'agissant pas d'une dépense utile à la collectivité, un tel supplément d'indemnité ne saurait avoir une origine quasi-contractuelle. En outre, le Conseil d'Etat, restituant intégralement le montant de la TVA, n'a pas appliqué le partage de responsabilité fixé à 50% pour l'indemnité quasi-délictuelle.

Se référant à l'article 256 du Code général des impôts[517], le Conseil d'Etat a confirmé et étendu ce principe en 2007. Il a été considéré que la somme octroyée par le juge, si elle prend bien *« la*

---

[512] TA Bordeaux, 10 juin 1999, *Société MB2*, *op. cit.* – *Cf.* le principe affirmé dans CE, 27 mars 1981, *SA Bureau de recherches et d'études pour l'architecture*, req. n° 12889, *Rec.*, page 167.

[513] CAA Bordeaux, 30 mars 2004, *Malmezat Prat*, *op. cit.*

[514] CE, 24 novembre 2006, *Malmezat Prat*, *op. cit.*

[515] CE Section, 29 janvier 1982, *SA des Docks Lorrains*, req. n° 13690, *Rec.*, page 44.

[516] *« A défaut (...) d'apporter une telle justification, le montant de l'indemnité ne doit pas inclure le montant de la taxe sur la valeur ajoutée »* indiqué, par exemple, sur les factures établies dans le cadre du marché (CAA Versailles, 3 mars 2005, *Commune de Port-Marly*, *op. cit.*).

[517] *« Sont soumises à la taxe sur la valeur ajoutée les livraisons de biens et les prestations de services effectuées à titre onéreux par un assujetti agissant en tant que tel »*.

forme d'une indemnité fixée par un tribunal », n'en demeure pas moins une « *rémunération du service ou du bien* » réalisé pour l'Administration. Dès lors, la TVA ne saurait être déduite, ni du montant de l'indemnité quasi-contractuelle, ni encore du montant de l'indemnité quasi-délictuelle[518].

La TVA est ainsi indépendante des principes guidant l'indemnisation de l'ex-cocontractant.

Cette règle se justifie d'autant plus que les collectivités territoriales et leurs groupements, ainsi que l'Etat, peuvent récupérer le montant de la TVA qu'ils auraient versé sous forme d'indemnité à leurs ex-cocontractants.

En ce qui concerne l'Etat, cela résulte de sa qualité de receveur des recettes fiscales. Le montant de la TVA versé par tout contribuable est destiné à alimenter le budget de l'Etat.

Les collectivités territoriales et leurs groupements peuvent également bénéficier du remboursement intégral de la TVA acquittée sur leurs dépenses réelles d'investissement. Les dépenses concernées sont principalement celles relatives aux travaux publics. Le Fonds de compensation pour la taxe sur la valeur ajoutée (FCTVA) est chargé d'effectuer ce remboursement[519] lorsque les collectivités et leurs groupements le lui demandent[520].

L'on aurait pu imaginer qu'à titre de sanction, les collectivités et leurs groupements ne puissent pas obtenir un tel remboursement toutes les fois où le montant de la TVA aurait été versé dans le cadre du contentieux indemnitaire de la nullité du contrat administratif. Toutefois, la loi du 28 décembre 2001 de finances pour 2002[521] dispose qu' « *en cas d'annulation d'un marché public par le juge, les dépenses réelles d'investissement des collectivités territoriales et de leurs groupements (...) ouvrent droit au remboursement de la taxe sur la valeur ajoutée acquittée* » bien qu'elles aient « *le caractère d'une indemnité* » et qu'elles soient

---

518 CE, 21 mars 2007, *Commune de Boulogne-Billancourt*, *op. cit.*

519 A ce titre, le FCTVA reçoit chaque année une dotation budgétaire fixée par la loi de finances.

520 Articles L. 1615-1, alinéa 1, et R. 1615-1 du Code général des collectivités territoriales.

521 Article 49 de la loi n° 2001-1275 du 28 décembre 2001 de finances pour 2002, *JORF*, n° 302, 29 décembre 2001, page 21074.

« inscrites à la section de fonctionnement » du compte administratif[522]. La jurisprudence administrative[523], y compris celle du Conseil d'Etat[524], l'a clairement admis et illustré. Au total, il importe peu que le contrat administratif soit nul ou valide, les dépenses réelles d'investissement réalisées par les collectivités territoriales ou leurs groupements demeurent éligibles au FCTVA. Mais comme l'indique Loïc Levoyer, *« à première vue »*, un tel mécanisme *« laiss[e] penser qu'un contrat annulé produit malgré tout des effets de droit »*[525].

Quant à l'ex-cocontractant, en addition aux indemnités et à la TVA, il peut encore obtenir des intérêts au taux légal sur le montant de l'indemnisation globale.

Paragraphe 2 - **Les intérêts au taux légal**

Le contrat étant nul, sont en principe irrecevables les conclusions du requérant réclamant une indemnité supplémentaire correspondant aux intérêts dus en raison de la tardiveté des paiements contractuels. Dans l'affaire de la *Sodegis*, même si l'un des contrats a fait l'objet d'un règlement par la collectivité,

---

522 Article L. 1615-1, alinéa 2, du Code général des collectivités territoriales.

523 TA Amiens, 30 avril 2003, *Département de l'Oise*, req. n° 3126, *AJDA*, n° 40, 24 novembre 2003, page 2166 : *« Si la procédure du marché d'entreprise de travaux publics a été jugée illégale en application de l'article 350 du Code des marchés publics en raison de la procédure de paiement différé à laquelle elle recourt, cette illégalité ne permet pas de considérer que les dépenses ainsi engagées ne présenteraient aucun caractère réel »*.

524 CE, 7 novembre 2005, *Ministre de l'intérieur, de la sécurité intérieure et des libertés locales contre Commune d'Orange*, req. n° 267163, *AJDA*, n° 11, 20 mars 2006, pages 608-611 (note Loïc LEVOYER) : l'éligibilité des dépenses au FCTVA *« est subordonnée à la nature réelle des travaux financés, à la réalisation effective des travaux par le maître de l'ouvrage et à l'intégration des ouvrages dans le patrimoine de la collectivité publique, mais n'est, en revanche, pas susceptible, eu égard à l'objet de la loi, d'être affectée par les illégalités qui, le cas échéant, entacheraient le marché en exécution duquel elles ont été exposées »*.

525 LEVOYER Loïc, « Note sur CE, 7 novembre 2005, *Ministre de l'intérieur, de la sécurité intérieure et des libertés locales contre Commune d'Orange*, req. n° 267163 », *AJDA*, n° 11, 20 mars 2006, page 609.

l'ex-cocontractant ne saurait *« se prévaloir des stipulations de cette convention, qui est entachée de nullité, pour obtenir les intérêts moratoires prévus par cet acte »*[526]. Le même sort est réservé aux conclusions visant l'octroi d'une indemnité supplémentaire équivalente à celle que le requérant obtiendrait en vertu des taux inscrits au Code des marchés publics[527].

Toutefois, comme pour toute dette d'argent reconnue par le juge, le requérant peut obtenir des intérêts au taux légal sur les sommes à percevoir. Leur taux, dont le mode de fixation est précisé aux articles L. 313-2[528] et L. 313-3[529] du Code monétaire et financier, est déterminé chaque année par décret. Il était de 3,99% pour l'année 2008[530]. Il est de 3,79% pour l'année 2009[531].

Si cette règle, qui découle de l'article 1153 du Code civil, n'a rien de vraiment originale, il faut quand même la mentionner dans ces pages pour au moins deux raisons. D'une part, elle est une seconde dérogation au principe directeur du plafond « contractuel » et, d'autre part, elle permet au requérant d'augmenter le montant de son indemnisation.

---

[526] CAA Bordeaux, 9 novembre 2004, *Sodegis*, *op. cit.*

[527] CE, 18 décembre 1987, *Administration générale de l'Assistance publique à Paris et Monsieur Jean Levron*, req. n° 57303.

[528] *« Il est égal, pour l'année considérée, à la moyenne arithmétique des douze dernières moyennes mensuelles des taux de rendement actuariel des adjudications de bons du Trésor à taux fixe à treize semaines »*.

[529] *« En cas de condamnation pécuniaire par décision de justice, le taux de l'intérêt légal est majoré de cinq points à l'expiration d'un délai de deux mois à compter du jour où la décision de justice est devenue exécutoire, fût-ce par provision »*.

[530] Article 1 du décret n° 2008-166 du 21 février 2008 fixant le taux de l'intérêt légal pour l'année 2008, *JORF*, n° 46, 23 février 2008, page 3216.

[531] Article 1 du décret n° 2009-138 du 9 février 2009 fixant le taux de l'intérêt légal pour l'année 2009, *JORF*, n° 35, 11 février 2009, page 2427.

Les intérêts au taux légal ne sauraient être liés à aucun acte contractuel. Ainsi, en tout état de cause, par exemple dans le cas d'un marché sur factures annulé, le point de départ des intérêts sur les sommes dues ne saurait être fonction du jour de la réception des factures[532].

Lorsque le juge administratif statue sur une demande d'intérêts au taux légal, leur paiement peut être ordonné à compter du jour du premier acte équivalent à une sommation de payer, c'est-à-dire le jour du dépôt de la demande initiale auprès de l'Administration[533], ou à la date de présentation de la *« requête introductive d'instance »* au greffe du tribunal administratif[534], voire à compter de l'assignation du débiteur devant une juridiction incompétente[535]. Si le demandeur ne précise aucune date de départ, les intérêts courent à compter du jour de dépôt du mémoire dans lequel ils ont été réclamés[536].

Pour être tout à fait complet, relevons que, s'il est dû plus d'une année d'intérêts, le requérant peut demander la capitalisation des intérêts[537] par application de l'article 1154 du Code civil. Le juge administratif l'ordonne à la date de la demande, puis à chaque échéance annuelle, afin que le requérant perçoive les intérêts produits par les intérêts.

* * *

---

532 CE, 11 juillet 1991, *Commune de La Queue-en-Brie contre Société Santerne*, *op. cit.*

533 CE, 26 octobre 1984, *Commune d'Aiguilles-en-Queyras contre Monsieur Mercier*, req. n° 40162 – CE, 18 décembre 1987, *Administration générale de l'Assistance publique à Paris et Monsieur Jean Levron*, *op. cit.*

534 CAA Paris, 25 juillet 1996, *SARL Entreprise générale de la construction métallique*, *op. cit.* – CAA Marseille, 4 décembre 2006, *SAS Onet*, *op. cit.*

535 CE, 26 juillet 1918, *Epoux Lemonnier contre Commune de Roquecourbe*, req. n° 49595, 51240, *Rec.*, page 761.

536 TA Limoges, 16 décembre 2004, *Société auxiliaire de parcs SA contre Commune de Brive*, *op. cit.*

537 La capitalisation des intérêts est également appelée « anatocisme », ce qui signifie : de nouveau (« *ana* » en grec) intérêt (« *tokos* » en grec).

Si l'on a pu avancer qu'une juste indemnisation ne peut pas être mise en œuvre sans la responsabilité quasi-délictuelle (*cf. supra*), on est maintenant contraint d'ajouter que cette juste indemnisation dépend également de l'application de la théorie de l'enrichissement sans cause, laquelle est heureusement indépendante de tout partage de responsabilité. Plus qu'une conjugaison, il y a bien une véritable *« combinaison »*[538], voire une imbrication, des deux fondements de responsabilité eux-mêmes ombragés par la responsabilité contractuelle. Pour écarter l'ombre contractuelle, l'appauvri ne pourrait-il pas contourner l'enrichissement sans cause afin d'invoquer la seule responsabilité quasi-délictuelle ?

Il s'agit d'une application rare, mais il a été admis que les restitutions à la suite de la déclaration de nullité d'un contrat aient pu être fondées sur la seule responsabilité quasi-délictuelle de l'Administration sans égard à la théorie de l'enrichissement sans cause. Dans une telle hypothèse, la cour administrative d'appel de Paris a exclu que les dépenses utiles puissent être indemnisées[539], tandis que la cour administrative d'appel de Marseille et d'autres tribunaux administratifs ont admis qu'elles le soient[540], ce qui semble être une erreur de droit. D'ailleurs, en ce dernier cas, le risque, pour l'appauvri, est de voir un éventuel partage de responsabilité frapper ses dépenses utiles[541].

Au surplus, une tierce contradiction existe dans la jurisprudence puisque l'invocation de la seule responsabilité quasi-délictuelle, sans que soit invoqué l'enrichissement sans cause, a également pu être considérée comme insuffisante pour fonder

---

538 RICHER Laurent, *Droit des contrats administratifs*, 6ème édition, *op. cit.*, page 212.

539 CAA Paris, 25 juillet 1996, *SARL Entreprise générale de la construction métallique*, *op. cit.*

540 CAA Marseille, 4 mai 2004, *Commune des Baux-de-Provence*, *op. cit.* – TA Grenoble, 22 octobre 2004, *Société Chila*, req. n° 0302307, *op. cit.*

541 TA Nice, 10 avril 2003, *Société Compagnie foncière et immobilière de la Côte d'Azur (au nom de la Société du golf de Pardigon) contre Communes de La Croix-Valmer et de Cavalaire-sur-Mer, SIVOM du Littoral des Maures et Préfet du Var*, *op. cit.*

tout droit à indemnisation[542]. Dès lors, on en vient à se demander si la responsabilité extra-contractuelle n'est pas subsidiaire par rapport à la responsabilité quasi-contractuelle. On peut également considérer qu'il s'agit ici d'une volonté du juge administratif de ne pas être désarmé et de pouvoir équilibrer les patrimoines public et privé grâce à l'outil indemnitaire, reposant sur les deux fondements juridiques, dont les mécanismes, ainsi que les avantages et inconvénients, tant pour les parties publique que privé, viennent d'être expliqués.

Le spectre du contrat va mieux apparaître encore en observant le mode de calcul des indemnités.

---

[542] TA Limoges, 4 mars 2004, *Association pour la Promotion de la Céramique Contemporaine contre Commune de Châteauroux*, *op. cit.* : *« Monsieur Bueno et l'Association pour la Promotion de la Céramique Contemporaine soutiennent que la commune de Châteauroux a commis des fautes en concluant un contrat entaché de nullité (…) ; (…) si les cocontractants de l'Administration dont le contrat est entaché de nullité sont fondés à réclamer le remboursement de celles de leurs dépenses qui ont été utiles à la collectivité envers laquelle ils s'étaient engagés, et s'ils peuvent également prétendre, dans le cas où la nullité du contrat résulte d'une faute de l'Administration, à la réparation du dommage imputable à cette faute, en l'espèce les requérants n'ont pas entendu se placer sur le terrain de l'enrichissement sans cause de la commune »*.

TROISIEME PARTIE

Le mode de calcul des indemnités

La logique même de l'annulation d'un contrat commande que les partenaires se remboursent mutuellement l'intégralité des paiements versés dans le cadre contractuel[543]. Après ces restitutions, le juge indemnise, à la suite d'une éventuelle mission d'expertise, le coût utile des réalisations, prestations ou livraisons de chacune des parties. L'indemnité ainsi calculée peut être rééquilibrée en fonction des fautes commises par les parties[544]. Cependant, ces trois étapes alourdissent considérablement la procédure contentieuse.

Dans bien des cas, la fiction de la nullité s'estompe afin d'alléger le contentieux. D'ailleurs, les prestations réglées par l'Administration à l'ex-cocontractant ne sont pas rediscutées si les parties ne contestent pas lesdites prestations ou leur règlement[545]. Plus globalement, un contrat qui a fait l'objet d'un règlement par la collectivité est rarement rediscuté devant le juge[546]. Dans l'affaire du métro bordelais, un paiement *« accepté »* de près de dix millions d'euros, correspondant à des dépenses utiles, ne fut pas remis en question par l'Administration[547]. Pourtant, il n'est pas exclu qu'une marge « non utile » avait été facturée par l'ex-cocontractant. Dans le même esprit, un requérant ne saurait se prévaloir d'un enrichissement sans cause à fin d'indemnisation des dépenses utiles si l'Administration ne lui a pas fait répéter les sommes versées *« sous l'empire de ces contrats non valides »*[548].

C'est quand même sans référence au contrat que le préjudice doit être construit ou contesté par l'une ou l'autre des parties (chapitre 1). Le juge administratif, au besoin après une expertise, peut alors calculer le montant des indemnités qu'il va octroyer, quand il ne recoure pas, de manière complémentaire ou alternative, aux clauses ou documents contractuels (chapitre 2).

---

[543] *Cf. supra*, pages 35-36, notes 60-63.

[544] *Cf.* CE, 23 mai 1979, *Commune de Fontenay-le-Fleury*, *op. cit.*

[545] *Cf.* CAA Versailles, 14 septembre 2006, *Société Avenance Enseignement et Santé*, *op. cit.* – CAA Douai, 20 mai 2008, *Société AMG Ingénierie contre Caisse des dépôts et consignations*, *op. cit.*

[546] *Cf.* CAA Bordeaux, 9 novembre 2004, *Sodegis*, *op. cit.*

[547] TA Bordeaux, 10 juin 1999, *Société MB2*, *op. cit.*

[548] TA Nice, 12 novembre 2004, *SARL Société niçoise d'étude et d'entretien contre Commune de Cap-d'Ail*, *op. cit.*

Chapitre 1

La preuve du préjudice

Dans le cas où un contrat n'est pas *« applicable »*[549] et qu'aucune prestation n'a été exécutée, mais que des paiements ont été effectués entre ex-contractants, le juge administratif n'éprouve aucune difficulté à ordonner la répétition exacte des *« versements litigieux »*[550]. Sans même se référer aux clauses contractuelles, le juge constate simplement un transfert injustifié entre deux patrimoines et ordonne la répétition des paiements indus.

Les choses se compliquent lorsque des travaux ont été réalisés, des services exécutés ou des fournitures livrées par l'un des partenaires sur le fondement d'un contrat nul. Le juge doit, en principe, *« évaluer l'indemnité éventuelle »* en fonction de preuves fournies par l'une ou l'autre des parties (section 1) par le biais de certains moyens (section 2). L'exercice implique de garder à l'esprit que l'indemnisation ne saurait correspondre directement à la rémunération prévue au contrat nul puisqu'il n'a *« pas fait naître de liens contractuels »* entre les parties[551].

---

549 C'est-à-dire qu'il est valide mais que des conditions externes l'empêchent de déployer ses effets. En l'espèce, la condition externe était l'obtention d'un permis de construire : *« Cette convention ne pouvait entrer en vigueur qu'en vertu de cette décision et à partir de la date à laquelle elle prenait effet »*.

550 CE, 14 juin 1978, *Société immobilière du Val Roger*, req. n° 4576, *Rec.*, page 253.

551 CE, 10 octobre 1963, *OPHLM de la Ville de Dôle contre Brément*, req. n° 58244, *RDP*, n° 1, janvier-février 1964, page 216 (note Jean DE SOTO).

Section 1

La charge de la preuve

A l'instar de tout procès administratif, *« le principe demeure que la charge de la preuve des faits allégués incombe au demandeur »*[552].

En ce qui nous concerne, c'est donc au créancier, à titre principal, de prouver le préjudice qu'il invoque (paragraphe 1). Par la suite, le débiteur peut remettre en cause les prétentions du créancier, voire certains paiements effectués antérieurement à la déclaration de nullité du contrat administratif (paragraphe 2).

Paragraphe 1 - **Le créancier**

D'une manière générale, le créancier doit construire son préjudice en fonction des règles mentionnées dans la première partie de cette étude (*cf. supra*).

Au titre de l'enrichissement sans cause, il lui faudra ainsi prouver les trois éléments que sont l'assentiment de l'enrichi[553], la réalité matérielle et financière de chaque débours effectué (l'appauvrissement)[554], ainsi que leur utilité pour le débiteur (l'enrichissement)[555].

Afin de prétendre à l'indemnité quasi-délictuelle, il est ensuite nécessaire, d'une part, d'établir la faute du débiteur et, d'autre part, de prouver le montant des gains manqués[556]. Le cas échéant,

---

552 1/ FANACHI Pierre, *Le procès administratif*, PUF, coll. Que sais-je ?, Paris, 1993, page 85.
2/ « *Actori incumbit probatio* » : « La preuve incombe au demandeur » dit l'adage latin.

553 CAA Paris, 25 juillet 1996, *SARL Entreprise générale de la construction métallique*, *op. cit.*

554 *Ibid.*

555 CAA Paris, 11 mai 2004, *Commune et OPHLM de Montereau*, *op. cit.*

556 CE, 26 mars 2008, *Société Spie Batignolles*, *op. cit.*

l'assentiment à des dépenses non utiles ainsi que leur réalité matérielle et financière doivent être démontrés[557].

L'instruction des affaires contentieuses étant gouvernée par le principe du contradictoire[558], le mémoire contenant toutes les preuves est transmis au débiteur, lequel peut, éventuellement, répondre au créancier.

Paragraphe 2 - **Le débiteur**

Tout d'abord, dans l'optique d'être déchargé de son obligation de réparer tout ou partie du préjudice, on peut rappeler que le débiteur peut opposer, sous réserve de l'établir, la responsabilité du créancier en raison d'une faute exclusive (*cf. supra*, première partie, chapitre 1, section 1, paragraphe 1) ou de fautes quasi-délictuelle ou « contractuelle » (*cf. supra*, deuxième partie, chapitre 1, section 1).

Le débiteur peut, ensuite, discuter chacune des preuves avancées par le créancier, qu'elles portent sur les dépenses ou sur les bénéfices.

La partie enrichie peut toujours opposer que les dépenses n'ont pas été réalisées avec son assentiment, c'est-à-dire à sa demande, voire avec son accord implicite ou explicite[559]. Par exemple, si au cours de l'exécution du contrat, les biens du service n'ont pas été enlevés à la demande de la collectivité, de tels frais de dépose ne sauraient être indemnisés[560].

En ce qui concerne la réalité matérielle et financière des dépenses du créancier, le débiteur peut contester l'existence des prestations[561] ou l'exactitude du montant des dépenses[562].

---

[557] CAA Paris, 3 avril 2007, *Commune d'Alès contre Société Charbonnage de France Energie*, *op. cit.*
[558] Article L. 5 du Code de justice administrative.
[559] CAA Paris, 25 juillet 1996, *SARL Entreprise générale de la construction métallique*, *op. cit.*
[560] CE Section, 10 avril 2008, *Société Jean-Claude Decaux et Département des Alpes-Maritimes*, *op. cit.*
[561] TA Bordeaux, 10 juin 1999, *Société MB2*, *op. cit.*

L'enrichi peut encore remettre en cause l'utilité de certaines impenses en se prévalant, par exemple dans le cadre d'une concession de service public, du mauvais état des biens de retour[563].

Enfin, il revient également au débiteur de contester tout paiement effectué sous l'empire du contrat en faveur du prestataire afin d'établir un enrichissement sans cause de ce dernier. Il faut ici rappeler que les prestations facturées puis payées sous l'empire contractuel ne sont rediscutées devant le juge que sur demande expresse des parties[564]. A partir du moment où l'Administration conteste un tel paiement, il lui revient d'établir l'absence d'utilité des prestations litigieuses[565].

* * *

La charge de la preuve est organisée de cette manière. Elle relève, en général, et à titre principal, du créancier. Mais le débiteur peut, bien entendu, la remettre en cause, voire opposer certains paiements erronés versés sous l'empire du contrat.

Il reste à préciser quels sont les moyens à la disposition des parties pour remplir leur charge.

---

562 Par exemple, en opposant que le véritable appauvri est un tiers : TA Limoges, 16 décembre 2004, *Société auxiliaire de parcs SA contre Commune de Brive*, *op. cit.*

563 CASAS Didier, « Concl. sur CE, 16 novembre 2005, *Messieurs Auguste contre Commune de Nogent-sur-Marne*, req. n° 262360, 263709 », *op. cit.*, page 131.

564 CAA Versailles, 14 septembre 2006, *Société Avenance Enseignement et Santé*, *op. cit.*

565 CAA Paris, 31 janvier 2006, *Société Girod Père et Fils SA*, *op. cit.* – CE, 22 février 2008, *Messieurs Schmeltz et Orselli*, *op. cit.*

Section 2

Les moyens de preuve

Par principe, la charge de la preuve relève au premier chef du créancier. Il va donc maintenant s'agir d'observer par quels moyens la preuve peut être établie, en sachant que le contrat étant nul, ni ce dernier, ni les documents s'y rattachant ne peuvent en toute logique servir de base pour l'indemnisation. Pourtant, on peut déjà observer que des références ponctuelles y sont faites.

Il existe une certaine homogénéité des règles en ce qui concerne les moyens de preuve des dépenses utiles et non utiles (paragraphe 1). Quant aux gains manqués, ils font l'objet d'un traitement plus spécifique mais pas moins compliqué (paragraphe 2).

Paragraphe 1 - **Les dépenses utiles et non utiles**

L'assentiment n'est pas très difficile à prouver. Ainsi, le requérant peut se replier sur la convention ou sur les actes contractuels pour justifier l'assentiment du débiteur aux dépenses invoquées[566].

La réalité matérielle des dépenses peut être établie au moyen d'un justificatif de l'enrichi mentionnant que l'ex-cocontractant *« a bien assuré les prestations »*[567]. Le créancier peut encore présenter une attestation de livraison[568]. Mais il arrive également que l'enrichi approuve de lui-même la réalité matérielle au cours du procès[569]. D'ailleurs, dans l'affaire du métro bordelais, une annexe de la convention semble justifier matériellement les

[566] *Cf.* CAA Paris, 25 juillet 1996, *SARL Entreprise générale de la construction métallique*, *op. cit.*
[567] CE, 21 mars 2007, *Commune de Boulogne-Billancourt*, *op. cit.*
[568] CAA Paris, 25 juillet 1996, *SARL Entreprise générale de la construction métallique*, *op. cit.*
[569] CAA Versailles, 24 février 2005, *Département des Yvelines*, *op. cit.*

prestations, à charge pour l'Administration d'en apporter la preuve contraire[570].

Afin de contester la réalité matérielle, et opposer par exemple une exécution partielle des prestations, l'enrichi peut avoir recours à des constats d'huissier ou à des relevés établis de manière contradictoire avec l'appauvri[571].

En ce qui concerne les dépenses utiles, le créancier doit démontrer l'utilité des travaux, services ou fournitures et, éventuellement, l'utilité des sous-éléments relatifs à ces dépenses. A ce sujet, on se référera « utilement » aux règles susmentionnées (*cf. supra*, première partie, chapitre 1, section 2, paragraphe 2).

On peut rappeler qu'au nombre de ces sous-éléments figurent, en particulier, les frais généraux, les frais de personnel (encadrement, main d'œuvre), les dépenses d'énergie et de consommables, le coût de l'immobilisation des matériels, voire encore les frais financiers[572].

A nouveau, l'utilité est contestable, en particulier, par le biais de constats authentifiés. Ainsi, le mauvais état des biens de retour d'une concession de service public peut être constaté par voie d'huissier. Un tel acte doit, cependant, avoir lieu au moment de la prise de possession desdits biens par la collectivité[573]. Les prestations étant évaluées à cette date, il en résulte que des *« désordres apparus ultérieurement »* ne sauraient justifier une minoration du remboursement[574]. Notons qu'une telle évaluation n'est pas sans contredire la règle selon laquelle l'enrichissement est évalué à la date à laquelle le juge statue (*cf. supra*, première partie, chapitre 1, section 2, paragraphe 2).

---

[570] TA Bordeaux, 10 juin 1999, *Société MB2*, *op. cit.*

[571] CAA Versailles, 24 février 2005, *Département des Yvelines*, *op. cit.*

[572] CE, 26 mars 2008, *Société Spie Batignolles*, *op. cit.*

[573] CASAS Didier, « Concl. sur CE, 16 novembre 2005, *Messieurs Auguste contre Commune de Nogent-sur-Marne*, req. n° 262360, 263709 », *op. cit.*, page 131.

[574] CAA Nancy, 12 mai 2005, *Commune d'Amnéville*, *op. cit.*

Quant à la réalité financière des dépenses, ce sont des justificatifs faisant état des *« dépenses réelles »* qui doivent être produits au juge[575]. En effet, dans tous les cas, l'indemnité ne saurait *ipso facto « se confondre avec les sommes qui résulteraient de l'application des clauses financières du contrat »*[576]. Ainsi, le créancier apportera généralement l'ensemble des factures payées à des tiers[577].

S'agissant, plus spécifiquement, des frais de personnel, l'entreprise peut présenter les fiches de paye de ses employés. A titre d'illustration, s'agissant d'une prestation de services, le juge pourra alors calculer le coût salarial réel en multipliant le montant du salaire horaire moyen par le nombre d'heures de mise à disposition des employés[578].

Certaines dépenses peuvent être indemnisées en tenant compte de données fixées légalement. Ce moyen de preuve est surtout précieux en ce qui concerne les frais de matériel. Dans la décision *Société Entreprise Louis Segrette*, il s'agissait d'effectuer une *« juste appréciation »* des frais d'emploi du gros matériel. En l'espèce, leur coût forfaitaire avait été approuvé antérieurement dans un arrêté ministériel. Après décote du bénéfice qu'elle incluait, cette base forfaitaire a été multipliée par *« la durée d'utilisation réelle du matériel »*[579].

Pour ce qui est des frais de financement, notamment ceux résultant d'un découvert justifié par l'ex-cocontractant, précisons qu'ils peuvent être indemnisés en fonction des taux d'intérêts courants pratiqués au cours de la période des prestations[580].

En ce qui concerne les dépenses non utiles, elles peuvent être remboursées et contestées, à titre quasi-délictuel, grâce aux mêmes

---

575 CE, 19 avril 1974, *Ministre de l'équipement et du logement contre Société Entreprise Louis Segrette*, *op. cit.*

576 CAA Marseille, 14 novembre 2002, *Société SAUR France contre Commune de Palavas-les-Flots*, *op. cit.*

577 TA Bordeaux, 10 juin 1999, *Société MB2*, *op. cit.*

578 TA Bastia, 12 mai 2005, *SARL Ambulances Nicolini*, req. n° 0400020, *cf.* annexe 7.

579 CE, 19 avril 1974, *Ministre de l'équipement et du logement contre Société Entreprise Louis Segrette*, *op. cit.*

580 *Ibid.*

moyens, mais sans qu'aucune utilité ait besoin d'être mise en évidence par le créancier ou puisse être mise en cause par le débiteur.

Les moyens de preuve concernant les dépenses sont donc particulièrement vastes. Mais on constate également que les documents peuvent tendre à s'accumuler en raison de la variété des coûts à établir. Une telle abondance des moyens de preuve ne va pas se retrouver dans l'examen de ceux relatifs aux gains manqués.

Paragraphe 2 - **Les gains manqués**

Après avoir établi l'existence d'une faute de l'Administration, excepté le cas où l'ex-cocontractant n'a subi aucun préjudice du fait de la nullité, il reste à établir, d'une part, quel a été et, d'autre part, quel aurait été, le montant des gains tirés de l'exécution du contrat.

On en vient alors à se demander comment peut être justifié le montant des bénéfices futurs. En effet, l'entrepreneur n'a pas pu assister à la réalisation d'un tel revenu. Et, du fait de la nullité, le montant ne devrait pas résulter des stipulations contractuelles. L'appréciation du manque à gagner doit, au contraire, se fonder sur des éléments de comparaison objectifs.

La cour administrative d'appel de Douai a eu l'occasion d'indiquer qu'une note établie par un expert-comptable ne saurait suffire à justifier le montant des gains manqués. Dans le même arrêt, il a été précisé que d'autres justificatifs plus objectifs, *« permettant de porter une appréciation sur les volumes de recettes attendues et sur le poids des charges »*, devaient venir au soutien de la note. Il peut s'agir, par exemple, de comparaisons des chiffres d'affaires des années antérieures avec les taux de marge observés dans d'autres contrats de l'entreprise portant sur le même objet que la convention annulée[581].

* * *

La preuve du préjudice relatif aux gains manqués, comme aux dépenses en général, ne relève finalement pas du pur exercice de style. Ainsi, l'on constate généralement que le juge administratif requiert une évaluation précise et fondée sur des éléments de preuve les plus objectifs et détachés du contrat nul.

C'est à leur vue que le juge calcule le montant des indemnités.

---

[581] CAA Douai, 28 novembre 2006, *Société Jean-Claude Decaux*, *op. cit.*

Chapitre 2

Le calcul de l'indemnisation

En vue d'approcher au plus près la réalité du préjudice, le juge peut recourir à une expertise à titre principal ou en complément des justificatifs présentés par les parties. L'hypothèse n'est pas rare[582]. L'expert, disposant d'une vision indépendante et globale, peut utiliser ses propres « moyens de preuve » qui pourraient, d'ailleurs, compléter ceux exposés au chapitre précédent (*cf. supra*).

Après une éventuelle expertise, le juge peut remplir son office, c'est-à-dire calculer les indemnités dues au créancier (section 1). Cependant, de manière complémentaire ou alternative, et peut-être dans le but de simplifier ce travail, il est de moins en moins rare que certains tribunaux et cours, voire le Conseil d'Etat lui-même, aient recours aux stipulations et autres documents contractuels de nature financière afin d'indemniser l'ex-cocontractant (section 2).

---

[582] *Cf.* par exemple en matière d'enrichissement sans cause : CAA Versailles, 14 septembre 2006, *Société Avenance Enseignement et Santé*, *op. cit.* – CAA Marseille, 6 avril 2007, *OPAC Habitat Marseille Provence contre Société Theg*, *op. cit.*

L'office du juge

L'office du juge se définit classiquement comme l'ensemble des pouvoirs et des devoirs attachés à la fonction de juger.

Le pouvoir d'ordonner une expertise fait partie de cet office (paragraphe 1), tandis que le juge a logiquement le devoir du calcul final des indemnités attribuées à l'une ou l'autre des parties (paragraphe 2).

Paragraphe 1 - **Le pouvoir d'ordonner une expertise**

L'expertise peut être décidée d'office par le juge[583]. Toutefois, il faut savoir qu'elle fait également partie des quelques mesures d'investigation que les parties peuvent elles-mêmes réclamer[584]. D'ailleurs, l'expertise peut également être demandée, puis ordonnée, par le biais du référé-instruction sur requête d'un des ex-contractants[585].

L'expert, quant à lui, n'est pas choisi par la formation de jugement mais par le Président de la juridiction, lequel fixe également un délai pour la remise du rapport d'expertise. Et, contrairement à la procédure civile, il n'existe aucune liste officielle d'experts agréés. L'usage veut, toutefois, que ces collaborateurs du service public de la justice soient choisis parmi ceux figurant sur les listes établies par les juridictions judiciaires[586].

[583] Article R. 621-1 du Code de justice administrative.

[584] CE Section, 10 avril 2008, *Société Jean-Claude Decaux et Département des Alpes-Maritimes*, *op. cit.* : à la demande de la société.

[585] La procédure du « référé-expertise » est décrite aux articles R. 532-1 et suivants du Code de justice administrative.

[586] ROUQUETTE Rémi, *Petit traité du procès administratif*, 2ème édition, Dalloz, Paris, 2006, pages 350-351.

L'expertise peut être ordonnée, soit à titre principal lorsque l'expert aura la charge d'établir le montant intégral des indemnités dues, soit à titre complémentaire afin qu'une partie bien précise de l'indemnisation soit calculée. Ainsi, dans sa décision *Société Entreprise Louis Segrette*, le montant des dépenses utiles est estimé, à la fois, par le biais d'une expertise et par le juge administratif lui-même[587].

Dans ses conclusions sur l'affaire du métro de Bordeaux, le commissaire du gouvernement Didier Casas a mis en exergue la corrélation entre demande d'expertise et allongement de la durée du litige, ce qui explique qu'il n'ait pas proposé à la Haute Assemblée d'y recourir pour évaluer une partie de l'indemnité réclamée par le requérant[588]. Et, c'est pour cette raison que le Conseil d'Etat a lui-même effectué une *« juste appréciation »* de la partie de l'indemnité en question.

Le juge administratif semble, en effet, réticent à ordonner une expertise. Ainsi, il exige parfois un commencement de preuve, par exemple des éléments sur *« la réalité »* et *« l'utilité »* des prestations, à défaut de quoi il n'estime pas *« qu'il y ait lieu d'ordonner une expertise »*[589].

Dans sa décision *Tête* de 2008, statuant sur un protocole transactionnel, le Conseil d'Etat a posé un véritable « code » de l'expertise en matière de restitutions entre ex-contractants. Ladite affaire concernait des travaux publics.

Il a été rappelé qu'un collège d'experts est nommé par le juge administratif dans des conditions d' *« impartialité »*. Le requérant remet alors aux experts *« les contrats, factures, et toutes pièces utiles à la justification des sommes réclamées »*. Tout au long de l'opération d'expertise, *« le principe du contradictoire s'applique pleinement »*[590]. On peut préciser, au passage, que le Code de

---

[587] CE, 19 avril 1974, *Ministre de l'équipement et du logement contre Société Entreprise Louis Segrette*, *op. cit.*

[588] CASAS Didier, « Concl. sur CE, 24 novembre 2006, *Malmezat Prat*, req. n° 268129 », *op. cit.*, page 52.

[589] CE, 11 juillet 1991, *Commune de La Queue-en-Brie contre Société Santerne*, *op. cit.*

[590] ROUQUETTE Rémi, *op. cit.*, page 352.

justice administrative requiert lui-même l'organisation par les experts d'une réunion où sont représentées toutes les parties[591].

Lorsqu'ils instruisent le dossier d'indemnisation, les experts ne doivent pas simplement valider ou invalider les factures soumises à leur examen. Outre le contrôle de « *la réalité physique des travaux effectués* » (la réalité matérielle), ils sont requis de discuter « *la valeur réelle des travaux* » en vérifiant « *le caractère normal des montants, notamment en les comparant avec le coût d'ouvrages analogues* » (la réalité financière). Au terme de ces vérifications, il est loisible aux experts de procéder à des « *abattements* ».

D'une manière générale, l'expertise permet, d'une part, de connaître le niveau des recettes de l'appauvri, tel que son chiffre d'affaires[592] et, d'autre part, d'établir un état détaillé des dépenses engagées, qu'il s'agisse, par exemple, des frais généraux, des frais de personnel, des dépenses d'énergie et de consommable, des coûts d'immobilisation des matériels, des frais financiers[593], des frais de structure[594], des frais de pose et de dépose des biens du service, voire encore des frais de maintenance relatifs au nettoyage, à l'entretien ou à des réparations[595].

Le rapport d'expertise est déposé au greffe de la juridiction avant d'être notifié aux parties qui conservent la faculté, sauf dans le cadre du référé-instruction[596], de produire leurs observations dans le délai d'un mois[597]. En pareille hypothèse, la partie défenderesse peut toujours contester les estimations calculées par

---

[591] Article R. 621-7 du Code de justice administrative.

[592] CE Section, 10 avril 2008, *Société Jean-Claude Decaux et Département des Alpes-Maritimes*, *op. cit.*

[593] CE, 26 mars 2008, *Société Spie Batignolles*, *op. cit.*

[594] CAA Marseille, 6 avril 2007, *OPAC Habitat Marseille Provence contre Société Theg*, *op. cit.*

[595] CE Section, 10 avril 2008, *Société Jean-Claude Decaux et Département des Alpes-Maritimes*, *op. cit.*

[596] CAA Nantes, 8 février 1995, *Frappier*, req. n° 94NT00848, *Rec.*, page 976 : le référé ayant pour objet la seule demande d'expertise, les observations des parties sont tout simplement inutiles en l'absence de contentieux au fond.

[597] Article R. 621-9 du Code de justice administrative.

l'expert, à charge pour elle d'apporter des éléments précis de contestation[598].

Le juge administratif peut alors approcher au plus près la consistance du préjudice subi par l'ex-cocontractant d'une manière, par définition, experte, mais surtout indépendante et impartiale. Il résulte de ces qualités une confiance du juge envers l'expert puisque celui-ci semble autorisé à employer des modes particuliers de calcul des dépenses.

Ainsi, pour fixer la valeur réelle des prestations de l'ex-cocontractant, dans le cas où il n'a pas fourni toutes les preuves des dépenses engagées, l'expert peut recourir à certains documents ou justificatifs présentés par l'intéressé en les corrigeant en fonction, d'une part, de l'indice des prix à la consommation calculé par l'Institut national de la statistique et des études économiques (INSEE) et, d'autre part, de l'étude de rentabilité du marché réalisée par l'entrepreneur[599]. De tels moyens de preuve des dépenses pourraient, d'ailleurs, être directement présentés au juge par l'ex-cocontractant en dehors de toute expertise.

L'expert peut encore réaliser des estimations plus ou moins objectives telles que, par exemple, la fixation des frais de gestion à 8% du chiffre d'affaires de l'appauvri[600].

Dans l'affaire *Tête*, une révision du coût des travaux à hauteur de +5% a même été admise. La seule réserve est que la réévaluation ne doit pas présenter un *« caractère erroné ou excessif »*[601]. On peut souligner, au passage, que ceci ouvre la voie à une évaluation des dépenses à la date à laquelle le juge statue – et non au jour de leur réalisation – à l'instar de l'évaluation de l'utilité des dépenses (*cf. supra*, première partie, chapitre 2, section 2, paragraphe 2).

Le recours à l'expert permet encore de justifier que les bénéfices soient indemnisés, *« en l'absence d'éléments comptables*

---

[598] CE Section, 10 avril 2008, *Société Jean-Claude Decaux et Département des Alpes-Maritimes*, *op. cit.*
[599] *Ibid.*
[600] CE, 16 novembre 2005, *Messieurs Auguste contre Commune de Nogent-sur-Marne*, *op. cit.*
[601] CE, 22 février 2008, *Monsieur Tête*, *op. cit.*

fiables, sur les taux de marge nette attendus du chantier ou observés pour des travaux similaires »[602].

L'expert dispose, en effet, d'une vision plus globale par rapport aux ex-contractants, voire au juge lui-même. Cette posture légitime l'usage de données externes. C'est pour cette raison que le juge, dans le dispositif[603] de sa décision, demande parfois expressément à l'expert de lui *« préciser »*, par exemple pour tels ou tels *« travaux de construction »*, quel est le *« montant **généralement** supporté »* afin de posséder des éléments généraux de comparaison[604].

Si le juge semble avoir une meilleure confiance en l'expert, chaque dépense doit être suffisamment justifiée, à peine d'exclusion du champ de l'indemnisation[605].

Paragraphe 2 - **Le devoir du calcul final**

Le délibéré est le moment du procès administratif précédant l'audience au cours de laquelle sera rendu le jugement. En principe, c'est au cours de celui-ci que le juge administratif rassemble les preuves et, éventuellement, les expertises qui lui ont été produites. Après les avoir apprécié, il peut calculer définitivement le montant de l'indemnisation.

---

[602] CAA Marseille, 4 mai 2004, *Commune des Baux-de-Provence*, *op. cit.*

[603] Les décisions de justice se divisent formellement en trois parties : les visas, les motifs et le dispositif.

Les *visas* correspondent à la partie des décisions où sont mentionnés, en particulier, les textes que le juge applique (et qui ont donc été visés).

Les *motifs* (ou « considérants ») correspondent à la partie des décisions où sont mentionnés les éléments de fait et de droit qui vont justifier la solution donnée par le juge.

Le *dispositif* correspond à la dernière partie des décisions dans laquelle le juge exprime la solution qu'il donne au litige.

[604] TA Nice, 10 avril 2003, *Société Compagnie foncière et immobilière de la Côte d'Azur (au nom de la Société du golf de Pardigon) contre Communes de La Croix-Valmer et de Cavalaire-sur-Mer, SIVOM du Littoral des Maures et Préfet du Var, op. cit.*

[605] CE, 26 mars 2008, *Société Spie Batignolles*, *op. cit.*

L'appréciation, le cas échéant à la lumière du rapport d'expertise, peut se révéler d'autant plus compliquée que le juge requiert généralement la justification de chaque élément du coût de chacune des prestations réalisées par l'appauvri.

Le juge administratif refusant, par principe, d'attribuer la rémunération prévue aux termes d'une convention déclarée nulle[606], il peut en résulter un *« mode de calcul »*, d'allure savante, constitué d'additions, de soustractions et de multiplications[607], en fonction des coûts réels établis tout au long de l'instruction.

* * *

Toutefois, il arrive que le juge administratif raccourcisse et simplifie la procédure contentieuse en ayant recours aux clauses ou documents financiers relatifs au contrat nul.

Section 2

La validation ponctuelle des clauses et documents contractuels de nature financière

Le contrat entaché de nullité est *« dépourvu d'effet juridique »*[608] et n'a ainsi créé *« aucun droit au profit des parties »*, ce qui justifie que *« la demande de la société tendant à être indemnisée, sur le fondement desdites conventions, (…) ne peut qu'être rejetée »*[609].

Dans sa thèse de 1955, Lionel Thibault, au terme d'une étude de jurisprudence sur les effets de la nullité des contrats

---

[606] CE, 10 octobre 1963, *OPHLM de la Ville de Dôle contre Brément*, *op. cit.*
[607] *Cf.* CE, 19 avril 1974, *Ministre de l'équipement et du logement contre Société Entreprise Louis Segrette*, *op. cit.*
[608] CAA Marseille, 30 mars 2004, *SA Carlson Wagonlit Travel contre Collectivité territoriale de Corse*, *op. cit.*
[609] CAA Bordeaux, 9 novembre 2004, *Sodegis*, *op. cit.*

administratifs, n'avait relevé qu'une seule espèce[610] dans laquelle le juge administratif se référait à l'une des stipulations d'un contrat nul afin d'indemniser l'ex-cocontractant de l'Administration[611].

Une telle hypothèse est aujourd'hui de moins en moins rare. C'est certainement en raison des flux contentieux et des exigences de délais de procédure raisonnables que le juge tend à donner effet à certaines clauses financières des contrats nuls ou à certains documents financiers qui leurs sont liés (paragraphe 1). Une telle méthode de calcul des indemnités entraîne un renversement de la charge de la preuve, ce qui semble favorable au créancier (paragraphe 2).

Paragraphe 1 - **Un moyen de preuve alternatif**

Rappelons encore, tant le principe semble intangible, que l'indemnité réclamée par l'appauvri ne saurait *« résulter de l'application de la convention frappée de nullité »* puisque *« ladite convention (…) est nulle et de nul effet »*[612].

Et, même si en 1966, le commissaire du gouvernement Jacques Fournier établissait une double *« assimilation »* entre, d'une part, les *« contrats »* et les *« quasi-contrats »* et, d'autre part, la *« responsabilité contractuelle »* et la *« responsabilité quasi-contractuelle »*[613] ; en ce qui concerne le calcul du montant de l'indemnité, il ajoutait que *« sur ce point, il n'est plus possible de se référer aux contrats »*[614].

---

[610] Les termes de l'arrêt en question sont similaires, dans leur objectif, à ceux aujourd'hui employés dans l'énoncé de la règle du plafond « contractuel » (*cf. supra*, deuxième partie, chapitre 2, section 1) : *« Il y a lieu de condamner la commune de Bouzigues à lui payer le montant des dépenses qu'il justifiera par états avoir été engagées pour l'éclairage (…) en tenant compte du prix maximum consenti (…) au traité »* (CE, 5 février 1919, *Séren contre Commune de Bouzigues*, req. n° 53242, *Rec.*, page 122).

[611] THIBAULT Lionel, *op. cit.*, page 70.

[612] CAA Paris, 25 juin 2002, *Société Fly international service*, *op. cit.*

[613] Ce qui justifiait, d'une part, la compétence de la juridiction administrative et, d'autre part, la primauté de l'enrichissement sans cause sur la responsabilité quasi-délictuelle.

[614] FOURNIER Jacques, *op. cit.*, pages 186, 188.

A cet égard, dans sa décision *Commune de Saint-Tropez* de 1995, le Conseil d'Etat annulait une transaction en raison de l'indexation des indemnités allouées par l'Administration sur le prix des contrats annulés sans qu'il ressorte *« des pièces du dossier »* qu'elles avaient été calculées par rapport aux règles relatives à l'enrichissement sans cause et à la responsabilité quasi-délictuelle. Dans ses conclusions, le commissaire du gouvernement Christophe Chantepy écartait même le moyen invoqué par l'Administration selon lequel, les contrats ayant été annulés pour vices de forme, leur contenu financier n'était pas en lui-même illégal. En tout état de cause, une *« analyse »* des responsabilités et des préjudices subis est donc obligatoire[615].

Dans le cas d'un projet de contrat resté sans signature de l'Administration[616], mais exécuté par l'entreprise, le tribunal administratif de Bastia a pourtant établi le montant du bénéfice en opérant une soustraction entre le prix contractuel et le montant des dépenses utiles calculé par ailleurs[617]. Comme nous l'avons démontré, le recours aux clauses ou documents contractuels, en matière de responsabilité quasi-délictuelle, n'est pas une erreur de droit. En effet, une telle validation est impliquée par la méthode d'indemnisation énoncée par le Conseil d'Etat (*cf. supra*, deuxième partie, chapitre 2, section 1). Mais le recours aux clauses et documents contractuels peut aussi ressortir du simple remboursement des dépenses utiles.

Dans sa décision *Nogent-sur-Marne* de novembre 2005, le Conseil d'Etat, statuant en urgence sur une demande de provision et afin de rembourser un déficit d'exploitation au titre des dépenses utiles, s'est notamment fondé sur *« les dépenses d'exploitation figurant aux comptes de la concession »* sans requérir d'autres formes de justification[618]. Quelques tribunaux et cours sont allés plus loin.

---

615 CE, 8 décembre 1995, *Commune de Saint-Tropez*, *op. cit.*

616 La jurisprudence considère qu'ils ont la même valeur juridique que les contrats nuls puisque l'indemnisation peut résulter des fondements quasi-contractuel et quasi-délictuel, mais pas des stipulations du projet de contrat.

617 TA Bastia, 12 mai 2005, *SARL Ambulances Nicolini*, *op. cit.*

618 CE, 16 novembre 2005, *Messieurs Auguste contre Commune de Nogent-sur-Marne*, *op. cit.*

Au mois de mai 2005, confirmant un jugement du tribunal administratif de Strasbourg, la cour administrative d'appel de Nancy a expressément octroyé une indemnité *« correspondant au prix du marché »*. L'indemnisation, très rapidement fondée sur l'enrichissement sans cause et la responsabilité quasi-délictuelle, a été offerte à hauteur de *« l'intégralité des sommes stipulées dans le marché »* sans véritable démonstration, notamment, de la réalité matérielle et financière, ainsi que de l'utilité des dépenses[619].

Dans l'affaire *Carlson Wagonlit Travel*, un marché sur factures est annulé mais la cour administrative d'appel de Marseille octroie quand même le paiement du montant de la *« somme non contestée »* prévue par les *factures émises par l'ex-cocontractant.* La cour n'a opéré aucune distinction entre les dépenses utiles et les bénéfices au stade de l'indemnisation proprement dite, tandis que toute justification ne résultait que des seules factures. Les obligations contractuelles sont ainsi le point d'ancrage de l'indemnité octroyée par le juge[620].

En janvier 2007, suivant la même voie, le tribunal administratif de Poitiers a considéré que la rémunération figurant au contrat *« comprend »* les dépenses exposées par l'ex-cocontractant[621]. A l'instar du tribunal administratif de Bastia, il s'est aussi référé au contrat pour justifier le montant du bénéfice escompté. Au total, et se félicitant d'effectuer *« une exacte appréciation du préjudice subi »*, le juge administratif a indemnisé l'ex-cocontractant en fonction de la rémunération prévue par le contrat déclaré nul[622].

Enfin, en mars 2007, dans une affaire concernant la *Commune de Boulogne-Billancourt*, le Conseil d'Etat a confirmé un arrêt de la cour administrative d'appel de Paris qui, dans un premier temps, avait refusé de *« remettre en cause la révision des prix du marché*

---

[619] CAA Nancy, 12 mai 2005, *Commune d'Amnéville*, *op. cit.*

[620] 1/ CAA Marseille, 30 mars 2004, *SA Carlson Wagonlit Travel contre Collectivité territoriale de Corse*, *op. cit.*

2/ CAA Marseille, 19 mars 2008, *Marius Ferrat*, req. n° 05MA00794 : l'ex-cocontractant a droit *« au paiement d'une indemnité correspondant au montant des factures qu'il a émises »*.

[621] Le juge administratif a, quand même, regretté que l'Administration enrichie *« n'apporte aucun élément de nature à remettre en cause leur utilité »*.

[622] TA Poitiers, 11 janvier 2007, *SAS Atlantel contre Département de la Charente*, *op. cit.*

expressément prévue par l'article 11 du contrat initial » et, dans un second temps, avait indemnisé l'ex-cocontractant sur la base du montant des factures[623]. S'agissant de la révision contractuelle, le commissaire du gouvernement Nicolas Boulouis soulignait que l'article 11 était devenu un *« élément (...) factuel du fait de la nullité du contrat »*, mais que l'ex-cocontractant avait droit à ce que ses prestations soient indemnisées en fonction du moment où elles avaient été exécutées (en 1996) et non sur les bases de la date à laquelle elles avaient été contractualisées (en 1989)[624]. En confirmant l'arrêt, sans analyser la révision opérée, c'est bien le dispositif contractuel qui a été consolidé[625].

Les clauses financières peuvent encore être validées mais de manière moins directe. Dans son arrêt *Onet* de 2006, la cour administrative d'appel de Marseille devait statuer sur un litige couvrant une période allant de septembre 1999 à mai 2000. Le requérant ne demandait pas le remboursement des factures *contractuelles* émises entre septembre 1999 et mars 2000 puisqu'elles lui avaient été réglées. Il était simplement question de calculer une indemnité pour un reliquat de neuf semaines étalées entre mars et mai 2000. A cette fin, le juge s'est référé *« au montant total de la facturation émise »* de septembre 1999 à mars 2000 pour calculer *« au prorata »* l'indemnité due pour les neuf semaines courant entre mars et mai 2000[626].

Finalement, on pourrait conclure que cette validation de certaines clauses ou de certains documents contractuels semble faire revenir la convention conclue entre les parties sous le statut de la coutume. Une telle méthode, outre le fait qu'il s'agisse d'un moyen de preuve alternatif, tend aussi à renverser la charge de la preuve du créancier sur le débiteur.

---

623 CAA Paris, 20 avril 2005, *Commune de Boulogne-Billancourt contre Société Mayday sécurité*, *op. cit.*
624 BOULOUIS Nicolas, *op. cit.*, page 232.
625 CE, 21 mars 2007, *Commune de Boulogne-Billancourt*, *op. cit.*
626 CAA Marseille, 4 décembre 2006, *SAS Onet*, *op. cit.*

Paragraphe 2 - **Le renversement de la charge de la preuve**

Dans un arrêt de janvier 2006, la cour administrative d'appel de Paris a confirmé un jugement du tribunal administratif de Paris qui, statuant sur un marché à bons de commande déclaré nul, avait rejeté une demande d'indemnité fondée sur le montant de 58 factures, tandis que l'appauvri n'apportait pas la preuve de la réalité et de l'utilité de l'exécution des travaux. En l'espèce, les factures ne suffisaient donc pas[627].

A contrario, si le créancier peut présenter *ses propres factures* émises dans le cadre de l'exécution du contrat, et si ces dernières suffisent à prouver le préjudice subi, la charge de la preuve s'en trouve comme renversée sur le débiteur qui doit alors critiquer le contenu de chaque facture liée au contrat déclaré nul.

La commune de La Queue-en-Brie, dans une affaire la concernant, ne contestait pas sérieusement en appel la réalité matérielle et financière des dépenses de son ex-cocontractant[628], ce qui justifiait, comme le relevait le commissaire du gouvernement, que le Conseil d'Etat n'entre pas *« dans le détail »* des condamnations[629]. Il ressort pourtant du jugement de première instance que le montant des indemnités allouées par le tribunal administratif de Paris était le même que celui mentionné sur les factures émises par l'ex-cocontractant. En outre, aucune distinction n'était réalisée entre les dépenses utiles, *les dépenses non utiles et les bénéfices*. Pourtant, l'entreprise ne réclamait qu'une indemnité pour enrichissement sans cause (!). A moins d'estimer que l'entreprise ne poursuive aucun but lucratif, ceci corrobore l'hypothèse selon laquelle l'appauvri n'a pas eu besoin de justifier ses dépenses et bénéfices autrement que par ses propres

---

[627] CAA Paris, 31 janvier 2006, *Société Girod Père et Fils SA*, *op. cit.*

[628] Seul le montant des intérêts au taux légal dû par la commune était critiqué en appel. D'ailleurs, le Conseil d'Etat annule leur versement lié à la date de réception des factures relatives au marché déclaré nul.

[629] DE MONTGOLFIER Cyrille, « Concl. sur CE, 11 juillet 1991, *Commune de La Queue-en-Brie contre Société Santerne*, req. n° 89184 », *cf.* annexe 3.

facturations, tandis que c'était à l'enrichi d'apporter la preuve de leur inexistence matérielle et financière[630].

En février 2005, la cour administrative d'appel de Versailles a, quant à elle, rappelé que le créancier de l'Administration n'est pas fondé à demander, *« au titre de ses obligations contractuelles »* déclarées nulles, le versement des *« sommes mentionnées par les factures émises dans le cadre des marchés »*[631]. Toutefois, au titre de l'enrichissement sans cause, le montant figurant sur les factures émises par l'ex-cocontractant a pu être réclamé. Le juge a cependant appliqué certaines conditions de l'enrichissement sans cause : d'une part, il n'a indemnisé que les prestations *« effectivement fournies »*[632] et, d'autre part, il a révisé le montant des factures quand l'*enrichi* pouvait démontrer que le prix d'achat payé par l'appauvri, autrement dit ses frais réels, était inférieur à celui facturé. Dans cette affaire, on constate qu'une des cinq factures n'a pas fait l'objet d'une révision de prix, ce qui laisse supposer un défaut de preuve de la part de l'enrichi[633].

Dans un autre arrêt de février 2005, la cour administrative d'appel de Versailles a confirmé une décision de première instance qui se fondait sur *« le montant du marché »*. Toutefois, l'appauvri avait, quand même, apporté la preuve de l'utilité des dépenses qui n'était pas valablement remise en cause par l'Administration enrichie[634].

A peine un mois plus tard, la même cour a considéré que, si elles sont conformes aux *« prestations dont [l'ex-cocontractant] avait la charge »* et si leur *« réalité (...) n'est pas sérieusement contestée »* par l'Administration enrichie, les dépenses engagées peuvent être *« appuyées de factures »* afin de fixer l'indemnité quasi-délictuelle[635].

---

[630] TA Paris, 1er avril 1987, *Société Santerne contre Commune de La Queue-en-Brie*, req. n° 62425, *cf.* annexe 2.

[631] CAA Versailles, 24 février 2005, *Département des Yvelines*, *op. cit.*

[632] L'appauvri demeure chargé de prouver la réalité des prestations.

[633] CAA Versailles, 24 février 2005, *Département des Yvelines*, *op. cit.*

[634] CAA Versailles, 10 février 2005, *Société STEPC*, req. n° 03VE01436, 03VE01543.

[635] CAA Versailles, 3 mars 2005, *Commune de Port-Marly*, *op. cit.*

Les précédents devant la cour se sont accumulés en 2005. En juillet, les juges ont confirmé le recours aux factures pour justifier le montant global des indemnités quasi-contractuelle et quasi-délictuelle :

> *« Il y a lieu, en ce qui concerne ledit contrat, de retenir les montants figurant sur les factures produites par la société (...) que la commune n'a pas réglés et, en conséquence, de confirmer sur ce point le jugement attaqué »* rendu par le tribunal administratif de Versailles.

Grâce à ces moyens de preuve simplifiés, le prestataire voit sa charge de preuve *ipso facto* allégée. Il est ainsi précisé que c'est à l'enrichi d'établir l'existence d'une surfacturation, c'est-à-dire de contester la réalité financière du préjudice invoqué. En l'espèce, sans partage de responsabilité quasi-délictuelle entre l'Administration et son ex-cocontractant, le juge se serait dispensé du supplément d'instruction ordonné afin de déterminer la part des bénéfices dans les montants facturés[636].

Dans une décision de 2007, le Conseil d'Etat a confirmé un arrêt de la cour administrative d'appel de Versailles d'avril 2006[637] qui s'était fondé sur une liste de 44 factures arrêtée par un expert judiciaire pour indemniser l'enrichissement sans cause de l'Administration[638]. Il ressort encore du jugement d'appel qu'il appartenait à la collectivité enrichie de contester le montant et l'utilité des travaux facturés.

Dans chacun des cas qui viennent d'être présentés, les factures apportées par le demandeur semblent bien faire l'objet d'une présomption qu'il revient au défendeur de remettre en cause. Et, si l'on entend le terme « charge » au sens le plus strict de « poids » ou de « fardeau », cette situation entraîne finalement un renversement de la charge de la preuve du demandeur sur le défendeur.

---

636 CAA Versailles, 5 juillet 2005, *Commune de Ris-Orangis contre Société Bureau d'études techniques Berim*, *op. cit.*

637 CAA Versailles, 6 avril 2006, *Maître Dumoulin*, *op. cit.*

638 CE, 21 novembre 2007, *Département des Yvelines*, req. n° 294470, 294471.

Au demeurant, on peut poser la fiction selon laquelle l'Administration devient le demandeur et, partant, doit établir l'enrichissement sans cause de son ex-cocontractant, ce qui explique que la charge de la preuve soit renversée.

Enfin, puisqu'ici, comme ailleurs (*cf. supra*), l'on donne effet à certaines clauses ou à certains documents contractuels afin de justifier l'indemnisation, l'*enrichissement* n'est plus tant *sans cause. A posteriori*, on ne peut plus affirmer, en effet, que l'enrichissement, *« comme son nom le précise, (...) ne trouve son fondement dans aucune règle juridique »*[639]. Ainsi, plutôt que de parler d' « enrichissement sans cause », ne serait-il pas préférable, dans le cas très particulier d'un contrat nul, de parler d' « enrichissement injuste » à l'instar de l'Espagne[640], voire d' « enrichissement injustifié » comme c'est aussi le cas en Allemagne[641] et dans les pays dits de « *Common Law* »[642] ? D'ailleurs, la doctrine française, elle-même, n'hésite pas à utiliser l'une ou l'autre de ces expressions[643].

---

639 CHAKIRIAN Laurence, « Vers une redéfinition du principe de subsidiarité de l'action *de in rem verso* », *RRJ*, n° 4, octobre 2000, page 1425.

640 *« Enriquecimiento injusto »* (MODERNE Franck, « Regards sur le principe de l'enrichissement sans cause en droit administratif : analyse comparative du droit français et du droit espagnol », *Etat, loi, administration : Mélanges en l'honneur de Epaminondas P. Spiliotopoulos*, Bruylant, Bruxelles, 1998, page 249).

641 *« Ungerechtfertigte Bereicherung »* (FROMONT Michel, *Droit allemand des affaires*, Montchrestien, Paris, 2001, page 53).

642 *« "Unjustified enrichment". The expression is mysterious. So are the other terms in use for the same subject, "unjust enrichment" and "restitution" »* (JOHNSTON David, ZIMMERMANN Reinhard (dir.), *Unjustified Enrichment : Key Issues in Comparative Perspective*, Cambridge University Press, Cambridge, 2002, page 3).

643 *Cf.* par exemple : MOISDON-CHATAIGNER Sylvie, « La nouvelle appréciation du comportement fautif de l'appauvri dans l'enrichissement sans cause », *RRJ*, n° 3, juillet 2005, pages 1291-1311.

Conclusion

La pratique du contentieux indemnitaire en cas de nullité du contrat administratif est loin d'être dépourvue de toute ambiguïté. Au besoin, le juge administratif s'autorise, pour reprendre l'expression de Marcel Waline, à *« survol[er] les compartiments »*[644] des différents régimes de responsabilité. D'ailleurs, la nullité apparaît parfois comme réduite à une simple résiliation, ce qui justifie, par exemple, que Jean-Claude Ricci hésite à définir la nullité contractuelle comme un état où *« il n'y a pas **(ou plus)** de contrat »*[645]. Mais, après tout, comme a pu le souligner Denys de Béchillon :

> *« Les catégories juridiques ne sont pas la cage de fer de la raison juridique. Elles sont instrumentalisables, comme n'importe quelle règle, entre les mains des acteurs (...). Nous mutilerions la connaissance juridique à ne pas le voir »*[646].

Dans une étude du régime des conséquences financières de la nullité du contrat administratif, François Sabiani en appelait à *« remettre le système à l'endroit »* en réaffirmant la subsidiarité traditionnelle de l'enrichissement sans cause par rapport à la responsabilité quasi-délictuelle. Alors, l'ex-cocontractant serait intégralement dédommagé en cas de nullité résultant d'une faute de service, tandis que ses seules dépenses utiles lui seraient remboursées en l'absence de toute irrégularité commise par la

[644] WALINE Marcel, « A propos du rapport entre la règle de droit applicable au jugement d'un procès et l'ordre de juridiction compétent », *RDP*, n° 1, janvier-février 1961, page 13.

[645] RICCI Jean-Claude, *Droit administratif général*, Hachette, Paris, 2005, page 223.

[646] DE BECHILLON Denys, « A propos des catégories du droit de la responsabilité », *in* Les colloques du Sénat, *Vers de nouvelles normes en droit de la responsabilité publique ?*, Reprotechnique, Paris, 2003, page 310.

personne publique[647]. Mais ne serait-ce pas oublier l'intérêt de la primauté de l'enrichissement sans cause, autant pour l'Administration qui n'est obligée qu'à hauteur de son enrichissement, que pour ses ex-cocontractants qui disposent d'une indemnité de sauvegarde insusceptible de faire l'objet d'un partage de responsabilités ?

On peut, toutefois, considérer que le nouveau recours en annulation ouvert aux concurrents évincés d'une procédure de passation d'un contrat administratif, instauré par la jurisprudence *Tropic Travaux*, devrait accroître les constats de nullité et, consécutivement, développer le nombre des litiges indemnitaires liés à la nullité du contrat administratif[648]. Mais ce serait faire fi, encore, de la palette d'outils conçue par le juge administratif dans le même arrêt. Désormais, en effet, le juge peut irradier le contrat sans l'annuler. D'ailleurs, il semble que depuis lors, parmi la *« gamme de conséquences que le juge du contrat doit tirer de l'illégalité constatée, (...) l'annulation du contrat n'intervient qu'en dernier lieu (...) si aucune alternative n'est possible »*[649]. En clair, comme le souligne Christophe Guettier : *« L'anéantissement du contrat, c'est vraiment après avoir tout essayé »*[650]. En effet, il est ainsi posé :

---

647 SABIANI François, *op. cit.*, page 13.
648 LINDITCH Florian, « Obs. sous CAA Marseille, 25 mai 2007, *SARL Environnement services*, req. n° 04MA01417 », *op. cit.*, page 33.
649 LAFAIX Jean-François, *op. cit.*, pages 35, 47, 66.
650 GUETTIER Christophe, « L'anéantissement du contrat administratif », *op. cit.*, page 99.

> *« Il appartient au juge (…) après avoir pris en considération la nature de l'illégalité éventuellement commise, soit de prononcer la* ***résiliation*** *du contrat ou de modifier certaines de ses clauses, soit de décider de la poursuite de son exécution, éventuellement sous réserve de mesures de régularisation par la collectivité contractante, soit d'accorder des indemnisations en réparation des droits lésés, soit enfin, après avoir vérifié si l'annulation du contrat ne porterait pas une atteinte excessive à l'intérêt général ou aux droits des cocontractants, d'****annuler****, totalement ou partiellement, le cas échéant avec un effet différé, le contrat »*[651].

En ayant recours à la résiliation, plus qu'à la nullité, la jurisprudence administrative gagnerait en cohérence du point de vue de l'indemnisation des ex-contractants puisqu'elle se dispenserait de diverses acrobaties entre les régimes de responsabilité. En effet, si le juge administratif est habilité à « abroger » un contrat, l'indemnisation sur le fondement de la responsabilité contractuelle devient alors la règle. Et, comme on a pu l'analyser au cours de cette étude, une telle option n'a rien de choquant puisque, tout au long du contentieux indemnitaire lié à la nullité du contrat administratif, le juge tend déjà à donner effet, malgré leur nullité, à certaines clauses ou à certains documents contractuels.

---

[651] CE Assemblée, 16 juillet 2007, *Société Tropic Travaux signalisation Guadeloupe*, req. n° 291545, *RFDA*, n° 4, juillet-août 2007, pages 696-711 (concl. Didier CASAS) ; *AJDA*, n° 29, 3 septembre 2007, pages 1577-1588 (note Frédéric LENICA) ; *RJEP*, n° 646, octobre 2007, pages 327-349 (note Pierre DELVOLVE) ; *JCP (A)*, n° 36, 3 septembre 2007, comm. n° 2212, pages 23-26 (note Florian LINDITCH) ; *JCP (A)*, n° 37, 10 septembre 2007, comm. n° 2221, page 25-28 (note Marie-Christine ROUAULT).

Annexes

Annexe 1

Développements spécifiques au contentieux indemnitaire de la nullité d'une convention d'occupation du domaine public

En cas de nullité d'une convention d'occupation du domaine public, l'Administration appauvrie fait l'objet d'un traitement particulier en ce qui concerne la restitution de l'enrichissement sans cause par son ex-cocontractant.

La convention disparaissant du fait de la nullité, le remboursement à l'occupant des redevances contractuelles d'occupation du domaine public a pu être admis[652] sous réserve que le requérant apporte la preuve qu'il en est bien l'unique débiteur[653].

Toutefois, s'agissant notamment du domaine public aéroportuaire, il a pu être opposé aux demandes de remboursement de ces redevances le fait, d'une part, que les sommes sont *« la contrepartie des avantages tirés de l'occupation du domaine public »* et, d'autre part, que lesdites sommes n'ont pas *« un caractère excessif »*[654]. L'occupation d'un emplacement commercial sur le domaine public aéroportuaire, qui permet d'y exercer une activité lucrative, est donc bien considérée comme utile pour l'entreprise occupante. L'Administration appauvrie peut alors se faire indemniser la redevance qui n'a pu être perçue au titre du contrat d'occupation déclaré nul[655].

---

[652] Comme en l'espèce, le requérant peut fonder sa demande, non sur l'enrichissement sans cause ou la responsabilité quasi-délictuelle, mais sur la répétition de l'indu des articles 1376 et 1377 du Code civil : *« Lorsqu'une personne qui, par erreur, se croyait débitrice, a acquitté une dette, elle a le droit de répétition contre le créancier »*.

[653] TA Limoges, 16 décembre 2004, *Société auxiliaire de parcs SA contre Commune de Brive*, *op. cit.*

[654] CAA Paris, 20 septembre 2007, *VE Airport*, req. n° 04PA01483.

[655] CE, 14 novembre 2001, *Société Au Lys de France*, *op. cit.*

Cependant, il semble admis que le juge puisse fixer une indemnité sans qu'il soit nécessaire de rechercher un appauvrissement de l'Administration.

En premier lieu, le juge a pu octroyer une indemnité complémentaire en fonction des seuls bénéfices commerciaux retirés par l'occupant sans égard à l'existence d'un appauvrissement de l'Administration. Cette dernière doit alors prouver le seul enrichissement de son ex-cocontractant au moyen de justificatifs permettant de comparer sa situation par rapport à celle d'autres sociétés occupant une autre partie du même domaine[656].

En second lieu, sans rechercher un appauvrissement de l'Administration, le juge a pu, à l'issue de son *« instruction »*, fixer la redevance due par l'occupant en fonction de celle versée par d'autres occupants d'emplacements commerciaux. Le juge, d'une part, s'attache à ce que ces emplacements soient similaires et situés sur le même domaine et, d'autre part, vérifie que la redevance tient compte des avantages que l'occupant a retiré de l'exploitation de la dépendance du domaine public sur laquelle était exercée l'activité. Dès lors, une *« juste appréciation »* lui permet, par exemple, de fixer une redevance égale à 27% du chiffre d'affaires de l'occupant[657].

A contrario, dans le cas d'un contrat de délégation de service public déclaré nul, à savoir un contrat d'affermage d'un camping municipal, a été considérée comme une dépense utile de la collectivité envers son ex-cocontractant *« le produit représenté par l'exploitation des installations dont elle a été privée sans cause »*. Toutefois, contrairement à l'hypothèse précédente des conventions d'occupation du domaine public aéroportuaire, le juge a requis que l'Administration appauvrie justifie, d'une part, les dépenses effectuées dans l'intérêt du terrain concerné et, d'autre part, le rendement économique de l'activité en question[658].

---

[656] CAA Paris, 25 juin 2002, *Société Fly international service*, *op. cit.*
[657] CE, 14 novembre 2001, *Société Au Lys de France*, *op. cit.*
[658] CAA Lyon, 28 juin 2007, *Commune d'Annecy*, *op. cit.*

Annexe 2

TA Paris, 1er avril 1987, *Société Santerne contre Commune de La Queue-en-Brie*, req. n° 62425

6ème section, 2ème chambre
Concl. Emmanuelle Prada-Bordenave

Sur le marché du 14 janvier 1980 :

Considérant que la société Santerne s'est vu confier, aux termes d'un marché sur appel d'offres restreint du 14 janvier 1980 établi pour un an, renouvelable annuellement par tacite reconduction et dont la durée ne pouvait excéder trois ans, l'entretien périodique des installations électriques desservant l'éclairage publique et de la signalisation tricolore routière de la ville de La Queue-en-Brie ; qu'après avoir demandé, dans sa requête introductive d'instance susvisée, que la commune de La Queue-en-Brie soit condamnée à lui verser 159 519,28 francs en règlement du solde de ce marché ainsi que les intérêts de droit sur cette somme, la société Santerne a déclaré se désister de cette partie des conclusions de sa requête ; que le désistement est pur et simple, et que rien ne s'oppose à ce qu'il lui en soit donné acte ;

Sur le marché négocié du 28 décembre 1981 :

Considérant que la commune de La Queue-en-Brie a passé le 28 décembre 1981 avec la société Santerne, un marché négocié ayant pour objet des travaux de mise en conformité avec les normes de sécurité et de grosse réparation du réseau d'éclairage public ;

Considérant qu'en application des dispositions de l'article 279 du Code des marchés publics, les marchés des communes donnent lieu à adjudication ou à appel d'offres, sauf exceptions prévues aux articles 308 à 312 ter, 321 et 375 du Code ; qu'il est constant que les travaux objet du marché n'étaient pas au nombre de ceux dont l'exécution ne pouvait être réalisée par un entrepreneur ou un fournisseur déterminé, ainsi qu'il est envisagé par l'article 312 du Code ; qu'aucune autre disposition du Code des marchés publics ne pouvait fonder, en l'occurrence, la passation du marché négocié du 28 décembre 1981, et notamment pas l'article 309 qui permet aux collectivités locales et à leurs établissements publics de conclure des marchés négociés pour des travaux, fournitures ou services dont la valeur n'excède pas, pour le montant total de l'opération, des seuils fixés pour chaque catégorie, par arrêté interministériel, dès lors que le seuil prévu par l'article 309 se trouvait fixé à 250 000 francs par un arrêté du 10 janvier 1980, et que le montant des travaux était estimé à 461 337,46 francs ; que par suite le marché du 28 décembre 1981 était nul, et n'a pu faire naître d'obligation contractuelle à la charge de la commune ;

Considérant cependant que la société Santerne est fondée à demander à être indemnisée de fournitures faites et des travaux réalisés, qui ont été utiles à la commune de La Queue-en-Brie et dont celle-ci ne conteste pas sérieusement la réalité non plus que le montant qui s'élève à 461 337,46 francs ; que par suite, sans qu'il y ait lieu d'ordonner une expertise, il sera fait une juste appréciation de l'indemnité à laquelle la société Santerne peut prétendre de ce chef, compte tenu de deux règlements de 12 942,86 francs et 300 000 francs intervenus les 12 et 13 juin 1986, en condamnant la commune de La Queue-en-Brie à lui verser 148 394,64 francs ;

Considérant que les réclamations que la société Santerne affirme avoir adressé à la commune de La Queue-en-Brie pour le règlement de la somme de 461 337,46 francs et sur lesquelles aucune précision, notamment de date, n'est fournie, ne figurent pas au dossier ; que, par suite, la société Santerne n'est fondée à réclamer des intérêts au taux légal sur la somme de 461 337,46 francs que pour la période allant du 31 décembre 1985, date de l'enregistrement de sa requête, jusqu'au 12 février 1986 ; qu'elle est en outre fondée à réclamer des intérêts au taux légal sur la somme de 148 394,64 francs qui courront à compter du 13 février 1986 ;

Sur les travaux de réfection de l'éclairage public et des signalisations routières effectués entre le 1er octobre 1981 et le 28 mai 1984 :

Considérant que, dans sa requête, la société Santerne a demandé la condamnation de la ville de La Queue-en-Brie à lui verser 1 307 256,49 francs représentant le montant de travaux effectués en application de 81 ordres de service qui lui ont été adressés, en dehors de tout marché, par les services municipaux entre le 1er octobre 1981 et le 28 mai 1984 ;

Considérant qu'en application des dispositions de l'article 279 du Code des marchés publics, les marchés des communes donnent lieu à adjudication ou à appel d'offres sauf exceptions prévues aux articles 308 à 312 ter, 321 et 375 du Code ; que l'article 321 disposait, dans sa rédaction en vigueur au 31 octobre 1981, qu'il peut être traité, en dehors des conditions fixées par le présent titre, sur mémoires ou sur simples factures, pour les travaux, les fournitures ou les services dont la valeur présumée n'excède pas la somme de 100 000 francs ; qu'à la suite de la modification introduite par le décret du 7 janvier 1982, le même article précise qu' « il peut être traité en dehors des conditions fixées par le présent titre pour les travaux, les fournitures ou les services dont le montant annuel présumé, toutes taxes comprises, n'excède pas la somme de 150 000 francs » ;

Considérant, en premier lieu, que l'ordre de service du 1er octobre 1981 avait pour objet des travaux pour un montant de 345 950,69 francs TTC, supérieur à la limite de 100 000 francs, fixée par l'article 321 précité dans sa rédaction en vigueur à cette date, au-delà de laquelle la passation d'un marché était obligatoire ; que cet ordre de service n'a par suite pu faire naître d'obligations contractuelles à la charge de la commune de La Queue-en-Brie ; qu'il en va de même de l'ordre de service du 30 juin 1982, qui avait pour objet des travaux dont le montant de 342 095,95 francs était supérieur à la limite de 150 000 francs prévue par l'article 321 dans sa rédaction issue du décret du 7 janvier 1982 ;

Considérant, en second lieu, qu'à partir du 3 novembre 1982 jusqu'au 28 mai 1984, la commune de La Queue-en-Brie a adressé à la société Santerne, à des dates très rapprochées, 79 ordres de service ayant pour objet des travaux de même nature ; que ces ordres de service doivent être regardés comme ayant concouru à la réalisation d'une même opération de travaux, d'une durée de 19 mois et d'un montant total de 961 305,80 francs ; qu'une telle opération, dont le montant en moyenne annuelle se trouvait supérieur à la limite de 150 000 francs figurant dans les dispositions susmentionnées, aurait dû faire l'objet d'un marché, à défaut duquel les 79 ordres de service n'ont pu faire naître d'obligation contractuelle à la charge de la commune de La Queue-en-Brie ;

Considérant cependant que la société Santerne est fondée à demander à être indemnisée des travaux réalisés, dont il n'est pas contesté qu'ils ont été utiles à la commune de La Queue-en-Brie ; que si celle-ci indique, en se fondant essentiellement sur un rapport rédigé par un adjoint technique appartenant à ses services et signataire d'une partie des ordres de service, que rien ne permet d'affirmer que la totalité des travaux prescrits par les ordres de service du 1er octobre 1981 et du 30 juin 1982 ont été effectivement exécutés, cette remarque n'est assortie d'aucune précision permettant au juge d'en apprécier le bien fondé, ou devant le conduire à ordonner une expertise sur ce point ; qu'en admettant même, comme le soutient la commune, que la société Santerne a effectué, durant la même période, des travaux, pour le compte de personnes privées situées dans la mouvance d'un parti politique, cette circonstance n'établit nullement que tout ou partie des travaux qui ont fait l'objet des 81 ordres de service susmentionnés n'ont pas été réalisés ; que le montant total de 1 307 256,49 francs des factures correspondant aux travaux n'est pas contesté ; que par suite, sans qu'il y ait lieu d'ordonner une expertise, il sera fait une juste appréciation de l'indemnité à laquelle la société Santerne peut prétendre de ce chef, compte tenu de deux règlements intervenus les 12 juin et 17 septembre 1986 pour un montant total de 93 450,80 francs, en condamnant la ville de La Queue-en-Brie à lui verser 1 213 805,69 francs ;

Considérant qu'il résulte de l'instruction que les sommes correspondant aux 81 ordres de services ont chacune fait l'objet d'une facturation, entre le 14 avril 1982 et le 7 septembre 1984 ; que la société Santerne est fondée à demander que chacune de ces sommes porte intérêt au taux légal depuis le jour de la réception de la facture, qui doit être regardée comme étant intervenue trois jours après la date de cette facture ;

Sur les travaux d'entretien de l'éclairage public et des signalisations routières effectués en 1983 et durant les cinq premiers mois de 1984 :

Considérant qu'à la suite de l'arrivée à son terme du marché susmentionné du 14 janvier 1980, la société Santerne a continué d'assurer, en 1983 et durant les cinq premiers mois de 1984, l'entretien des installations électriques desservant l'éclairage public et de la signalisation tricolore routière de la ville de La Queue-en-Brie ; qu'en contrepartie des travaux ainsi effectués, pour un montant total de 411 228,27 francs, et compte tenu du règlement de 93 162,47 francs intervenu le 26 juillet 1984, la société Santerne demande que la ville de la Queue-en-Brie soit condamnée à lui verser 318 065,80 francs ;

Considérant qu'il résulte de l'instruction que la somme de 411 228,27 francs représente le total de six factures, la première de 186 324,94 francs, en date du 29 août 1983, la seconde de 93 162,47 francs, en date du 1er février 1984 réglée ainsi qu'il vient d'être dit le 26 juillet 1984, la troisième de 11 458,99 francs en date du 11 avril 1984, la quatrième de 65 134,39 francs en date du 12 avril 1984, la cinquième de 43 423,05 francs en date du 5 juin 1984, enfin la sixième de 11 724,23 francs, en date du 2 octobre 1984 ;

Considérant que le montant facturé le 29 août 1983 excède la limite de 150 000 francs figurant dans les dispositions déjà citées de l'article 321 du code des marchés publics dans leur rédaction issue du décret du 7 janvier 1982, au-delà de laquelle la passation d'un marché était obligatoire ; que les cinq facturations de travaux d'entretien intervenues en 1984, à des dates rapprochées entre le 1er février et le 2 octobre, doivent être regardées comme faisant suite à une même opération de travaux publics dont le montant annuel se trouvait également supérieur à 150 000 francs, et qui aurait dû en conséquence faire l'objet d'un marché ; qu'à défaut de tels marchés aucune obligation contractuelle n'a pu naître, du fait de la réalisation de ces travaux d'entretien en 1983 et 1984, à la charge de la ville de La Queue-en-Brie ;

Considérant cependant que la société Santerne est fondée à demander à être indemnisée de travaux réalisés, qui ont été utiles à la commune de La Queue-en-Brie ; que celle-ci ne conteste pas sérieusement la réalité de ces travaux non plus que leur montant ; que par suite, sans qu'il y ait lieu d'ordonner une expertise, il serait fait une juste appréciation de l'indemnité à laquelle la société Santerne peut prétendre de ce chef en condamnant la commune de La Queue-en-Brie à lui verser les 318 065,80 francs qu'elle réclame ;

Considérant que la société Santerne est fondée à demander que chacune des sommes facturées porte intérêt au taux légal depuis le jour de la réception de chaque facture, qui doit être regardée comme étant intervenue trois jours après la date de cette facture ;

(…)

Annexe 3

Cyrille de Montgolfier, Concl. sur CE, 11 juillet 1991, *Commune de La Queue-en-Brie contre Société Santerne*, req. n° 89184

10ème et 2ème sous-sections réunies

De 1980 à mai 1984, la société Santerne a effectué d'importants travaux pour la commune de La Queue-en-Brie. Le total des travaux portaient sur quatre groupes :

Le premier groupe a fait l'objet d'un marché sur appel d'offres du 14 janvier 1980. Il concerne l'entretien périodique des installations électriques desservant les signalisations routières et ce, pendant une période de trois ans de 1980 à 1983.

Le règlement est intervenu au cours de l'instance intentée devant le tribunal administratif de Paris.

Le second groupe est constitué par un marché négocié du 28 décembre 1981. Il a pour objet la mise en conformité avec les normes de sécurité et les grosses réparations du réseau d'éclairage public. Les travaux prévus par ce marché se sont élevés à 461 337,46 francs.

Un troisième groupe de travaux concerne l'exécution de 81 ordres de service adressés à la société Santerne pour les réparations des signalisations routières. Le montant total des travaux s'élève à 1 307 256,49 francs.

Enfin un quatrième groupe de travaux concerne l'entretien de l'éclairage public et des signalisations routières pour un montant de 411 228,27 francs.

La société n'ayant pu obtenir le règlement total des sommes qui lui étaient dues, elle saisit le tribunal administratif de Paris qui, par un jugement du 1er avril 1987, déclara en premier lieu que les marchés étaient nuls car n'ayant pas respecté le Code des marchés publics puis condamna la commune de La Queue-en-Brie sur le terrain de l'enrichissement sans cause à verser à la société Santerne 148 394,64 francs au titre du second marché ; 1 213 805,69 francs au titre du troisième, à savoir les 81 ordres de service ; 318 065,80 francs au titre des travaux supplémentaires faisant partie du quatrième marché.

En outre, il accorda les intérêts ; nous en reparlerons.

Vous aurez compris que le présent litige s'explique en grande partie par le changement de municipalité consécutif aux élections de mars 1983 (CE, 14 septembre 1983, *Elections municipales de La Queue-en-Brie*, *Rec.*, page 367).

* * *

I/ Une chose est certaine et affirmée par les deux parties au litige, le marché de 1981, les 81 ordres de service émis de 1981 à 1984 et les factures de travaux supplémentaires d'entretien ont été passés ou établis en méconnaissance des dispositions du Code des marchés publics : tous dépassaient en bloc ou consécutivement les seuils fixés par le Code. Le jugement attaqué est très explicite sur ce point et la commune de La Queue-en-Brie reconnaît et ne discute pas ces irrégularités.

II/ Malgré cette nullité des contrats administratifs, le tribunal administratif a condamné la commune de La Queue-en-Brie en jugeant que les travaux avaient été utiles à la commune. La commune le conteste et se borne à soutenir que cette utilité *« n'est nullement démontrée en l'état du dossier »*. Au regard de votre jurisprudence (*cf.* par exemple CE, 23 mai 1979, *Commune de Fontenay-le-Fleury*, *Rec.*, page 226), cette utilité ne fait pourtant aucun doute et vous ferez une application habituelle de la responsabilité quasi-contractuelle de l'Administration qui ouvre droit au cocontractant au remboursement des dépenses utiles qu'il a pu faire dans l'exécution du contrat (CE, 2 décembre 1938, *Laily*,

Rec., page 905 – CE, 19 avril 1974, *Société Entreprises Louis Segrette*, *Rec.*, page 1052). En effet, la municipalité a incontestablement tiré profit des prestations fournies.

La commune fonde également son raisonnement sur un rapport d'un de ses agents qui a déclaré avoir régularisé des ordres verbaux, après le changement de municipalité en 1983, et écrit *« rien ne me permet d'affirmer que la totalité des travaux a été exécutée »*. La commune invoque alors votre jurisprudence de Section du 17 octobre 1975 (CE Section, 17 octobre 1975, *Commune de Canari*, *Rec.*, page 516) par laquelle vous avez introduit la notion de travaux indispensables qui devaient être réglés à défaut de tout ordre écrit ou verbal valablement donné. Mais cette jurisprudence ne saurait être utilement invoquée dans le cas d'espèce : en effet, cette jurisprudence est relative au rapport entre la responsabilité contractuelle et la responsabilité quasi-contractuelle ; dès lors que les parties sont liées par de véritables contrats, elles ne peuvent invoquer entre elles un quasi-contrat et donc notamment l'enrichissement sans cause. Dès lors, la notion de travaux seulement utiles ne peut être envisagée et il n'y a plus d'indemnisation. Mais ainsi que nous l'avons dit, tel n'est pas le cadre juridique de la présente espèce.

Signalons que **les sommes auxquelles la commune a été condamnée ont été versées à la société Santerne le 28 juin 1987. Il n'est pas nécessaire d'entrer dans le détail de chacune des trois condamnations puisque la commune de La Queue-en-Brie ne conteste pas la réalité du montant des travaux effectués ou dus** à la société Santerne.

(…)

Annexe 4

Gilles Bachelier, Concl. sur CE, 14 novembre 2001, *Société Au Lys de France*, req. n° 223572

8ème et 3ème sous-sections réunies

Cette affaire pose à titre principal des questions relatives aux conséquences de la nullité d'une convention d'occupation du domaine public. La société Au Lys de France exerçait depuis mars 1974 une activité commerciale de vente de confiserie et de chocolaterie à l'aérogare n° 1 de l'aéroport Roissy-Charles-de-Gaulle. Elle était titulaire à ce titre d'une convention d'autorisation d'occupation du domaine public aéroportuaire périodiquement renouvelée et en dernier lieu par une convention signée le 12 mars 1996 pour une durée de cinq ans avec effet au 1er janvier 1995.

Cette convention avait prévu le versement à Aéroports de Paris d'une redevance calculée sur la base de 35% du chiffre d'affaires hors taxe et hors recettes publicitaires et ne pouvant descendre en dessous d'un minimum garanti annuel. Ce minimum était égal à 3,50 francs par passager international avant la mise en œuvre du traitement séparé du flux des passagers de l'espace Schengen puis devait s'établir à 3,10 francs après l'entrée en vigueur de cette séparation.

Or au début du mois de novembre 1995, la compagnie Japan Air Lines a transféré ses installations d'enregistrement de l'aérogare n° 1 à l'aérogare n° 2. Cette opération a eu pour la société Au Lys de France des conséquences particulièrement graves sur son activité. Les passagers de cette compagnie aérienne représentaient la moitié de son chiffre d'affaires alors qu'ils ne dépassent pas 2% du total des passagers.

Il faut dire que selon la société qui tient des statistiques particulièrement élaborées, un client japonais de la compagnie achète en moyenne entre 35 à 50 fois plus de confiserie qu'un passager d'une autre compagnie. Son chiffre d'affaires a donc chuté en 1996 de 42% par rapport à 1994 pour s'établir à 22 millions de francs. Mais parallèlement l'application de la clause du minimum garanti faisait obligation à la société d'acquitter au titre de la redevance une somme de 11 millions de francs.

La société a alors demandé une révision de la convention mais les discussions menées avec Aéroports de Paris n'ont abouti qu'à une minoration de 80 centimes de francs du tarif par passager proposée par lettres de l'établissement public en date des 7 et 31 janvier 1997. Elle a alors décidé de cesser de payer la redevance ce qui a conduit à la décision de résiliation de la convention prononcée le 22 janvier 1998 par le directeur général d'Aéroports de Paris.

Le litige est alors entré dans sa phase contentieuse devant le tribunal administratif de Melun. Celui-ci a été saisi de deux recours. Le premier présenté par la société tendait à l'annulation de la décision de résiliation de la convention. Il a été rejeté. Le second émanant d'Aéroports de Paris portait sur la condamnation de la société à lui verser le montant des redevances dont elle était redevable pour la période comprise entre le 19 janvier 1997 et le 21 décembre 1998. Il sera accueilli par un jugement distinct.

La cour administrative d'appel de Paris a joint les deux appels de la société formés contre ces jugements et statué par arrêt du 15 juin 2000 qu'elle vous défère.

* * *

I/ Le pourvoi en cassation est dirigé en premier lieu contre l'article 1er de l'arrêt validant par substitution de motifs le rejet par le tribunal de la demande d'annulation de la décision de résiliation de la convention.

Par votre décision de Section *Société Hertz France* (CE Section, 26 mars 1999, *Société Hertz France*, *Rec.*, page 96), vous avez annulé pour incompétence les décisions du directeur général d'Aéroports de Paris de conclure des conventions d'occupation du domaine public au motif qu'il résultait des articles R. 252-12 et R. 252-18 du Code de l'aviation civile que seul le conseil d'administration de cet établissement public avait le pouvoir de décider de passer une telle convention sous réserve le cas échéant d'une délégation d'attributions à son Président. Cette malfaçon des textes sera corrigée par le décret n° 99-408 du 21 mai 1999.

La cour a fait application de cette jurisprudence et constaté pour ce motif non contesté la nullité de la convention du 12 mars 1996. Elle en déduit que si en conséquence de cette nullité la personne publique ne pouvait selon les motifs de la décision de résiliation faire grief à la société Au Lys de France d'avoir méconnu ses obligations contractuelles, il n'appartient pas au juge du contrat de faire droit à la demande d'annulation de cette décision quels que soient ses mérites dès lors qu'une telle annulation aurait pour effet de faire revivre une convention entachée de nullité. La société critique ce motif par deux moyens.

A) Elle soutient d'une part que la cour a méconnu son office et commis une erreur de droit dès lors qu'il n'y a aucune automaticité s'attachant au prononcé de la nullité de la convention de sorte que le juge du contrat aurait parfaitement pu prononcer l'annulation de la décision de résiliation afin de permettre au conseil d'administration de régulariser la situation.

Elle se prévaut de l'évolution de la jurisprudence relative aux conséquences de l'annulation de la décision de passer un contrat, acte détachable du contrat, lorsqu'elle est prononcée sur recours des tiers agissant par la voie du recours pour excès de pouvoir. Elle fait aussi référence à votre décision de Section *Société Hertz France*.

Dans cette affaire, l'annulation pour excès de pouvoir de la décision de passer les conventions a été demandée et obtenue par des sociétés concurrentes des bénéficiaires desdites conventions. Ces sociétés avaient présenté des conclusions à fin d'injonction tendant à ce que le Conseil d'Etat ordonne à Aéroports de Paris de prendre les mesures nécessaires pour priver de tout effet ces contrats. Vous n'avez pas constaté leur nullité mais vous avez enjoint à l'établissement public, s'il ne pouvait obtenir de ses cocontractants qu'ils acceptent la résolution des conventions d'un commun accord entre les parties, de solliciter du juge du contrat cette résolution.

Autrement dit, lorsque le juge de l'excès de pouvoir a annulé un acte détachable du contrat, le juge du contrat saisi ultérieurement doit tirer les conséquences de cette annulation en constatant que la convention est nulle et de nul effet.

Le présent litige ne correspond pas à cette situation. En matière de convention d'occupation du domaine public, la décision de résiliation prononcée par l'Administration en exécution d'une clause du contrat peut, sur recours du cocontractant, être annulée par le juge du contrat (CE Section, 13 juillet 1968, *Société des Etablissements Serfati*, *Rec.*, page 444). La société Au Lys de France a saisi le juge du contrat de conclusions aux fins d'annulation de la décision de résilier la convention dont elle était titulaire.

Lorsque comme en l'espèce le juge du contrat constate la nullité de la convention, vous jugez que des conclusions tendant à la résiliation du contrat sont sans objet et qu'il n'y a pas lieu d'y statuer (CE, 6 mai 1985, *Association Eurolat*, *Rec.*, page 141). S'inspirant de cette analyse, votre décision de Section *Société Citécable Est* (CE Section, 20 octobre 2000, *Société Citécable Est*, *RFDA*, 2001, page 369), après avoir constaté la nullité d'un contrat de concession conclu par une commune, a rejeté comme dépourvues d'objet et par suite irrecevables les conclusions de la société dirigées contre la délibération de la personne publique prononçant la résiliation de ce contrat.

Les principes retenus par cet arrêt doivent être mis en œuvre en l'espèce, la situation de la société requérante correspondant exactement à celle de ce précédent. Certes la cour n'a pas formellement employé les termes de votre décision, postérieure à son arrêt, mais le motif qu'elle a retenu a selon nous la même signification. Vous écarterez donc le moyen tiré de l'erreur de droit.

B) La société soutient d'autre part que la cour a violé les exigences du procès équitable garanti par l'article 6-1 de la Convention européenne de sauvegarde des droits de l'homme et des libertés fondamentales. Cependant si la requérante n'a pas la possibilité d'obtenir l'annulation de la décision de résiliation d'un contrat entaché de nullité, elle n'a pas été privée de ce fait de son droit à un procès équitable.

II/ Le pourvoi en cassation est dirigé en second lieu contre les articles 2 et 3 de l'arrêt. Celui-ci condamne la société à verser à Aéroports de Paris la somme de 6 351 724,94 francs et réforme le jugement du tribunal en ce qu'il a de contraire.

A) La société soutient notamment que la cour a insuffisamment motivé son arrêt. Après avoir relevé qu'en raison de la nullité de la convention, le droit à indemnité d'Aéroports de Paris ne pouvait trouver son fondement dans les obligations nées de la convention mais était tiré de l'utilité que la société avait retiré de l'occupation du domaine public, la cour juge *« qu'il sera fait une juste appréciation de cette utilité en évaluant l'indemnité due sur la base de 35% du chiffre d'affaires réalisé par la société entre le 19 janvier 1997 et le 4 juin 1998 date à laquelle elle a quitté les lieux »*.

La société fait valoir à juste titre qu'en statuant ainsi la cour ne vous met pas en mesure d'exercer votre contrôle de cassation faute d'indiquer les éléments qui la conduisaient à retenir ce montant de l'indemnité eu égard à l'argumentation qu'elle avait développée devant elle.

Effectivement, la requérante contestait le taux de 35% du chiffre d'affaires et faisait valoir qu'elle était la seule occupante du domaine public aéroportuaire à acquitter une redevance calculée sur un taux aussi élevé de sorte qu'elle était victime d'un traitement discriminatoire.

La cour ne pouvait donc se borner à cette motivation lapidaire et vous avez censuré un arrêt rédigé de la même manière (CE, 12 novembre 1997, *Chargois*, req. n° 153808). Vous annulerez donc les articles 2 et 3 de l'arrêt sans qu'il soit nécessaire d'examiner les autres moyens de cassation.

B) Vous pourrez régler l'affaire au fond et statuer sur l'appel de la société formé contre le jugement du 17 juin 1999 du tribunal administratif.

1°) La requérante critique en premier lieu la régularité du jugement. Elle soutient que le tribunal aurait statué au-delà des conclusions dont il était saisi en se fondant sur l'utilité qu'elle avait retirée de l'occupation du domaine public pour la condamner à verser une indemnité pour la période allant du 19 janvier 1997 au 21 décembre 1998.

Cependant, si dans sa demande initiale au tribunal, Aéroports de Paris s'était prévalu de la responsabilité contractuelle de la société pour demander sa condamnation à lui verser une somme de 11 353 646,20 francs évaluée sur une période allant du 19 janvier 1997 au 9 avril 1998, il a ultérieurement par un mémoire du 11 février 1999 actualisé sa demande pour la porter à 21 480 403,84 francs correspondant à une prolongation de la période d'indemnisation jusqu'au 21 décembre 1998 et par un mémoire du 21 mars 1999 a présenté des conclusions subsidiaires fondées, au cas où la nullité de la convention serait retenue, sur l'utilité retirée de l'occupation du domaine public. Vous rejetterez donc ce moyen.

2°) La requérante soutient en deuxième lieu que la demande soumise au tribunal administratif était irrecevable.

Elle se prévaut d'une part du défaut de qualité pour agir du Président du conseil d'administration de l'établissement public. Mais, par délibération du 11 juillet 1994 prise sur le fondement de l'article R. 252-12 du Code de l'aviation civile, le conseil d'administration a donné délégation au Président à l'effet

« d'exercer toutes actions juridiques tant en demande qu'en défense ».

La société soutient d'autre part que l'établissement public avait le pouvoir d'émettre un ordre de recettes à l'effet de recouvrer d'office les sommes qu'il estimait lui être dues. Mais une personne publique est recevable à demander au juge la réparation du dommage causé par l'occupation sans titre du domaine public même si elle détient par ailleurs le pouvoir de constituer débiteur l'occupant sans titre par l'émission d'un état exécutoire.

Enfin, la requérante fait valoir que l'établissement public a modifié tardivement le fondement de sa demande. Mais les conclusions présentées au titre de l'enrichissement sans cause de la société ne sont enserrées dans aucun délai et pouvaient être présentées à tout moment devant le tribunal administratif.

3°) La société fait valoir en troisième et dernier lieu que l'indemnité retenue par les premiers juges est excessive. Le tribunal a fait droit à la demande d'Aéroports de Paris. Il a retenu la somme totale figurant sur les diverses factures émises par la personne publique pour la période janvier 1997/décembre 1998 après déduction de 80 centimes de francs par passager proposée par l'établissement public en janvier 1997.

La somme due à Aéroports de Paris doit tenir compte de l'utilité retirée par la société de l'occupation sans titre du domaine public laquelle lui a permis d'exercer une activité lucrative compte tenu éventuellement des fautes commises. Comme vous le savez, la redevance imposée à un occupant privatif du domaine public doit être calculée en fonction non seulement de la valeur locative d'une propriété privée comparable à la dépendance domaniale mais aussi de l'avantage spécifique que constitue le fait d'être autorisé à jouir d'une façon privative de cette dépendance (CE, 10 février 1978, *Ministre de l'économie, des finances contre Scudier*, *Rec.*, page 66). La redevance est due même par l'occupant sans titre. La prise en compte de cet avantage spécifique correspond ainsi à la notion d'utilité que le juge de la responsabilité quasi-contractuelle doit mettre en œuvre pour l'application de la théorie de l'enrichissement sans cause.

A cet égard, la société invoque sans être contredite trois arguments de nature à caractériser le niveau excessif du taux de 35% du chiffre d'affaires retenu par le tribunal. Elle soutient d'abord qu'antérieurement à la conclusion de la nouvelle convention la redevance était établie sur la base d'un taux de 24%. Elle observe ensuite que la société qui lui a succédé dans les locaux qu'elle occupait doit acquitter une redevance égale à 27% du chiffre d'affaires. Elle fait valoir enfin que dans une situation comparable à l'aéroport d'Orly, la réorganisation des flux de passagers avait conduit l'établissement public à accorder à une autre société une réduction du taux de 3% et qu'en toute hypothèse aucun autre occupant de l'aéroport de Roissy-Charles-de-Gaulle n'était soumis au paiement d'une redevance établie sur un taux aussi élevé. Aéroports de Paris soutient en défense que la société avait bien accepté ce taux en 1996 à la date de la signature de la convention soit postérieurement au changement d'aérogare de la compagnie Japan Air Lines. Mais si la convention dont il ne peut d'ailleurs se prévaloir n'a été signée qu'à cette date, elle avait été négociée et finalisée bien antérieurement et avant même que soit connu le transfert de cette société.

Au vu de ces éléments, une juste appréciation de l'utilité retirée par la société de l'occupation de la dépendance domaniale pour la période comprise entre le 19 janvier 1997 et le 4 juin 1998, correspondant à la date où elle a effectivement quitté les lieux, pourra être faite en retenant le taux de 27% du chiffre d'affaires hors taxes sous déduction des montants qui auraient été effectivement versés au titre ce cette période.

La société vous demande de réduire le montant des redevances qu'elle a payées pour la période antérieure au 19 janvier 1997. Mais le litige soumis au tribunal par l'établissement public était limité à la période postérieure. Ces conclusions sont irrecevables.

C) La société avait présenté au cas où vous décideriez de régler l'affaire au fond des conclusions tendant à ce que vous condamniez Aéroports de Paris à l'indemniser du préjudice évalué à 73 263 000 francs représentant d'une part les bénéfices qu'elle pouvait escompter jusqu'au terme de la convention si celle-ci avait été régulièrement conclue et d'autre part l'atteinte portée à sa réputation financière et commerciale ainsi que la perte d'une chance de voir sa candidature à nouveau retenue pour la période 2000/2004.

Mais, par un mémoire enregistré le 5 octobre, elle vous indique que le tribunal administratif de Melun saisi du même litige vient de rejeter sa demande par jugement du 20 septembre 2001 et qu'elle va saisir le juge d'appel. Elle se désiste de ses conclusions devant vous. Vous lui en donnerez acte.

III/ Il reste à statuer sur les demandes présentées au titre des frais irrépétibles. La société Au Lys de France obtient partiellement gain de cause et ne peut donc être regardée comme la partie perdante dans la présente instance. La demande d'Aéroports de Paris doit donc être rejetée. En revanche, la demande de la société nous paraît devoir être accueillie.

* * *

(…)

Annexe 5

TA Bastia, 9 décembre 2004, *Commune de Calenzana et Jacques Andries*, req. n° 0400755

2ème chambre
Concl. André Maury

Considérant que la commune de Calenzana et monsieur Andries demandent au tribunal d'homologuer un accord aux termes duquel la commune de Calenzana s'engage à payer à monsieur Andries, titulaire du marché de maîtrise d'œuvre relatif aux travaux de réhabilitation et d'extension du groupe scolaire communal, la somme de 22 765,73 euros HT correspondant à hauteur de 14 640 euros à des réunions de chantier supplémentaires nécessitées par le dépassement du délai contractuel d'exécution des travaux et à hauteur de 8 125,73 euros à des prestations non prévues dans le marché initial ; que le tribunal ne peut entériner cet accord qu'après avoir vérifié qu'il ne méconnaît aucune règle d'ordre public ;

Considérant en premier lieu qu'il résulte des articles 4.1 et 4.2 du cahier des clauses administratives particulières du marché en cause, que la rémunération de monsieur Andries est constituée par un forfait calculé par référence au montant du coût des travaux et exclusif de tout autre émolument ou remboursement de frais au titre de la même mission ; qu'en vertu de l'article 1.5 du même document la mission de monsieur Andries comporte la direction de l'exécution des travaux, laquelle a notamment pour objet, selon l'article 6 de l'arrêté du 21 décembre 1993 susvisé, l'organisation et la direction des réunions de chantier ; que par suite la transaction précitée, en tant qu'elle prévoit le paiement de réunions de chantiers supplémentaires, méconnaît le principe selon lequel une collectivité publique ne saurait être condamnée à payer ce qu'elle ne doit pas ;

Considérant en second lieu que l'accord transactionnel prévoit le paiement intégral de prestations non comprises dans le marché ; que si monsieur Andries peut prétendre, sur le fondement de l'enrichissement sans cause, au remboursement des dépenses qui ont été utiles à la commune de Calenzana, à l'exclusion du bénéfice qu'il en attendait, il ne saurait obtenir l'indemnisation de la totalité de son préjudice, dès lors qu'en sa qualité de maître d'œuvre, il ne peut être exonéré de toute responsabilité pour avoir exécuté des prestations en l'absence de contrat régulier ;

Considérant au surplus que l'accord transactionnel a été signé par le Maire de Calenzana le 12 janvier 2004 alors que la délibération autorisant cette signature a été adoptée par le conseil municipal le 4 mars suivant ; qu'il est ainsi entaché de nullité ;

Considérant qu'il résulte de tout ce qui précède que la présente demande d'homologation doit être rejetée ;

(…)

Annexe 6

TA Nice, 15 février 2005, *Commune de Cannes*, req. n° 0404033

5ème chambre
Concl. Philippe Orengo

Considérant que la transaction, soumise à l'homologation du tribunal, sur le fondement de l'article 2052 du Code civil, a été conclue le 13 juillet 2004 entre le Maire de Cannes, autorisé à cet effet par délibération du conseil municipal en date du 28 juin 2004 devenue définitive, et le Président de la SNC UNIPARC Cannes, habilité à cet effet par décision du conseil d'administration en date du 2 juin 2004, transmise au contrôle de légalité qui en accusa réception le 20 juillet 2004 ; que cette transaction a pour objets, d'une part, de mettre fin à huit litiges contentieux en cours d'instruction et, d'autre part, de prévenir un litige non encore porté au contentieux, tous nés de l'exécution du contrat de concession conclu le 31 mars 1995 en matière de délégation de service public du stationnement à Cannes, en vue de la réalisation d'un parc de stationnement dit « Laubeuf » et l'exploitation de huit parcs publics au total ;

Considérant qu'il appartient au juge administratif, lorsqu'il est valablement saisi d'une telle demande approuvée par l'assemblée délibérante de la collectivité territoriale, comme c'est le cas en l'espèce, de donner éventuellement acte de cet accord, après s'être assuré que son objet est licite, qu'il repose sur des causes établies, que son contenu est le fruit de concessions réciproques librement consenties par les parties signataires et qu'il ne méconnaît aucune règle d'ordre public, notamment en n'engageant pas la personne morale de droit public à payer une somme qu'elle ne doit pas ou à consentir sous d'autres formes des libéralités et, corollairement, en ne lésant pas la personne de droit privé par un enrichissement sans cause de la personne publique ;

En ce qui concerne la commune de Cannes :

Considérant que l'obligation de payer pour la commune résulte de fautes qui lui sont imputables et qui se sont traduites, en premier lieu, par la réduction du nombre des places de stationnement prévues au contrat initial à raison d'une part, de l'impossibilité de réaliser l'équipement dit « Laubeuf » et, d'autre part, de l'incidence des travaux d'extension du Palais des Festivals sur la capacité de stationnement originelle du parc de stationnement dit « Palais des Festivals », en deuxième lieu, par des troubles d'exploitation occasionnés à ce dernier par l'exécution desdits travaux et, en troisième lieu, par des dégâts occasionnés au même parc par les travaux précités ; que les engagements de la commune de Cannes consistant à réparer les conséquences dommageables de ces troubles et désordres divers soit par voie d'indemnisation pécuniaire pouvant être évaluée par l'expertise comptable ordonnée par le tribunal de céans, soit par rétablissement de l'équilibre initial du contrat, au moyen d'un avenant n° 3 au contrat, indivisible de la transaction elle-même, en substituant aux places de stationnement irréalisables dans le parc Laubeuf des places dans une extension à réaliser du parc Forville par transfert d'investissement, dont le montant a été recalculé en conséquence, ne traduisent dans les montants financiers auxquels ils correspondent, par versement ou par compensation, ni un paiement de sommes indues ni un octroi de libéralités ;

En ce qui concerne la SNC UNIPARC :

Considérant que l'obligation de payer pour la société concessionnaire résulte des stipulations contractuelles ayant trait, d'une part, aux travaux d'entretien des ouvrages concédés et, d'autre part, aux créances fiscales de la commune relatives au paiement par la société concessionnaire des taxes foncières ; que les engagements de la SNC UNIPARC de se désister des huit instances contentieuses qu'elle a introduites, de renoncer à porter au contentieux le litige né et actuel ayant trait à la répartition de la charge pécuniaire des réparations rendues nécessaires par les dégradations occasionnées au parc du Palais des Festivals par les travaux d'extension du Palais des Festivals et de solder sa dette fiscale après qu'aient été équitablement réparties les participations financières de la commune et de la société en matière de remise en état du parc du Palais des Festivals et qu'ait été, à juste titre, révisée l'assiette cadastrale de la base de calcul des taxes foncières, ne sont pas constitutifs d'un enrichissement sans cause de la commune ;

Considérant qu'il résulte de ce qui précède que, sans qu'elle ait méconnu aucune règle d'ordre public, la transaction dont il s'agit a permis de rétablir l'équilibre initial du contrat de concession tel que désormais aménagé par un avenant n° 3 et de purger les divers contentieux nés de l'inexécution antérieure de certaines de ses stipulations ; que les modalités de cette transaction, conformes aux recommandations figurant dans le rapport d'expertise en date du 29 janvier 2004, ordonné le 29 décembre 2000 par le tribunal de céans, prévoit le versement par la commune, après compensation, d'une somme de 704 086,73 euros à la société UNIPARC et la signature de cet avenant n° 3 au contrat de concession, indivisible de la transaction elle-même ;

Considérant que, par suite de l'ensemble de ce qui précède, rien ne fait obstacle à ce qu'il soit donné acte de cette transaction et de l'avenant qui lui est lié ;

(…)

Annexe 7

TA Bastia, 12 mai 2005, *SARL Ambulances Nicolini*, req. n° 0400020

2ème chambre
Concl. André Maury

Considérant que la SARL Ambulances Nicolini, titulaire du 31 mai 2000 au 31 décembre 2002, du marché relatif aux transports sanitaires terrestres dans Bastia et sa région des personnes hospitalisées au centre hospitalier de Bastia, a poursuivi, à la demande de cet établissement public, ses prestations pendant les quatre mois suivant l'expiration du marché ; qu'ayant reçu en paiement desdites prestations la somme de 10 067,26 euros, elle demande, par la présente requête, que le centre hospitalier de Bastia soit condamné à lui payer la somme de 11 275,62 euros correspondant au solde de sa rémunération calculée conformément aux conditions financières du marché, reconduites dans le projet d'avenant qu'elle a signé le 18 décembre 2002 ;

Considérant que la SARL Ambulances Nicolini ne peut utilement mettre en cause la responsabilité contractuelle du centre hospitalier de Bastia, dès lors qu'il est constant que les prestations dont le paiement est demandé ont été réalisées après l'expiration du marché et sans que le projet d'avenant qu'elle avait signé le 18 décembre 2002 ait été signé par l'Administration ;

Considérant toutefois qu'en l'absence de marché, une entreprise est fondée à demander le paiement de celles de ses dépenses qui ont été utiles à l'Administration, à l'exclusion du bénéfice attendu de l'opération ; que dans le cas où cette absence de marché est imputable à une faute de l'Administration, elle peut également demander une indemnité réparant le préjudice résultant de la perte de son bénéfice ;

Considérant d'une part, que pour intervenir dans le délai d'une heure, de huit à dix huit heures, du lundi au vendredi, conformément à la demande du centre hospitalier de Bastia, lequel n'établit pas que cette demande n'ait pas été satisfaite, la SARL Ambulances Nicolini a nécessairement mis à disposition du défendeur un véhicule et deux salariés ; qu'il résulte de l'instruction que le coût de cette prestation, qui constitue le montant des dépenses utiles exposées par la requérante, s'élève sur la base du salaire moyen de deux salariés à 14 660,76 euros ; qu'ainsi, compte tenu de la somme déjà payée par le centre hospitalier de Bastia, soit 10 067,26 euros, une somme de 4 593,50 euros reste due à la SARL Ambulances Nicolini au titre des dépenses utiles ;

Considérant d'autre part, que le montant du bénéfice attendu par la société requérante de la poursuite de ses prestations pendant quatre mois est égal à la différence entre le prix figurant dans le projet d'avenant et le montant des dépenses utiles tel que précédemment défini, soit la somme de 6 682,12 euros ; qu'il est constant que la SARL Ambulances Nicolini a poursuivi ses prestations à la demande expresse de l'Administration, qui, n'ayant pas engagé en temps utile les procédures nécessaires à la passation du nouveau marché, se trouvait néanmoins dans l'obligation d'assurer la continuité du service de transports sanitaires terrestres ; qu'il résulte de l'instruction que la commission d'appel d'offres saisie du projet d'avenant le 16 janvier 2003 ne s'est pas prononcée dès lors que la personne responsable du marché a décidé qu'il n'y avait pas lieu à avenant ; que le centre hospitalier s'est en outre abstenu jusqu'au 9 mai 2003 d'informer la requérante de sa décision et du changement qu'il entendait apporter à ses conditions de rémunération, privant ainsi cette dernière de la possibilité de renoncer aux obligations auxquelles elle pensait être soumise ; que ce comportement est constitutif d'une faute de nature à engager la responsabilité du centre hospitalier de Bastia ; que toutefois la SARL Ambulances Nicolini a agi imprudemment en acceptant d'assurer ses prestations alors que l'avenant prolongeant la durée du marché n'avait pas été signé ; que cette faute est de nature à exonérer le centre hospitalier de Bastia de la moitié de sa responsabilité ; qu'ainsi le préjudice indemnisable s'élève, compte tenu du partage de responsabilité entre les parties, à 3 341,06 euros ;

Considérant qu'il résulte de tout ce qui précède qu'il y a lieu de condamner le centre hospitalier de Bastia à payer à la SARL Ambulances Nicolini une indemnité de 7 934,56 euros ;

Sur les intérêts :

Considérant que la SARL Ambulances Nicolini a droit aux intérêts au taux légal sur la somme de 7 934,56 euros à compter de la date de réception par le centre hospitalier de Bastia de sa réclamation préalable, soit le 9 juillet 2003 ;

Sur les conclusions tendant à l'application de l'article L. 761-1 du Code de justice administrative :

Considérant qu'en application de l'article L. 761-1 du Code de justice administrative, il y a lieu de condamner le centre hospitalier de Bastia, qui est la partie perdante, à payer à la SARL Ambulances Nicolini une somme de 1 000 euros au titre des frais qu'elle a exposés à l'occasion du présent litige ; que les mêmes dispositions font obstacle à ce qu'il soit fait droit à la demande du centre hospitalier de Bastia tendant à la condamnation de la SARL Ambulances Nicolini ;

(...)

Annexe 8

CAA Versailles, 6 avril 2006, *Maître Dumoulin*, req. n° 04VE01823

2ème chambre
Concl. Gilles Pellissier

Sur la régularité du jugement attaqué :

Considérant que les termes du mémoire de maître Dumoulin enregistré au greffe du tribunal administratif de Versailles le 24 décembre 2003 ne permettaient pas aux premiers juges, contrairement à ce qu'il soutient, de se regarder comme saisis du moyen tiré de l'enrichissement sans cause dont le département des Yvelines avait bénéficié du fait des travaux réalisés par la société Etablissement Muret Frères ; que ce moyen, qui n'est pas d'ordre public, n'avait pas à être soulevé d'office par eux ; que, dès lors, maître Dumoulin n'est pas fondé à soutenir que le jugement attaqué serait entaché d'omission à statuer ;

(…)

Sur le droit à indemnité de maître Dumoulin :

Considérant qu'il résulte de l'instruction que, par un jugement du tribunal correctionnel de Versailles en date du 19 février 2002, devenu définitif faute d'appel en ce qui concerne monsieur Muret, celui-ci a été condamné pour avoir bénéficié d'informations privilégiées, à savoir la communication des fourchettes de rabais des prix qui allaient être retenus par la commission d'appel d'offres et que son entreprise devait appliquer pour être attributaire de marchés d'entretien et de rénovation de collèges et lycées des Yvelines ; qu'il s'en déduit que la passation des marchés n° 94018, 94019, 94026, 94027, 94030 et 95004 ayant attribué à la société Etablissement Muret Frères des lots de menuiseries extérieures et verrerie, métallerie, serrurerie et menuiseries intérieures pour la rénovation et l'entretien de 31 collèges et lycées situés, notamment, dans le secteur n° 2 de Saint-Germain-en-Laye et dans celui de Mantes-la-Jolie, est intervenue en violation des règles édictées par le Code des marchés publics ; qu'ils sont, en conséquence, entachés de nullité ; que, dès lors, les premiers juges ont, à bon droit, rejeté les demandes de maître Dumoulin fondées sur les stipulations des marchés en question ;

Considérant, toutefois, que le cocontractant de l'Administration dont le contrat est entaché de nullité est fondé à réclamer, en tout état de cause, le remboursement de celles de ses dépenses qui ont été utiles à la collectivité envers laquelle il s'est engagé en invoquant, y compris pour la première fois en appel comme en l'espèce, le moyen tiré de l'enrichissement sans cause que l'application du contrat frappé de nullité a apporté à l'Administration ;

Considérant que, dans son rapport en date du 22 février 1999, l'expert judiciaire désigné par le juge commissaire de la liquidation de la société Etablissement Muret Frères, prononcée par un jugement du tribunal de commerce de Versailles du 21 décembre 1995, a arrêté une liste de 44 factures correspondant à des travaux exécutés par la société dans différents établissements scolaires des Yvelines pour un montant total de 360 332,91 euros ; que ces travaux doivent être regardés comme ayant été utiles au département et sont donc susceptibles d'être indemnisés au titre de l'enrichissement sans cause dans la mesure où, soit ils ne sont pas contestés par ce dernier, soit ils sont justifiés quant à leur nature et à leur montant ;

Considérant qu'il résulte de l'instruction qu'il y a lieu de déduire du montant total précité la somme de 12 075,86 euros payée à la société Minco dans le cadre d'un accord transactionnel passé entre le département et ce sous-traitant de la société Etablissement Muret Frères, la somme de 4 137,63 euros, montant cumulé des factures n° 5791 et 5931 lesquelles sont datées respectivement du 26 octobre 1993 et du 10 décembre 1993 et ne peuvent donc concerner des travaux exécutés à la suite de la passation des marchés litigieux et, enfin, la somme de 15 153,68 euros, montant cumulé des factures n° 6402, 6946, 7092 et 7281, non produites par le requérant ; que les factures n° 6847, 6957 et 7051, non retenues par l'expert, ne peuvent être prises en considération ; qu'en revanche, il n'y a pas lieu, contrairement à ce que soutient le département, d'écarter les factures n° 6947, 6952 et 7078 concernant des travaux effectués sans ordres de service mais ayant pour objet non contesté des réparations urgentes après déprédations, la facture n° 7122 qui est effectivement produite, les factures n° 7050, 7108, 7119 et 7127 dont le département soutient sans le justifier que la société n'a pas répondu à ses demandes d'explications, ni de déduire de la facture n° 7118 une somme de 2 851,29 euros cette déduction ayant été faite par l'expert ; que, par suite, la somme due par le département des Yvelines à maître Dumoulin, en sa qualité de liquidateur de la société Etablissement Muret Frères, s'établit à la somme de 328 965,74 euros ; qu'il ne résulte d'aucune pièce du dossier que le montant des factures prises ainsi en considération ait inclus la marge bénéficiaire de 30% dont le département demande la déduction ; que, dès lors, maître Dumoulin est fondé à soutenir que c'est à tort que, par le jugement attaqué, le tribunal administratif de Versailles a rejeté totalement sa demande tendant à la condamnation du département des Yvelines à lui verser une indemnité à raison des travaux effectués par cette société ;

Sur les intérêts :

Considérant que maître Dumoulin a droit aux intérêts de la somme de 328 965,74 euros à compter du 9 novembre 1995, date de la présentation au département des Yvelines de la demande préalable de paiement de la société Etablissement Muret Frères ;

(...)

Annexe 9

CAA Douai, 6 juillet 2006, *Société Auto-camion France contre Commune de Vernon*, req. n° 05DA00103

1ère chambre
Concl. Jacques Lepers

Sur la nullité de la convention de délégation de service public :

Considérant qu'aux termes de l'article 7 du décret n° 96-476 du 23 mai 1996 susvisé : « *Les fourrières en activité à la date de publication du présent décret pourront poursuivre cette activité sans être soumises aux obligations fixées aux articles R. 286 et R. 286-5 pendant une période maximum de deux années. A l'issue de cette période, ces fourrières devront avoir été mises en conformité avec les dispositions des articles précités ou cesser leur activité* » ; que, selon les dispositions de l'article R. 286 du Code de la route alors applicable, chaque fourrière relève d'une autorité publique unique qui, en application de l'article R. 286-1 est le Maire, lorsque la commune est propriétaire ou dispose de l'immeuble où se trouve la fourrière, et que cette autorité désigne le gardien de la fourrière sur la liste des gardiens de fourrière agréés par le Préfet du département ou, à Paris, par le Préfet de police conformément aux dispositions de l'article R. 286-5 ; qu'en vertu de l'article R. 286-5 du même Code, introduit par le décret précité du 23 mai 1996, nul ne peut être agréé comme gardien de fourrière s'il exerce également une activité de destruction ou de retraitement de véhicules usagés ;

Considérant que, pour assurer la continuité de fonctionnement du service public de la fourrière municipale, la commune de Vernon en a délégué la gestion à la société Auto-camion France, titulaire d'un agrément préfectoral, par une convention du 15 octobre 1997 qui prévoyait à l'article 1 du chapitre 1 que le gestionnaire est chargé de l'exécution matérielle du service d'enlèvement, de transport, de mise en fourrière, de garde et de destruction des véhicules ; que, signée au cours de la période fixée pour la mise en œuvre du régime transitoire aménagé par l'article 7 du décret du 23 mai 1996 pour les fourrières en activité, cette convention, dont il n'apparaît pas qu'elle concernait la création d'une fourrière municipale, a été conclue pour une durée d'un an renouvelable par tacite reconduction pendant une période maximale de cinq ans ; que cette échéance annuelle permettait de tenir compte de l'expiration de la période transitoire ; qu'elle n'imposait pas, en tout état de cause, au gardien qu'il procède à la destruction des véhicules, ce qui se trouve corroboré par la société Auto-camion France qui fait valoir, dans le dernier état de ses écritures, qu'elle ne procédait pas, conformément à son objet social, à la date de conclusion du contrat et pendant les premières années, à la destruction de véhicules ; que, par suite, la convention du 15 octobre 1997 ne méconnaissait pas, par elle-même, l'obligation de séparer, au plus tard au terme de la période transitoire, les activités de gardien de fourrière de celles résultant de la destruction des véhicules résultant de l'article R. 286-5 du Code de la route dans sa rédaction alors applicable ; que, par suite, la commune de Vernon est fondée à soutenir que c'est à tort que le tribunal administratif de Rouen a constaté, pour le motif tiré de la violation de l'article précité, la nullité du contrat de délégation de service public passé entre elle et la société Auto-camion France ;

Considérant toutefois qu'il appartient à la cour, saisie de l'ensemble du litige par l'effet dévolutif de l'appel, d'examiner les autres moyens soulevés par la société Auto-camion France devant le tribunal administratif de Rouen et la cour ;

Sur les autres causes de nullité du contrat invoquées :

Considérant qu'à l'appui de sa demande de constat de la nullité de la convention du 15 octobre 1997, la société Auto-camion France a également fait valoir que celle-ci méconnaissait d'autres dispositions issues du décret du 23 mai 1996 ; qu'ainsi, selon elle, l'article 2 du chapitre 2 du contrat relatif à l'agrément de l'entreprise oublierait de reprendre la disposition de ce décret concernant l'agrément préfectoral de la fourrière codifiée à l'article R. 286-5 du Code de la route ; que l'article 4 du chapitre 4 intitulé *« Procédure de mise en fourrière »* ne ferait que renvoyer aux dispositions du cahier des charges qui lui-même ne tiendrait pas compte des modifications intervenues ; que l'article 5 du chapitre 4 concernant les *« Documents administratifs »* ou l'article 3 du chapitre 1 relatif à la *« Surveillance de l'exécution des prestations »* ne feraient aucun cas de la fiche descriptive de l'état du véhicule, rendue obligatoire par le décret précité ; que, toutefois, à supposer même établi l'ensemble de ces critiques, de telles omissions ou insuffisances, qui ne faisaient pas obstacle à la mise en œuvre des dispositions en cause, ne révèlent pas une violation d'une disposition d'ordre public de nature à entacher le contrat de nullité ;

Considérant que s'il est encore reproché aux stipulations de l'article 14 du cahier des charges intitulé *« Rémunération du délégataire »*, de ne pas prendre en compte le dernier alinéa de l'article R. 289-1 du Code de la route introduit par le décret précité selon lequel il appartient à l'autorité dont relève la fourrière d'assurer la rémunération forfaitaire des professionnels du secteur privé auxquels elle fait appel dans le cadre de la mise en fourrière, il résulte, en tout état de cause, de l'article 2 de la convention que la rémunération du délégataire est reprise des tarifs réglementaires applicables et révisables en fonction *« des directives ministérielles »* ; que, par ailleurs, la convention de délégation prévoyant que le gestionnaire effectue vis-à-vis de la commune gratuitement les prestations à lui confiées, la rémunération de ce dernier se trouvait alors assurée par l'application du tarif aux propriétaires de véhicules enlevés, sans que la commune ait à assumer la charge finale des véhicules non réclamés ; que ce mode de rémunération n'était pas de nature à rendre nulle et de nul effet la convention conclue ;

Sur la responsabilité :

Considérant, en premier lieu, que la société Auto-camion France recherche la responsabilité de la commune de Vernon en se fondant sur les fautes que cette dernière aurait commises en méconnaissant, lors de la conclusion de la convention, les dispositions précitées issues du décret du 23 mai 1996 ; qu'il résulte de ce qui a été dit précédemment que cette prétention ne peut qu'être écartée dès lors que la convention n'est pas entachée de nullité et que la faute alléguée n'est pas démontrée ;

Considérant, en second lieu, que si la société Auto-camion France soutient que l'absence de prise en charge par la commune du montant des frais générés par la mise en fourrière de véhicules non réclamés par leur propriétaire a procuré à la collectivité un enrichissement sans cause ou a créé à son détriment les conditions d'une rupture d'égalité devant les charges publiques, il résulte de l'instruction qu'un tel avantage ou une telle situation trouve directement sa cause dans la mise en œuvre des stipulations de la convention que la société a signée avec la commune ; que, par suite, cette dernière n'est pas fondée à rechercher, au titre de l'enrichissement sans cause ou de la rupture d'égalité devant les charges publiques, la responsabilité de la commune ;

Considérant qu'il résulte de tout ce qui précède que la société Auto-camion France n'est pas fondée à se plaindre que c'est à tort que, par le jugement attaqué, le tribunal administratif de Rouen a rejeté sa demande indemnitaire ;

(...)

Annexe 10

TA Paris, 21 décembre 2007, *Patrick Gourdon*, req. n° 0202935

6ème section, 3ème chambre
Concl. Blandine Beaupère-Manokha

Considérant que par une lettre de commande en date du 2 août 1999, la SNCF a confié à monsieur Gourdon un marché ayant pour objet le déchargement et l'évacuation des produits de dégarnissage en gare de Cholet (Maine-et-Loire) ; que monsieur Gourdon a adressé à la SNCF, les 12 et 23 août 1999, deux factures pour les montants de respectivement 65 244,60 francs toutes taxes comprises et 168 659,10 francs toutes taxes comprises, correspondant aux travaux exécutés, en vue du règlement dans un délai de soixante jours ; que, par un ordre de service n° 1 en date du 15 septembre 1999, la SNCF a informé monsieur Gourdon qu'elle avait pris connaissance de la radiation de son entreprise du registre du commerce et des sociétés et lui a notifié un arrêt de chantier à compter du même jour ; qu'ensuite, par une lettre en date du 30 septembre 1999, la SNCF lui a notifié la résiliation du marché litigieux pour irrégularité de sa situation professionnelle au regard de la législation en vigueur et des dispositions du Code du travail ;

Sur le moyen d'ordre public tiré de la nullité du contrat :

Considérant qu'alors que la liquidation judiciaire de monsieur Gourdon avait été prononcée par jugement du tribunal de commerce de Nantes en date du 6 avril 1987, et que sa faillite personnelle avait été prononcée par jugement de ce même tribunal le 20 mars 1996 pour une durée de quinze ans, monsieur Gourdon a présenté le 23 juin 1999 une offre qui portait certification sur l'honneur qu'il ne faisait pas l'objet d'une liquidation personnelle et n'était pas failli ; que pourtant le modèle d'offre rempli par l'intéressé indiquait qu'à défaut de respecter les dispositions susmentionnées, l'offre n'était pas valable ; que monsieur Gourdon ayant ainsi dissimulé à la SNCF des faits qui conditionnaient la passation régulière du marché litigieux, celui-ci est entaché d'un vice de consentement de l'un des cocontractants ; qu'il doit pour cette raison être regardé comme entaché de nullité ; que, dès lors, monsieur Gourdon ne peut se fonder sur un contrat réputé n'avoir jamais existé pour obtenir la condamnation de la SNCF au paiement des factures litigieuses ;

Sur l'enrichissement sans cause :

Considérant qu'à supposer que la SNCF ait profité des prestations réalisées par monsieur Gourdon, il résulte de ce qui précède que monsieur Gourdon a dissimulé à la SNCF, lors de la passation du marché litigieux, qu'il ne pouvait se porter candidat à ce marché pour des motifs susceptibles d'entacher ce contrat de nullité ; que cette circonstance constitue une faute de l'appauvri de nature à le priver du droit à être indemnisé sur le fondement de l'enrichissement sans cause ; qu'il ne résulte pas de l'instruction que la SNCF ait commis une faute en concluant avec monsieur Gourdon un contrat entaché de nullité ; qu'il résulte de ce qui précède que monsieur Gourdon n'est pas fondé à invoquer le principe de l'enrichissement sans cause pour demander au tribunal de condamner la SNCF à lui payer les sommes réclamées ;

Considérant qu'il résulte de tout ce qui précède que la requête de monsieur Gourdon doit être rejetée ;

(...)

Bibliographie générale

Ouvrages généraux

CARBONNIER Jean, « Le Code civil », pages 293-315, *in* NORA Pierre (dir.), *Les lieux de mémoire*, tome 2 (« La Nation »), volume 2, Gallimard, Paris, 1986, 662 pages.

CHAPUS René, *Droit administratif général*, tome 1, 15ème édition, Montchrestien, Paris, 2001, 1427 pages.

DEBBASCH Charles, COLIN Frédéric, *Droit administratif*, 7ème édition, Economica, Paris, 2004, 782 pages.

DE LAUBADERE André, VENEZIA Jean-Claude, GAUDEMET Yves, *Traité de droit administratif*, tome 1, 15ème édition, LGDJ, Paris, 1999, 1107 pages.

DESCARTES René, *Discours de la méthode*, Librairie Larousse, Paris, 1969, 130 pages.

EISENMANN Charles, *Cours de droit administratif*, tome 1, LGDJ, Paris, 1982, 786 pages.

FAVOREU Louis, PHILIP Loïc, *Les grandes décisions du Conseil constitutionnel*, 14ème édition, Dalloz, Paris, 2007, 1035 pages.

FRIER Pierre-Laurent, PETIT Jacques, *Précis de droit administratif*, 4ème édition, Montchrestien, Paris, 2006, 537 pages.

FROMONT Michel, *Droit allemand des affaires*, Montchrestien, Paris, 2001, 335 pages.

GAUDEMET Yves, *Traité de droit administratif*, tome 1, 16ème édition, LGDJ, Paris, 2001, 918 pages.

GAUDEMET Yves, *Traité de droit administratif*, tome 2, 13ème édition, LGDJ, Paris, 2008, 618 pages.

HAURIOU Maurice, *Précis de droit administratif et de droit public*, 10ème édition, Sirey, Paris, 1921, 942 pages.

HAURIOU Maurice, *Précis de droit administratif et de droit public*, 12ème édition, Sirey, Paris, 1933, 1150 pages.

LEBRETON Gilles, *Droit administratif général*, 4ème édition, Dalloz, Paris, 2007, 563 pages.

LONG Marceau, WEIL Prosper, BRAIBANT Guy, DELVOLVE Pierre, GENEVOIS Bruno, *Les grands arrêts de la jurisprudence administrative*, 16ème édition, Dalloz, Paris, 2007, 998 pages.

LOVISI Claire, *Introduction historique au droit*, 3ème édition, Dalloz, Paris, 2007, 348 pages.

MILLARD Eric, *Théorie générale du droit*, Dalloz, coll. Connaissance du droit, Paris, 2006, 136 pages.

MORAND-DEVILLER Jacqueline, *Cours de droit administratif*, 10ème édition, Montchrestien, Paris, 2007, 864 pages.

PASTOREL Jean-Paul, *Droit administratif*, 4ème édition, Gualino Editeur, Paris, 1999, 224 pages.

PLANIOL Marcel, *Traité élémentaire de droit civil*, tome 1, LGDJ, Paris, 1942, 1292 pages.

RICCI Jean-Claude, *Droit administratif général*, Hachette, Paris, 2005, 316 pages.

Ouvrages spécialisés

Droit des contrats

BENABENT Alain, *Droit civil, les obligations*, 11ème édition, Montchrestien, 2007, 713 pages.

BERBARI Mireille, BRIAND Serge, CALLON Jean-Eric, MIROUSE Véronique, PEYRICAL Jean-Marc, RIBAULT Gwenaëlle, *Délégations de service public*, Litec, Paris, 2000, 226 pages.

BOITEAU Claudie, *Les conventions de délégation de service public : transparence et service public local*, Le Moniteur, Paris, 2007, 264 pages.

BRACONNIER Stéphane, *Précis du droit des marchés publics*, 2ème édition, Le Moniteur, Paris, 2007, 529 pages.

CASTAING Bernard, NOGUELLOU Rozen, PREBISSY-SCHNALL Catherine, *Les marchés publics*, Litec, Paris, 2002, 208 pages.

CHABANOL Daniel, JOUGUELET Jean-Pierre, BOURRACHOT François, *Le régime juridique des marchés publics – Droits et obligations des signataires des marchés de travaux*, 5ème édition, Le Moniteur, Paris, 2007, 595 pages.

DELACOUR Eric, ANTOINE Julien, DAVIGNON Jean-François, RIBOT Catherine, *La loi Sapin et les délégations de service public : 10 ans d'application jurisprudentielle*, Litec, Paris, 2003, 484 pages.

DE LAUBADERE André, MODERNE Franck, DELVOLVE Pierre, *Traité des contrats administratifs*, tome 1, LGDJ, Paris, 1983, 808 pages.

GUETTIER Christophe, *Droit des contrats administratifs*, PUF, Paris, 2004, 514 pages.

RICHER Laurent, *Droit des contrats administratifs*, 4ème édition, LGDJ, Paris, 2004, 677 pages.

RICHER Laurent, *Droit des contrats administratifs*, 6ème édition, LGDJ, Paris, 2008, 765 pages.

Droit des quasi-contrats

BONET Georges, *L'enrichissement sans cause : droit privé et droit public*, Litec, Paris, 1989, 23 pages.

JOHNSTON David, ZIMMERMANN Reinhard (dir.), *Unjustified Enrichment : Key Issues in Comparative Perspective*, Cambridge University Press, Cambridge, 2002, 749 pages.

MODERNE Franck, *Les quasi-contrats administratifs*, Sirey, coll. Droit public, Paris, 1995, 132 pages.

RADE Christophe, *La responsabilité civile contractuelle – Les quasi-contrats*, Presses universitaires de Grenoble, Grenoble, 2001, 127 pages.

WERY Patrick (dir.), *La nullité des contrats*, Editions Larcier, Bruxelles, 2006, 286 pages.

Droit du contentieux administratif

CHAPUS René, *Droit du contentieux administratif*, 12ème édition, Montchrestien, Paris, 2006, 1489 pages.

DUEZ Paul, *La responsabilité de la puissance publique (en dehors du contrat)*, 2nde édition, Dalloz, Paris, 1938, 342 pages.

FANACHI Pierre, *Le procès administratif*, PUF, coll. Que sais-je ?, Paris, 1993, 126 pages.

LAFERRIERE Edouard, *Traité de la juridiction administrative et des recours contentieux*, tome 1, Berger-Levrault, Paris, 1887, 670 pages.

ROUQUETTE Rémi, *Petit traité du procès administratif*, 2ème édition, Dalloz, Paris, 2006, 738 pages.

Thèses

ALEXANDRESCU Petre, *L'enrichissement sans cause considéré comme source d'obligations quasi-contractuelles en droit administratif*, Thèse Paris, Editions Mechelink, Paris, 1930, 190 pages.

BAYLE Gabriel, *L'enrichissement sans cause en droit administratif*, Thèse Aix-Marseille, LGDJ, Paris, 1973, 227 pages.

DELCUSY Pierre, *Le quasi-contrat en droit administratif*, Thèse Paris, Les Presses Modernes, Paris, 1931, 162 pages.

DOUCHY Mélina, *La notion de quasi-contrat en droit positif français*, Thèse Aix-Marseille, Economica, Paris, 1997, 297 pages.

LAFAIX Jean-François, *Essai sur le traitement des irrégularités dans les contrats de l'Administration*, Thèse Paris, 2007, 719 pages.

PAILLARD Emmanuel, *La contribution des tribunaux internes à la formation et à la détermination du droit international général : l'exemple du droit de la compétence internationale de l'Etat*, Thèse Paris, 2000, 430 pages.

PLESSIX Benoît, *L'utilisation du droit civil dans l'élaboration du droit administratif*, Thèse Paris, LGDJ, Paris, 2003, 878 pages.

POUYAUD Dominique, *La nullité des contrats administratifs*, Thèse Paris, LGDJ, Paris, 1991, 598 pages.

ROQUES Pierre, *De la notion d'enrichissement sans cause*, Thèse Montpellier, Imprimeries Gabelle, Carcassonne, 1930, 263 pages.

THIBAULT Lionel, *Les effets de la nullité des contrats administratifs*, Thèse Paris, 1955, 191 pages.

VIDAL Laurent, *L'équilibre financier du contrat dans la jurisprudence administrative*, Thèse Paris, Bruylant, Paris, 2005, 1392 pages.

Répertoires

DE BECHILLON Denys, TERNEYRE Philippe, « Contentieux des contrats administratifs », *Répertoire de contentieux administratif*, Dalloz, Paris, 2000, 73 pages.

DEPORCQ Dominique, SCHMIDT Philippe, *Les contrats des collectivités locales*, Editions de « La lettre du cadre territorial », coll. Dossier d'experts, Voiron, 2003.

TERNEYRE Philippe, « Contrôle de la légalité », *Droit des services publics locaux*, tome 2, partie VII, sous-partie 100, Editions Le Moniteur, Paris, 2001, 29 pages.

Articles de mélanges

AUBERT Jean-Luc, « Quelques remarques sur la faute de l'appauvri dans l'enrichissement sans cause », *Liber amicorum : Etudes offertes à Jacques Dupichot*, Bruylant, Bruxelles, 2004, pages 1-12.

MODERNE Franck, « Regards sur le principe de l'enrichissement sans cause en droit administratif : analyse comparative du droit français et du droit espagnol », *Etat, loi, administration : Mélanges en l'honneur de Epaminondas P. Spiliotopoulos*, Bruylant, Bruxelles, 1998, pages 247-265.

PAILLET Michel, « Quelques réflexions sur les rapports entre responsabilité administrative contractuelle et extra-contractuelle : sur la "tyrannie" du principe de primauté de la responsabilité contractuelle », *Contrats publics : Mélanges en l'honneur du Professeur Michel Guibal*, Presses de la Faculté de droit de Montpellier, Montpellier, 2006, pages 553-573.

RICHER Laurent, « Vie et survie du contrat administratif illégal », *Confluences : Mélanges en l'honneur de Jacqueline Morand-Deviller*, Montchrestien, Paris, 2007, pages 509-521.

Articles de revues spécialisées

BOUDET François, « La théorie de l'enrichissement sans cause en droit administratif », *AJDA*, n° 4, 20 avril 1959, pages 77-80.

BOULAY Jérémie, « L'honneur, la réputation professionnelle… et le Code des marchés publics », *CMP*, n° 3, mars 2001, chron. n° 3, pages 4-8.

CHAKIRIAN Laurence, « Vers une redéfinition du principe de subsidiarité de l'action *de in rem verso* », *RRJ*, n° 4, octobre 2000, pages 1407-1427.

FURET Marie-Françoise, « L'enrichissement sans cause d'après la jurisprudence administrative », *D.*, n° 43, 1er décembre 1967, pages 265-272.

GRANGE Claude, « Dépenses utiles et dommages-intérêts », *CP-ACCP*, n° 16, novembre 2002, pages 35-40.

LLORENS François, « Les conséquences de la nullité des marchés publics et des délégations de service public », *CJEG*, n° 592, novembre 2002, pages 571-590.

MOISDON-CHATAIGNER Sylvie, « La nouvelle appréciation du comportement fautif de l'appauvri dans l'enrichissement sans cause », *RRJ*, n° 3, juillet 2005, pages 1291-1311.

PETIT Jacques, « Contrats et police administrative : autonomie ou interférence », *CP-ACCP*, n° 63, février 2007, pages 20-24.

POUYAUD Dominique, « Les modes d'annulation du contrat administratif », *RDC*, n° 3, juillet 2006, pages 980-995.

POUYAUD Dominique, « Le fondement de la responsabilité du fait des lois en cas de méconnaissance des engagements internationaux », *RFDA*, n° 3, mai-juin 2007, pages 525-534.

SABIANI François, « Conséquences indemnitaires de la constatation de la nullité d'un contrat », *DA*, n° 3, mars 2001, comm. n° 56, pages 12-13.

SYMCHOWICZ Nil, PROOT Philippe, « Développements jurisprudentiels récents autour de la nullité des contrats publics », *BJCP*, n° 58, juin 2008, pages 150-163.

VENIERE Frédéric, « Quelles conséquences tirer de la nullité d'un contrat de développement d'un logiciel d'études économiques ? », *BJCP*, n° 10, mai 2000, page 176.

WALINE Marcel, « A propos du rapport entre la règle de droit applicable au jugement d'un procès et l'ordre de juridiction compétent », *RDP*, n° 1, janvier-février 1961, pages 8-20.

Commentaires de jurisprudence

Conseil d'Etat

BOUCHER Julien, « Note sur CE Section, 10 avril 2008, *Société Jean-Claude Decaux et Département des Alpes-Maritimes*, req. n° 244950 », *AJDA*, n° 20, 9 juin 2008, pages 1092-1099.

HAÏM Victor, « Note sous CE, 8 décembre 1995, *Commune de Saint-Tropez*, req. n° 144029 », *AJDA*, n° 6, 20 juin 1996, pages 448-451.

LONG Marceau, WEIL Prosper, BRAIBANT Guy, DELVOLVE Pierre, GENEVOIS Bruno, « Note sous CE Assemblée, 25 juin 1948, *Société du journal L'Aurore*, req. n° 94511 », *GAJA*, 16ème édition, Dalloz, Paris, pages 401-408.

MODERNE Franck, « Une illustration exemplaire de la théorie du dol dans le contentieux des contrats administratifs », *RFDA*, n° 1, janvier-février 2008, pages 109-123.

TERNEYRE Philippe, « Obs. sous CE Section, 20 octobre 2000, *Société Citécable Est*, req. n° 196553 », *BJCP*, n° 14, janvier 2001, pages 54-65.

ZIMMER Willy, « Note sous CE, 24 novembre 2006, *Malmezat Prat*, req. n° 268129 », *CMP*, n° 1, janvier 2007, comm. n° 9, pages 22-23.

DELACOUR Eric, « Note sous CAA Marseille, 26 juin 2003, *Compagnie générale de stationnement contre Ville de Toulon*, req. n° 99MA01920 », *CMP*, n° 11, novembre 2003, comm. n° 212, pages 32-34.

DELELIS Philippe, « Note sous CAA Paris, 13 février 2003, *Challier contre Commune de Savigny-sur-Orge*, req. n° 99PA00350 », *CMP*, n° 8, août-septembre 2003, comm. n° 149, pages 20-21.

DREIFUSS Muriel, « Note sous CAA Versailles, 13 juin 2006, *Commune de Sannois*, req. n° 04VE02101 », *LPA*, n° 199, 5 octobre 2006, pages 11-15.

HENNETTE-VAUCHEZ Stéphanie, « Note sous CAA Paris, 25 juin 2002, *Société Fly international service*, req. n° 00PA03143 », *AJDA*, n° 18, 11 novembre 2002, pages 1195-1199.

HUL Sylvain, « Note sous CAA Marseille, 30 mars 2004, *SA Carlson Wagonlit Travel contre Collectivité territoriale de Corse*, req. n° 02MA00706 », *AJDA*, n° 30, 13 septembre 2004, pages 1648-1649.

LEVOYER Loïc, « Note sur CE, 7 novembre 2005, *Ministre de l'intérieur, de la sécurité intérieure et des libertés locales contre Commune d'Orange*, req. n° 267163 », *AJDA*, n° 11, 20 mars 2006, pages 608-611.

LINDITCH Florian, « Obs. sous CAA Marseille, 6 avril 2007, *OPAC Habitat Marseille Provence contre Société Theg*, req. n° 04MA00147 », *JCP (A)*, n° 42, 15 octobre 2007, comm. n° 2265, page 32.

LINDITCH Florian, « Obs. sous CAA Marseille, 25 mai 2007, *SARL Environnement services*, req. n° 04MA01417 », *JCP (A)*, n° 42, 15 octobre 2007, comm. n° 2266, pages 32-33.

LLORENS François, « Obs. sur CAA Versailles, 5 juillet 2005, *Commune de Ris-Orangis contre Société Bureau d'études techniques Berim*, req. n° 03VE04447 », *CMP*, n° 1, janvier 2006, comm. n° 14, pages 17-18.

RICHER Laurent, « Note sous CAA Paris, 27 février 2007, *SNCF*, req. n° 05PA03920 », *AJDA*, n° 36, 22 octobre 2007, pages 1978-1982.

Tribunaux administratifs

GUGLIELMI Gilles J., « Note sous TA Bordeaux, 10 juin 1999, *Société MB2*, req. n° 943129 », *D.*, n° 13, 29 mars 2001, pages 1048-1051.

Conclusions des commissaires du gouvernement

Conseil d'Etat

BACHELIER Gilles, « Concl. sur CE, 14 novembre 2001, *Société Au Lys de France*, req. n° 223572 », *cf.* annexe 4.

BOULOUIS Nicolas, « Concl. sur CE, 21 mars 2007, *Commune de Boulogne-Billancourt*, req. n° 281796 », *BJCP*, n° 52, juin 2007, pages 230-236.

CASAS Didier, « Concl. sur CE, 16 novembre 2005, *Messieurs Auguste contre Commune de Nogent-sur-Marne*, req. n° 262360, 263709 », *BJCP*, n° 45, avril 2006, pages 128-134.

CASAS Didier, « Concl. sur CE, 24 novembre 2006, *Malmezat Prat*, req. n° 268129 », *BJCP*, n° 50, février 2007, pages 49-55.

CASAS Didier, « Concl. sur CE, 22 février 2008, *Messieurs Schmeltz et Orselli*, req. n° 286174 », *BJCP*, n° 58, juin 2008, pages 183-188.

CHANTEPY Christophe, « Concl. sur CE, 8 décembre 1995, *Commune de Saint-Tropez*, req. n° 144029 », inédites, 6 pages.

DACOSTA Bertrand, « Concl. sur CE, 26 mars 2008, *Société Spie Batignolles*, req. n° 270772 », inédites, 6 pages.

DACOSTA Bertrand, « Concl. sur CE Section, 10 avril 2008, *Société Jean-Claude Decaux et Département des Alpes-Maritimes*, req. n° 244950, 284439, 284607 », *JCP (A)*, n° 19-20, 5 mai 2008, comm. n° 2116, pages 24-32.

DE MONTGOLFIER Cyrille, « Concl. sur CE, 11 juillet 1991, *Commune de La Queue-en-Brie contre Société Santerne*, req. n° 89184 », *cf.* annexe 3.

FOURNIER Jacques, « Concl. sur CE Section, 2 décembre 1966, *Société France-Reconstruction-Plan*, req. n° 65240 », *AJDA*, n° 3, 20 mars 1967, pages 183-190.

GENEVOIS Bruno, « Concl. sur CE, 6 mai 1985, *Association Eurolat et Crédit Foncier de France*, req. n° 41589 », *RFDA*, n° 1, janvier-février 1986, pages 21-26.

HEUMANN Charles, « Concl. sur CE, 14 avril 1961, *Ministre de la reconstruction et du logement contre Société Sud-Aviation*, req. n° 32468 », *RDP*, n° 3, mai-juin 1961, pages 655-667.

LE CHATELLIER Gilles, « Concl. sur CE, 25 juin 2003, *Caisse centrale de crédit mutuel du Nord de la France*, req. n° 240679 », inédites, 10 pages.

SAVOIE Henri, « Concl. sur CE Section, 20 octobre 2000, *Société Citécable Est*, req. n° 196553 », *RFDA*, n° 2, mars-avril 2001, pages 359-368.

Cours administratives d'appel

DACRE-WRIGHT Gildas, « Concl. sur CAA Paris, 6 juin 1991, *OPHLM de Villeneuve-Saint-Georges contre Monsieur Courteille*, req. n° 89PA00695, 89PA00696 », *RFDA*, n° 2, mars-avril 1992, pages 220-224.

TROUILLY Pascal, « Concl. sur CAA Paris, 20 avril 2005, *Commune de Boulogne-Billancourt contre Société Mayday sécurité*, req. n° 02PA02193 », *AJDA*, n° 31, 19 septembre 2005, pages 1729-1731.

Actes de colloques et rapports

Actes de colloques

DE BECHILLON Denys, « A propos des catégories du droit de la responsabilité », pages 307-318, *in* Les colloques du Sénat, *Vers de nouvelles normes en droit de la responsabilité publique ?*, Reprotechnique, Paris, 2003, 398 pages.

GUETTIER Christophe, « L'anéantissement du contrat administratif », *RDC*, n° 1, janvier 2008, pages 81-100.

Rapports

EDCE, *Rapport public 1994*, n° 46, La Documentation française, Paris, 1995, 599 pages.

EDCE, *Rapport public 1999 – Jurisprudence et avis de 1998*, n° 50, La Documentation française, Paris, 1999, 449 pages.

EDCE, *Rapport public 2000 – Jurisprudence et avis de 1999*, n° 51, La Documentation française, Paris, 2001, 422 pages.

EDCE, *Rapport public 2001 – Jurisprudence et avis de 2000*, n° 52, La Documentation française, Paris, 2001, 470 pages.

EDCE, *Rapport public 2003 – Jurisprudence et avis de 2002*, n° 54, La Documentation française, Paris, 2003, 447 pages.

EDCE, *Rapport public 2006 – Jurisprudence et avis de 2005*, n° 57, La Documentation française, Paris, 2006, 412 pages.

EDCE, *Rapport public 2008 – Le contrat, mode d'action publique et de production de normes*, n° 59, La Documentation française, 2008, 398 pages.

Table de jurisprudence

Les chiffres entre parenthèses renvoient aux numéros des pages

Conseil d'Etat

Cours administratives d'appel

Tribunaux administratifs

Paris, 1er avril 1987, *Société Santerne contre Commune de La Queue-en-Brie*, (191)

Strasbourg, 7 juillet 1987, *Madame Bloch, Monsieur Lenormand, Madame Vial contre Ville de Strasbourg*, (128)

Bordeaux, 10 juin 1999, *Société MB2*, (41, 49, 98, 107, 117, 128, 142, 144, 152, 159, 168, 172, 175, 176)

Paris, 14 décembre 1999, *Société Dataid*, (37, 92)

Châlons-en-Champagne, 22 mai 2001, *Monsieur Dumont contre Ville de Charleville-Mézières*, (51)

Lyon, 15 novembre 2001, *Monsieur Tête*, (137)

Nice, 10 avril 2003, *Société Compagnie foncière et immobilière de la Côte d'Azur (au nom de la Société du golf de Pardigon) contre Communes de La Croix-Valmer et de Cavalaire-sur-Mer, SIVOM du Littoral des Maures et Préfet du Var*, (117, 164, 184)

Paris, 22 avril 2003, *Société KPMG*, (73)

Amiens, 30 avril 2003, *Département de l'Oise* (161)

Nice, 13 juin 2003, *Société SEMUP contre Ville de Draguignan*, (56, 67, 104, 138, 154)

Limoges, 4 mars 2004, *Association pour la Promotion de la Céramique Contemporaine contre Commune de Châteauroux*, (109, 130, 165)

Grenoble, 22 octobre 2004, *Commune de Montgirod-Centron*, (103)

Grenoble, 22 octobre 2004, *Société Chila*, (103, 156, 164)

Nice, 12 novembre 2004, *SARL Société niçoise d'étude et d'entretien contre Commune de Cap-d'Ail*, (88, 90, 106, 112, 113, 114, 138, 152, 156, 168)

Bastia, 9 décembre 2004, *Commune de Calenzana et Jacques Andries*, (74)

Limoges, 16 décembre 2004, *Société auxiliaire de parcs SA contre Commune de Brive*, (89, 111, 112, 130, 132, 146, 157, 163, 173, 198)

Autres juridictions

Table des matières

L'HARMATTAN, ITALIA
Via Degli Artisti 15 ; 10124 Torino

L'HARMATTAN HONGRIE
Könyvesbolt ; Kossuth L. u. 14-16
1053 Budapest

L'HARMATTAN BURKINA FASO
Rue 15.167 Route du Pô Patte d'oie
12 BP 226
Ouagadougou 12
(00226) 76 59 79 86

ESPACE L'HARMATTAN KINSHASA
Faculté des Sciences Sociales,
Politiques et Administratives
BP243, KIN XI ; Université de Kinshasa

L'HARMATTAN GUINÉE
Almamya Rue KA 028
En face du restaurant le cèdre
OKB agency BP 3470 Conakry
(00224) 60 20 85 08
harmattanguinee@yahoo.fr

L'HARMATTAN CÔTE D'IVOIRE
M. Etien N'dah Ahmon
Résidence Karl / cité des arts
Abidjan-Cocody 03 BP 1588 Abidjan 03
(00225) 05 77 87 31

L'HARMATTAN MAURITANIE
Espace El Kettab du livre francophone
N° 472 avenue Palais des Congrès
BP 316 Nouakchott
(00222) 63 25 980

L'HARMATTAN CAMEROUN
BP 11486
(00237) 458 67 00
(00237) 976 61 66
harmattancam@yahoo.fr

610833 - Juin 2015
Achevé d'imprimer par

1livre.com
du rêve à la réalité !

www.ingramcontent.com/pod-product-compliance
Lightning Source LLC
LaVergne TN
LVHW050808061126
851857LV00012B/721